U0587121

高校社科文库
University Social Science Series

教育部高等学校
社会科学发展研究中心

汇集高校哲学社会科学优秀原创学术成果
搭建高校哲学社会科学学术著作出版平台
探索高校哲学社会科学专著出版的新模式
扩大高校哲学社会科学科研成果的影响力

区域自主创新能力及其
对产业结构调整影响的实证研究

彭建娟/著

Capability of Regional Endogenous
Innovation & Its Influences on the Industrial
Structure Adjustment

光明日报出版社

图书在版编目（CIP）数据

区域自主创新能力及其对产业结构调整影响的实证研究 / 彭建娟著 . -- 北京：光明日报出版社，2013.6（2024.6重印）
（高校社科文库）
ISBN 978－7－5112－4809－1

Ⅰ.①区… Ⅱ.①彭… Ⅲ.①技术革新—影响—产业
结构调整—研究—中国 Ⅳ.①F121.3

中国版本图书馆 CIP 数据核字（2013）第 127189 号

区域自主创新能力及其对产业结构调整影响的实证研究
QUYU ZIZHU CHUANGXIN NENGLI JIQI DUI CHANYE JIEGOU TIAOZHENG
YINGXIANG DE SHIZHENG YANJIU

著　者：彭建娟

责任编辑：曹美娜　　　　　　　责任校对：苏争鸣
封面设计：小宝工作室　　　　　责任印制：曹　净

出版发行：光明日报出版社

地　　址：北京市西城区永安路 106 号，100050

电　　话：010-63169890（咨询），010-63131930（邮购）

传　　真：010-63131930

网　　址：http：// book. gmw. cn

E － mail：gmrbcbs@ gmw. cn

法律顾问：北京市兰台律师事务所龚柳方律师

印　　刷：三河市华东印刷有限公司

装　　订：三河市华东印刷有限公司

本书如有破损、缺页、装订错误，请与本社联系调换，电话：010-63131930

开　　本：165mm×230mm

字　　数：250 千字　　　　　　印　　张：14.75

版　　次：2013 年 6 月第 1 版　　印　　次：2024 年 6 月第 2 次印刷

书　　号：ISBN 978－7－5112－4809－1－01

定　　价：68.00 元

版权所有　　翻印必究

序

　　科学技术是第一生产力。目前，世界许多发达国家和新兴工业化国家都把自主创新作为基本发展战略，提升国家自主创新能力。中国2012年全国科技大会提出，到2020年要基本建成符合科技发展规律的中国特色国家创新体系，把自主创新能力建设作为面向未来的重大发展战略。

　　自主创新能力从来不是独立存在的，它必须与当地的产业和经济结合起来才能显示出其现实和未来的能力。自主创新能力作用于区域体现科学知识、技术意识与生产实践和社会发展相结合的物化形态。自主创新能力必然影响区域的经济要素质量和效率，优化各种要素在经济活动中的结合方式，改造传统产品和产业，创造新产品和产业，从而影响区域产业结构的调整。

　　区域产业结构是区域经济体系的重要组成部分。就世界各国经济发展情况来看，产业结构大都呈现明显阶段性。不同的阶段，经济发展的重点不同，主导产业也不同。基于自主创新能力对选择主导产业可以促进区域间的协同发展、建立可持续发展系统的信息联系与反馈机制、改善区域资源的利用类型、使区位经济要素软化、区域产业结构保持重组韧性，从而推动产业结构质的提升。

　　区域自主创新能力的强弱可以反映出经济、社会与科技创新的结合程度。产业结构区域分布状态是自主创新与区域经济发展结合的完美体现。区域自主创新能力的动态中求优化过程与区域追求产业结构动态优化发展目标相吻合。对区域自主创新能力成长路径的认识及应用其指导区域产业结构的战略性调整，将对区域整体经济乃至全国的经济协同发展都起关键作用。

　　目前我国区域经济及产业结构呈现明显的地域特征。区域自主创新能力与这种地域特征的相关性，以及区域产业结构发展战略与区域自主创新能力的有效结合，是区域发展战略研究的重要组成部分。

本书试图从自主创新能力定性及定量分析中找到区域自主创新能力的培养路径，并在此基础上建构区域产业结构与区域自主创新能力的有效结合点，提出基于区域自主创新能力现状的主导产业选择方案，从而为指导现实提供有意义的参考。

本书撰写过程中得到教育部高等学校社会科学发展研究中心大力支持，在此表示感谢。同时，我希望借此机会向那些在本书编辑过程中提供帮助的人士表示感谢。此外，写作过程中参考了部分学者专家的成果，在此一并致谢。

作者

目 录

CONTENTS 目　录

第一章

导 论

1.1 问题的提出与研究意义

创新对世界经济产生了无比深刻的影响，从 20 世纪 50 年代半导体材料、70 年代的微型计算机、80 年代的生物工程技术到 90 年代 IT 产业的兴起，集中体现了创新能力提高的社会进程。创新能力的建设主旨是营造一个稳态的机制，使区域内流动的创新主体能高效利用区域创新资源，增强自主创新可能性。

改革开放以来，我国大量引进外国资本和先进技术及管理经验，这有力地促进了经济发展，经济总量、产业规模和综合国力显著增强。但同时，核心技术和自主知识产权的缺乏也严重制约了我国经济的持续发展。目前我国宏观经济和社会发展总体形势良好，按可比价格计算，2003 年我国人均国内生产总值首次超过 1000 美元，这是经济发展的重要里程碑。按国际经验，从人均国内生产总值 650 美元到 2555 美元对中等收入国家的发展来说，可能是一个黄金发展期，也可能是一个矛盾突显期。同时，人均 GNP 为 2000～4750 美元时，技术创新从改进技术为主转变为自主创新为主。我国国民经济在"十五"计划期间总体上保持快速健康发展。目前我国大陆各省级区域人均 GNP 均已经达到 2000 美元以上。由此，党的十六届五中全会通过的《中共中央关于制定国民经济和社会发展第十一个五年规划的建议》指出，要大力提高包含原始创新、集成创新和引进消化吸收再创新的自主创新能力。2012 年全国科技大会提出，战略性高技术领域技术研发要实现跨越式发展，到 2020 年，我们要基本建成符合科技发展规律的中国特色国家创新体系。区域内优势产业群体的选择和形成是以自主创新能力区域分布特征为依据的市场选择和产业竞争的过程。进一步讨论自主创新能力的特征有助于各区域特色自主创新能力建设，并为区域产业结构调整提供依据。未来一段时间，我国应以提高自主创新能力作为科技发展的战略基点，并将其作为调整产业结构、转变增长方式的中心环节。

1912年熊彼特在《经济发展理论》一书中认为，"创新"是一种"新的生产函数的建立"，即企业家对生产要素的重新组合。由此对于科技创新如何作用于经济机理的研究就已进入一个数量化理论形成阶段，创新作为经济要素的研究逐步细化。早期的研究主要集中于创新作为变量对生产函数的影响（R. M. Solow，T. W. Swan，1956）。20世纪中叶之后，当代科学技术革命把科学、技术、生产、管理这些人类最主要活动加以融合构成一个高度统一的社会动态系统，这个动态系统在区域意义上得到完美体现。这一时期有关区域发展最突出的问题是：全球化进程不断加快，一些人预期随着资源在全球流动，原本地方性的资源将成为普及性资源，从而表现出无地点性（Placeless）特征，最终形成各区域归一性（ubiquitous）的结果。但事实却相反，地方化特征反而明显地加强了。全球一体化引起的生产一体化使得生产者虽可以在世界任何角落获得需要的资源，但同时国家也正在失去其重要性，区域成为经济活动的焦点，企业的竞争正演变成区域的竞争。

经济的区域化及区域利益与科技创新的关系成为关注焦点。对于各种构成区域经济的要素，其重要性取决于该要素的区域化程度及流动性。随着传统经济要素中的劳动力和资金的流动性逐步加强，同时自然资源在现代生产中的作用越来越小（供给可能性论的提出者I. B. Kravis认为自然资源供给的可能性决定初级产品的区域专业化，从而仅决定了初级产品与加工品的地域分工格局），以传统经济要素为理论基础而构建的区域优势论受到挑战。同时，一个区域不可能长期垄断制造任何产品所需要的科学技术创新，在扩散机制的作用下，创新会比较快地扩散到开创区域之外，进而使各区域回归到相同的生产函数的条件假设上来，即要素比例假设。由上可知，新的区位经济要素——自主创新能力作为一个系统层次的概念，它的根植性（Embeddedness）和不易流动性成为现代区域优势论的基础——即使区域内的实物资源（资本、劳动力、人力资源）发生变化，但自主创新能力仍存在于区域体内。与传统要素观不同的是，自主创新能力作为流量概念将使区域一直处于技术创新的前沿，成为创新的发源地，不断获得创新开创期作用于创新差距之上的完全专业化的垄断优势并成为新产品的策源地。作为区域自主创新能力的主要缔造者和载体，产业之于创新正如创新正向作用于产业。当区域内各要素间不仅有经济（包括产业）网络，也有正式和非正式创新网络式的联系时，该区域优势将得以更有效而持久地保障。从另一个角度理解，区位经济要素是区域发展过程中不可替代的限制条件。因此，自主创新能力作为区位经济要素，其成长路径将备受关注。同时，阿尔蒂亚·森（2002）提出能力贫困概念，认为现代社会区域或组织及个人能力的缺乏是持续发展的障碍源。因此自主创新能力的开发是区域进行有效科技活动以及提升区域经济、社会和科技协调发展的源泉。区域的成长必将伴随区域自主创新能力的培养，区域自主创新能力的成长是指区域学习过程中的科技进步，它有水平成长和垂直成长两条路径（Dosi，1982；Utter-back and Suarez，1993）。其中水平成长是指自主创新能力区域内及区域间横向积累学习的过程，垂直成长是指自主创新能力的时序积累过程。

随着对区域经济和社会发展理解的不断深入，全社会由知识学习逐渐向科学方法学习的转变。在这一过程中，自主创新能力作为区域经济最上游的要素及科学方法，其作用于区域实践的例证比比皆是。日本、韩国等国家发展经验表明，科技创新存在一个加速发展的时期，即经济发展到一定阶段后，创新会出现加速发展的态势，否则可能导致区域经济难以持续发展。自主创新能力作为区域发展的承托力作用不可小视。温州这个曾经创造了中国区域经济神话的地区，自从 2002 年以来经济发展速度连续处于浙江省地级市的倒数第二位，德力西等大企业，甚至中小企业纷纷移师上海，就是因为温州缺乏强有力的区域自主创新能力支撑，面对日益上升的商务成本，企业难以持续发展。因此自主创新能力建设对于区域经济的持续性发展所起作用是不容忽视的。

同时，创新过程中将不乏远距离接触及合作，这一过程需要权衡创新和创新思想给创新主体带来由于距离引致的误解风险。当区域形成自主创新机制使其稳定从而能力不断积累时，距离风险会得到有效管理。不断积累的能力显示它将提高合作过程中对创新价值的评估和理解能力。

由此，近年来以 Bengt - Ake Lundvall，Luc - Soete，Richard Nelson，Christopher Freeman 为代表的创新学者研究区域创新的有关内容时，把研究视角拓展到创新能力建设的层面。如果说创新系统注重静态的、相对完整的框架分析，创新能力建设则寓于动态的、特定的、开放的框架中，它可以根据实际的需要在不同的区域、不同的时间采取不同的方式，通过增强区域创新能力来增强区域竞争力。创新能力的战略性培养及最终实现依赖于长久的契约关系、稳定的管理结构以及不同主体技术流传播的能力（Takalo，Tuomas and Kanni-ainen．Vesa，2002）。目前我国企业自身的研究开发还不是以自主创新为主要驱动力，而主要体现在区域创新能力的平台上，因此自主创新能力的差异较明显地体现在区域层面上。我国区域间技术发展水平极不均衡，远远超过了经济发展水平的现实差距。加快区域自主创新能力的协同发展有必要提到重要位置。这一过程涉及如何使用科学有效的杠杆对本区域创新性质及趋势特征进行识别、助推和统筹引导，以及如何进行基于区域创新特质的区域产业结构调整，也就是以区域自主创新能力为经济要素及参照系，科学统筹、协调发展各区域经济建设和社会发展。这也是建设创新型国家的必然选择。

区域自主创新建设将侧重于能力的建设，区域自主创新能力培养是区域科技发展战略的一个重要组成部分，它的培养建设可以使区域产业分工专业化得以深化，节约交易费用，便利学习和隐含性知识的获得。自主创新能力的区域层次建设兼具市场与组织的优点，是现代经济中自由放任与政府调控的有机结合，其建设有利于优化创新存量，沉淀流量，形成增量。将既解决了外部"市场失效"，又克服了内部"系统失效"。基于我国各区域实际发展情况及研究目的，本研究所指自主创新能力的区域培养战略包含自主创新本身的发展战略与自主创新促进经济社会发展战略的结合。

区域自主创新能力的根植性和不完全流动性使其成为现代重要的区位经济要素。区位经济要素是指在特定的地点或在几个同类地点进行经济活动，比在其他地区进行同种活动可能获得更大利益的各种经济影响因素的集合。区位经济要素的重要性取决于其区域化及流动性程度，研究这一新的区位经济要素地域分布状况是新时期研究区域产业结构调整的着手点。目前我国区域经济及产业结构呈现明显的地域特征。基于区位经济要素的自主创新能力及其区域化成长路径研究为寻求国民经济总体最优和区域最优发展提供了具有现实意义的参考。

同时，工业化国家发展早已证实，自主创新能力决定比较生产率的差异。而区域产业结构转换的动力又来自于比较生产率的差异，表现为经济要素从生产率较低的部门向生产率较高的部门转移。由此可见，将自主创新能力引入产业结构调整分析，是对区域产业结构调整方向进行量化科学引导的重要方法。自主创新能力作用于区域，区域内经济与社会及科技创新的互动及区域内主体之间进行创新活动将会减少不确定性和交易成本，同时支撑起区域间创新互动的平台，营造区域充分利用信息和知识的氛围，并创造鼓励主体间协作的机制。区域自主创新能力作为区位经济要素，它的质量和优势决定了区域创新基础条件，即区域吸引和留住各种流动性资源的粘性。自主创新能力成长路径的不同及自主创新能力区域差异必然引致区域产业结构调整转换过程中的差异性，区域自主创新能力作用下的产业结构差异互补是区域分工协作的基础，该能力的提高也是实现像中国这样一个大国国家范围内产业结构最优，从而最终实现区域协同发展的重要路径。

Piore 和 Sabel 等人的实证研究表明，不论是在美国的硅谷，还是在意大利的艾米利亚—罗马格纳地区，区域自主创新在实现创新资源有效配置和提升企业创新能力方面都发挥了重要作用。产业结构与自主创新能力的关系分析事实上提出了两个重要结论，一是产业结构调整指向应当是代表发展前沿的产业核心要素，而不是传统产业的、供给过度的低层次要素。二是产业结构调整指向应当是培育这些要素，为市场提供这些要素，而不是指向这类要素密集型的产业，因为市场会引导这些要素的使用。① 目前区域经济发展及演变过程中，区域自主创新能力培养机制的建立是区域发展的核心，对本区域自主创新能力特征的深入了解及培养路径的识别对于现代区域的发展意义重大。

表 1-1 东中西部 GDP 及其三大产业在全国所占份额比较表　　单位:%

项目	占全国 GDP 比重			占全国一产GDP 比重			占全国二产GDP 比重			占全国三产GDP 比重		
	西部	中部	东部	西部	中部	东部	西部	中部	东部	西部	中部	东部
1990~2009 年	14.16	27.9	65	19.26	34.86	45.9	12.86	27.6	68.28	14.16	26.04	68.14

资料来源: 各年《中国统计年鉴》计算所得

同时，就区域建设而言，区域产业结构是区域经济体系的重要组成部分。目前我国区域经济及产业结构呈现明显的地域特征（表 1-1）。区域自主创新能力与这种地域特征的相关性，以及区域产业结构发展战略与区域自主创新能力的有效结合，是区域发展战略研究的重要组成部分。本研究试图从自主创新能力指标体系构建及分析中找到区域自主创新能力的培养路径，并在此基础上建构区域产业结构与区域自主创新能力的有效结合点，提出基于区域自主创新能力现状的主导产业选择方案，以期对区位经济要素——自主创新能力的发展和产业结构调整提供具有现实意义的参考，从而进一步验证区域自主创新能力培育的必要性。

① 张幼文. 当代国家优势——要素培育与全球规划 [M]. 上海远东出版社, 2003, (4).

1.2　国内外研究现状综述

1.2.1　国外区位经济要素理论综述

区域经济和产业结构是基于要素的不完全流动性、经济活动的不完全可分性以及产品、服务的不完全可分性形成的。区域产业结构是特定区域内各经济要素之间的比例关系，对它的研究包括对区位经济要素认识不断深化的过程。继 17 世纪威廉·配第在《赋税论》中提出："土地是财富之母，劳动是财富之父"后，早期对区位经济要素的研究可分为三个阶段（见表 1－2）：

第一阶段：1776～1933 年，这一阶段是国际贸易理论的创立阶段，对要素认识局限在生产要素范围之内，并对其三分为：劳动力、资本和自然资源（土地）。对区域（国家）生产要素的系统分类标志着经济区域化特征已备受经济学家关注。代表人物是亚当·斯密（Adam Smith）、大卫·李嘉图（David Ricardo）、赫克歇尔（Hecksheild）及俄林（Ohlin）。

1776 年亚当·斯密发表《国民财富的性质和原因》，提出区域或国家应按照绝对优势确定分工。即使要素投入量不变，通过技术改进，也会提高要素生产率。认为技术改进的表现是劳动分工的深化，从而实现劳动生产率提高，而机械化也会成为劳动分工和提高生产率的手段。1817 年，大卫·李嘉图发表《政治经济学及赋税原理》，强调区域优势的形成主要取决于土壤实际肥力、资本积累、人口增长以及农业上运用的技术、智巧和工具。1933 年，赫克歇尔和俄林提出要素禀赋论，以后者出版的《区域贸易和国际贸易》为标志。这些理论从不同角度阐明经济在区域分布上的差别。认为国际化分工是经济区域化的主要原因，认为形成区域化的生产要素是劳动力、资本和自然资源，并以创新的区域无差异为假定前提条件。区域生产要素的特殊性决定了区域产业结构与其他区域产业结构的不同。劳动力资源丰富的区域有利于发展劳动密集型产业，形成劳动密集型产业为主导的区域产业结构；劳动力素质高的区域则有利于发展技术或知识密集型产业，形成技术或知识密集型产业为主导的区域产业结构；矿产资源丰富的区域可发展资源型产业，当然，资金较丰富的区域可发展资金密集型产业。总之，这一阶段的理论初步解释了经济区域化的成因，强调地理位置和空间决定区域产业结构的发展，对自主创新能力促进生产力及经济的发展认识不足。对经济要素的认识因经济发展阶段而具有时代局限性，但其为近代国际贸易及区域经济学的出现奠定了理论基础。

表1-2　国外研究中不同时期形成区域差异的经济要素

二分法	
时间：	17 世纪
代表人物：	庞·巴维克（Boehm. Bawerk），威廉·配第（W. Petty）
内容：	土地、劳动
重要结论：	生产要素在经济中的重要性。
三分法	
时间：	1776～1933 年
代表人物：	亚当·斯密（A. Smith），大卫·李嘉图（D. Ricardo），赫克歇尔（Hecksheild）和俄林（Ohlin）
内容：	劳动力、资本和自然资源（土地）
重要结论：	生产要素禀赋存在区际差异。
四～五分法	
时间：	1940～20 世纪 60 年代
四分法代表人物：	索洛（Solow），斯旺（Swan）
内容：	劳动力、资本、自然资源、科学技术创新
五分法代表人物：	克拉克（C. G. Clark）、罗斯托（W. W. Rostow）、库兹涅茨（S. S. Kuznets）、胡佛（E. M. Hoover）
内容：	劳动力、资本、自然资源、科学技术创新、产业结构（经济结构）
重要结论：	生产要素是不完全流动、不完全可分的，产品与服务的不完全流动性形成区域经济差别。科技创新是生产函数的外生变量，科技创新影响产业结构。
多分法	
时间：	20 世纪 60 年代左右～目前
代表人物 1：	舒尔茨（T. W. Schultz），格鲁伯（W. H. gruber），弗农（Raymand Vernon）
内容 1：	传统要素、人力资本或研究与开发
重要结论 1：	拓展传统要素范围，细化要素在经济中所起作用。
代表人物 2：	萨尔尼科（P. Selznick），彭罗斯（E. Penrose），普拉哈德（Prahalad, C. K），哈默（G. Hamel）
内容 2：	传统要素、组织的能力或特殊能力
重要结论 2：	组织（区域）内部的能力资源是其经济差异表现的原因之一。

代表人物3:	波特（M. Poter），尼尔森（Nelson），帕克（Pack），罗默（Romer. D），IMD（瑞士洛桑国际管理学院）和世界经济论坛
内容3:	初级生产要素和高级生产要素
重要结论3:	初级生产要素的重要性已越来越低，一个区域或国家想要获得竞争优势必须发展包括创新在内的高级生产要素。自主创新能力成为区域竞争力的评价指标。把对初级生产要素的研究扩充为对高级生产要素的研究，并进而把对生产要素的研究扩大到对经济要素的研究。

第二阶段：1940～20世纪60年代，区域产业经济学创立阶段。这一阶段对生产要素认识范围扩大。强调产业结构对区域经济的影响（Rostow），并提出生产要素的不可流动性是形成区域经济的重要原因（E. M. Hoover）。认为科技进步是生产函数的外生变量（Solow & Swan）。这一阶段对生产要素的研究可概括为生产要素的四～五分法。

随着1912年熊彼特提出创新理论后，理论界对创新在生产函数及区域经济中所起的作用越来越关注。代表人物是奥古斯特·勒施（A. Losch）、克拉克（C. G. Clark）、艾萨德（Isard）、罗斯托（W. W. Rostow）、索洛（Solow）、斯旺（Swan）、胡佛（E. M. Hoover）、库兹涅茨（S. S. Kuznets）等。奥古斯特·勒施于1940年发表了《区位经济学》一书，为区域经济学与区位经济学融合起到作用，强调经济因素、自然因素等差异对区位产生影响。同年克拉克在《经济进步的条件》中对三次产业进行详细划分，总结了经济发展和产业结构演变规律，开创了产业结构研究的先河。20世纪50年代，艾萨德发表《区位和空间经济学》，将区域经济学带入主流经济学。在本世纪30年代提出的柯布——道格拉斯生产函数基础上，1956年新古典经济增长理论的创立者索洛（美国）和斯旺（英国）提出技术进步对国民收入的增长有着相当大的作用，提高劳动者的素质、生产资料的质量和效率是改善区域经济环境的重要途径。1960年罗斯托在《经济成长的阶段》中关注经济成长与结构的关系，认为要迅速建立和发展一种或多种重要的制造业部门（主导产业）以对起飞阶段中的国民经济起到关键作用。20世纪50～60年代库兹涅茨出版《各国经济增长的数量方面》和《现代经济增长》两著作，认为农业部门在总劳动中及在国民生产总值中所占份额趋于下降，工业和服务业份额趋于上升。工业中新兴部门如运输、通讯及建筑业在GDP和总劳动力中所占份额趋于上升，生产技术水平是影响区域经济结构变化的因素之一。20世纪60年代胡佛（E-

. M. Hoover)的《区域经济学导论》出版，提出了生产要素是区域经济的形成基础，生产要素是不完全流动的，生产要素是不完全可分的，产品与服务的不完全流动性造成区域经济差别。从此之后绝对的空间决定区域发展概念被取代，开始了强调抽象空间关系和经济功能地域化的新时期，并确定区域经济结构影响区域发展。总之，这一阶段是产业经济学飞速发展时期，对区域经济的研究注重结构研究并把创新应用到产业结构分析中。使创新作用于经济的分析渗透宏观、中观（区域和产业）和微观。但这一阶段把创新作为生产函数的外生变量处理，并未能涉及自主创新能力作为区位经济要素的研究。

第三阶段：20 世纪 60 年代左右～目前，新要素学说阶段（孙裕民，2000）。这一阶段是对生产要素的认识进一步加深的时期，也是把生产要素的概念进一步扩大为经济要素（或广义生产要素）的时期。微观、中观及宏观意义上的要素在这里得到了统一。区域强调基于可持续发展理论框架下对经济要素性质深入的认识，对经济要素也进行了进一步细分。首先，舒尔茨（T. W. Schultz）在《人力资本投资》中提出人力资本论。20 世纪 60 年代格鲁伯（W. H. Gruber）、弗农（Raymand Vernon）等提出研究与开发学说，认为无形经济要素——科技研究与开发正起关键作用。同一时期资源和能力学派也逐步形成。能力（或特殊能力），最早出现在菲利普·萨尔尼科（Philip. Selznick）对管理过程中领导行为的社会分析中，1957 年菲利普·萨尔尼科提出，能力或特殊能力属于战略管理范畴之内。萨尔尼科从企业管理角度认为，能够使一个组织比其他组织做得更好的特殊物质就是组织的能力或特殊能力。1959 年，伊迪丝·彭罗斯（Edith Penrose）发表了《组织成长论》一文，从分析单个组织的成长过程入手，对组织拥有的能够拓展其生产机会的知识积累倾向给予高度重视，特别强调了组织成长过程中两种主要的内在机制：1. 组织如何积累标准化操作规程和程序性决策方面知识的机制。2. 组织如何积累用于产生非标准化操作规程和非程序性决策的新知识的机制。她认为，组织管理就是一个连续产生新的非标准化操作规程和非程序性决策，并不断地把它们转化为标准化操作规程和程序性决策的过程，而这一过程依赖于组织内部的能力资源。20 世纪 80 年代初战略管理领域开始出现缜密的分析和达成一致的理论，其中迈克尔·波特（1980）把产业组织分析法引入战略管理。1990 年波特在《国家竞争优势》中指出生产要素分为初级生产要素和高级生产要素。初级生产要素指天然资源、气候、地理位置、非技术人工和半技术人工等，它可通过被动继承或仅需要简单的私人投资及社会投资就能拥有。高级生产要素是创造出来的，包括现代化通信的基础设施、高等教育人力、大学及研究所等，它们是比较优势理论中的内生性要素如信息、人力技能、科学技术研发的载体或创造者。除天然产品或以农业为主的对技能要求不高或技术已经普及的产业外，初级生产要素所起作用已越来越低，"一个区域或国家想要获得竞争优势必须发展高级生产要素"。20 世纪 90 年代，关于能力理论的研究更加深入，并以普拉哈德（Prahalad，C. K.）和哈默（G. Hamel）的核心能力最为著名。他们认为核心能力（Core Competence）指 "组织中积累性学识，特别是关于如何协调不同生产技能和有机结合各种技术流派的常识。" 新增长理论认为，区域不是资金、劳动和技术的简单积累，而是高技能、高教育水平的科技创新人员在区域内的集聚，大量研发、基础设施、教育及人力资本都有外部性，包括规模经济、生产要素和科学技术的累积效果等（Nelson 1993，Pack 1994，Romer D.，1996）。第三阶段的学者们都已在不同程度地关注区域产业结构对区域经济的影响基础上，关注了区域经济结构中高级经济要素所起的作用，并不同程度地拓展了经济要素的范围，认为传统的以自然资源、劳动力和资金为区域生产要素的理论已不能解释现代区域经济和产业结构的存在及集聚，并试图从不同角度论证各种新要素在区域产业结构或区域经济中所起的作用。自主创新是生产力的重要组成部分，是影响经济发展与产业布局的重要条件之一。这一阶段已认识到创新能力的提高是推动一个区域产业结构变化的最主要因素，并把创新作为内生变量引入到生产函数中。一个区域的产业结构表现为一定的生产技术结构，生产技术结构的进步与变动都会引起产业结构的相应变动，一旦创新机制发生变革，产业结构将会发生与之相适应的改变。创新的日益现代化促使各产业部门发生变革，并通过主导产业扩散效应的作用推动相关产业部门不断高度化。

1.2.2　国外区位经济要素理论评价

区域经济增长过程中所参与的经济要素在几个世纪以来得到国外经济学家的普遍关注。创新及其不同形态作为经济要素以先是外生，而后内生的角色进入人们的研究视野。在不同的时期，国外的学者关注创新领域对区域经济的贡献也呈现出不同的侧重点，这其中包括了技术、科学与技术的关系、全要素生产率、R&D 的各种表现（包括投入产出及效率、创新、自主创新能力、科技竞争力等）。这体现了自主创新作为生产力的现实存在性和难以衡量性的统一，也体现了对生产力测量时偏重自主创新对生产力影响这一事实。区域创新是一个新课题，把创新能力作为经济要素进行研究不乏其人，从能力角度研究企业管理、企业经营战略也并不是全新的领域，但前述能力管理理论仅侧重于组织能力的提升，而将自主创新能力置于区域中作为区位经济要素进行研究还是一个新课题。

1.2.3 国内区位经济要素理论综述

自主创新能力作为经济要素在区域经济和产业结构中所起作用在国内的研究已日渐深入，较早具有代表性的是李京文、郑友敬等在《技术进步与产业结构——模型》（1989）中把技术对区域产业结构的影响进行了深入的数量分析。中国科学院可持续发展研究组（1999）研究了区域科技能力，认为目前仍以科技资源配置促进科技环境改进。于刃刚、戴宏伟（1999）在《生产要素论》中认为生产要素分为传统性要素和知识性要素，并认为知识性要素包括：科学技术、管理和信息。王子平等在《资源论》中把区域传统资源观拓展为包括传统资源、科技资源、文化资源和知识资源等十一种资源在内的大资源观。① 张幼文（2002）在《当代国家优势——要素培育与全球规划》中提出"从宏观意义上，我们需要把生产要素的领域扩大为经济要素，即作为整体经济活动的要素需求。区域和国家是企业发展所需要素的培育者和供给者。"《2003 北京宣言》希望发展中国家提升科学技术能力。吴贵生等（2004）认为区域科技是区域内根植或服务于区域经济社会发展的科技资源和科技活动的总和。于刃刚在《主导产业论》中认为科技对区域经济所起作用是重要的。主导产业有别于基础产业和支柱产业，主导产业应具备以下特征：1. 体现该国一定时期经济发展方向，并且社会对该产业产品的现实和潜在需求会日趋扩大，从而获得比其他产业更高的增长率。2. 能够迅速吸收先进科技产品，引入新生产函数，在现代技术、管理基础上提高劳动生产率，创造高的产品附加值。3. 有较强关联效应，推动诱发其他产业和产品。4. 符合经济、生产、社会三者良性循环。区域产业结构是指区域内各类产业经济活动之间的相互联系与比例关系。区域经济发展与区域产业结构之间是互为因果的关系（图 1-1）。区域经济发展会推动区域产业结构优化，区域产业结构优化又会促进区域经济发展。主导产业与支柱产业的区别在于支柱产业由区域所有资源综合决定的现状而确定，对短期和近期区域经济发展起作用。而主导产业的有序更迭更多由区域自主创新作用决定，体现产业结构与自主创新能力的融合与

① 王子平，冯百侠，徐静珍. 资源论 [M]. 河北科学技术出版社，2001，(9).

协调理念，是区域经济长期可持续发展和产业结构调整的目标和归宿。

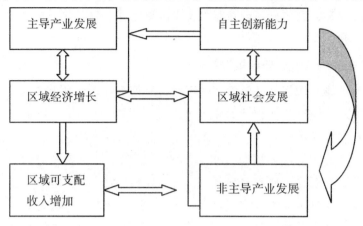

图 1 – 1　自主创新能力与区域经济增长及主导产业发展关系

1.2.4　国内区位经济要素理论评价

国内相关研究在把科技创新纳入生产及经济体系进行研究的同时，缺乏对自主创新能力内涵的有效界定，出现了"泛自主创新能力概念"现象，主要表现在：1. 深入研究自主创新能力的定性定量研究并不系统，国内大多数文献在研究中基本上是将其作为一个广谱的理论概念直接加以使用。这也是本研究选题的原因之一。2. 研究自主创新能力作为经济要素且带有区域化特征的文献几乎没有，在区域经济研究中基本上是用区域自主创新能力作为区域科技或创新的一个代替词。3. 研究自主创新能力与区域经济的相互作用时侧重技术对产业的作用，对区域层面的自主创新能力与产业结构调整的作用机制模糊淡化。忽视自主创新能力作为区域科技文化地域沉淀中所表现出来的稳定性和区域差别性，而这也正是自主创新能力指导区域主导产业选择和在区域经济发展过程中持续发挥作用的主要原因，也是区域培育自主创新能力在实践中的必要性体现。4. 系统性分析鲜见，成果多呈离散状分布。

1.3　研究的主要内容及创新之处

1.3.1　研究的主要内容

对国内外相关研究现状进行总结，我们发现成果较丰富，但出现了"泛自主创新能力研究"现象。因此，把自主创新能力作为区域经济要素进而研究其对产业结构的影响是一项全新的课题，鉴于国内对自主创新能力系统研究文献的不足，本研究试图从自主创新能力的概念及与相关概念的区别入手，对自主创新能力的性质、自主创新能力的区域化成因及区域自主创新能力的特征进行定性化研究，从而建立作为区位经济要素的自主创新能力理论框架；同时基于区域自主创新能力指标体系构建及分析的定量研究将帮助我们找到区域自主创新能力的培养路径；在此基础上建构区域自主创新能力与区域产业结构的有效结合点，提出基于区域自主创新能力现状的主导产业选择方案，寻求国民经济总体和区域经济的最优化，以期对区域产业结构调整提供具有现实意义的参考，从而进一步从区域经济发展实践中验证各区域培育自主创新能力的必要性。

产业结构是各产业在不同阶段、不同条件下不均衡增长的结果。根据罗默、卢卡斯等人的内生经济增长理论，科学技术创新是经济增长的动力。丹尼森通过国际间的综合比较发现，在影响产业结构变化的诸因素中，科学技术创新贡献要占 50% 以上。因此，产业不均衡增长的主要根源在于影响产业创新发展水平的差异，不同产业科技创新水平差异导致了劳动生产率和资金利润率的差距。这种差距的显在表现便是各产业的产出在 GDP 中所占份额的不同，即产业结构的层次不同。优化升级产业结构的过程就是不断地促进具有自主创新能力优势的产业、缩小淘汰创新落后产业的过程。

产业发展总是在一定时间和空间中进行，产业结构的形成和运动最终总要落实到特定的区域，地域系统中普遍存在的非均衡性使参与生产活动的自然要素和非自然要素的空间分布呈现出明显的地域差别。这种要素分布的地域性特点是区域产业结构形成的基础和必要条件。

一个区域固然可以凭借区域内的自然资源优势、已有的区域产业优势及区域经济分工上的优势等发展本区域的经济，但在当代社会中，信息化、知识化使区域经济发展中知识及能力等软性要素的作用突显，同时新兴产业不断涌现及产业生态化则对区域经济发展中的自然资源消耗做出约束，对环境质量的提高做出要求，这使自然资源优势、劳动力低成本优势及已有区域产业优势在竞争中作用减弱，传统的区位要素隐退为区域环境，以传统生产要素为理论基础而构建的区域经济优势论受到挑战，新的区位经济要素——自主创新能力作为一个系统层次的概念，它的根植性（Embededness）和不易流动性成为现代区域优势论的基础。自主创新能力成为区域差异的构成因素。

Baptista 与 Swann（1998）通过实证调查，发现处于聚集状态（cluster）

的企业比外部孤立的企业更创新。Capello（1999）继续证明集群学习与小企业突破性产品创新之间有显著相关关系。英国的琼斯、马斯顿和基思及昌恒盼（韩国）等人在对发展中国家技术创新的研究之后也认为，发展中国家易于走引进模仿之路，但不遗余力的模仿并不必然能承担加速自我发展的重任，加之创新过程中固有的瓶颈制约，创新主体最终可能失去对本国技术创新的热情。

由上，自主创新能力作用下的产业结构升级，会引领区域经济未来发展趋势，形成区域经济分工协作最优，最终可获得国民经济整体最优，也是区域经济可持续发展的关键。提高自主创新能力是提高区域企业竞争优势，优化升级产业结构的根本途径。在此意义上，区域的自主创新能力再造显得尤为重要。区域政府对创新起着宏观调控作用，以区域为主体进行自主创新能力的培养是保持区域经济及产业结构持续发展的根本。

自主创新能力是一个区域通过科技活动实现投入资本价值增值，使其公众生活水平不断提高的能力。区域自主创新能力是参与区域间的科技经济一体化以及提供产品或服务的质量的能力，通常以向市场提供产品或服务来获得表征。区域自主创新能力应是一个系统性概念，由相应指标体系来反映。所得指标体系在我国现阶段应与产业时序优化聚集正相关。产业结构高度化、合理化、集群化、融合化和生态化也越来越多地体现在区域自主创新能力这一指标上，主导产业科学选择是产业结构高度化目标实现的具体手段之一，也是自主创新能力作用于区域产业结构的契合点。作为一个区域的系统现象，培养自主创新能力是协调、组织区域经济活动，使得区域经济行为最优化，促进区域产业结构调整的重要途径。研究自主创新能力是研究区域产业结构预决性（现实状态——偶然性、对未来的预测——必然性，两者统一而成）的基础。本研究的最终理想目标是：

①科学界定自主创新能力概念、区域化成因及特征；

区域自主创新能力有广义与狭义之分，广义指包括制度创新、科学创新、技术创新、文化创新等。本研究所指区域自主创新能力属于狭义范围，侧重于区域意义上科学技术创新的自主性能力的培养研究，通过自主创新能力区域内主体之间进行科学技术研究活动将会减少非确定性和沉没成本，并形成使区域内主体能够主动并充分利用区域经济平台及信息的环境，从而提供激励区域内组织及个体间协同自主创新的结构性和功能性因素。因此，区域自主创新能力是区域自主创新与环境的不断互动，从而产生适合其独特需要的创新区域形态及不断适应区域经济及社会目标的一种动态性历程。区域自主创新能力是创新所呈现出的具有区域特征的位势，也是经济和社会协调、可持续发展的源泉。区域自主创新能力是区位经济要素之一。其现实质量决定了区域未来发展趋势及区域将能吸引和留住各种流动性资源的粘性。区域进步是持续不断的创新过程。

原始创新是指创新主体主要依靠自身的资源和知识，获得前人所没有攻破的难关，并使其商品化获得收益的创新活动。其后将经常伴随着一系列的渐进性的产品创新和工艺创新。原始创新是区域自主创新的重要组成部分，努力自主创新可获得更多的科学发现和技术发明。开放条件下，区域自主创新能力还包括集成创新能力以及引进基础上的再创新能力。集成创新能力使各种相关科学技术有机融合，形成具有市场竞争力的产品和产业。引进消化再创新能力指在科学技术借鉴及引进吸收的基础上，掌握核心创新技术，并依据市场需求开发技术链条的下一步，从而超越引进技术的创新活动。引进基础上的再创新能力使区域拥有更开阔的视角，以世界为基点处理区域科技创新发展问题。

自主创新强调创新主体为实现自益性而对创新结果的自发追求，带有创新本身较强的功利性，通常以向市场提供产品或服务来获得表征，并主要以建立在知识产权框架下对创新收益的掌控能力而与其他创新形式相区别。

②构建体现区域位势的自主创新能力指标体系，分析自主创新能力分布现状；

了解区域自主创新能力的建设及作用机理，必须首先了解其建设的现状及其优势和劣势所在。构建体现区域位势的自主创新能力指标体系，对认识其成长路径及量化分析其对区域经济发展所起的作用是必要的。科学确定区域自主创新能力的指标体系，从而得出区域自主创新能力分布现状。

③分析区域自主创新能力分布差异及与区域产业结构的相关性；

自主创新能力具有根植性，对区域自主创新能力的分布差异进行量化分析可以帮助认识不同区域自主创新能力所在的位势及可能的成长路径。对区域自主创新能力与区域产业结构相关性分析是了解区位经济要素与现代产业拟合程度的重要途径。

④基于区域自主创新能力的主导产业选择；

从世界各国经济发展的情况来看，区域产业大都呈现明显的阶段性。不同的阶段，经济发展的重点不同，主导产业也不同。因而在不同阶段存在着各不相同的重大的结构转换问题。结构转换问题对中国这样一个发展中国家来说，显然比发达国家更为重要，因为发展中国家市场的非均衡现象表现得更为突出。基于自主创新能力的主导产业选择可以促进区域间的协同发展、建立可持续发展系统的信息联系与反馈机制并为推动产业结构质的提高及加强其深度和广度发挥作用。

⑤分析区域自主创新能力成长路径；

阿尔蒂亚·森（2002）提出能力贫困概念，认为现代区域或组织及个人能力的缺乏是持续发展的障碍源。自主创新能力的开发是区域进行有效科技活动，提升区域经济、社会和科技持续协调发展的源泉。在开放的系统中，区域内部能力的加强是系统不断优化的动力和源泉。区域作为一个系统，培养和增强自主创新能力有助于增强其内部能力。区域自主创新能力由于其特殊属性及发展过程中的异质性而使区域的不平衡缺少收敛的必然性。自主创新能力的培养和积累是区域在解决问题过程中依据区域背景，按照区域特有的路径，积极增强自主创新能力的活动。这一活动将蕴涵在整个区域及区域内各主体行为中，像空气一样滋养着区域内的组织和个人。自主创新能力供给条件的结构性短缺，将迫使生产结构服从"短边规则"，保持低水平均衡。因此各区域为避免自主创新能力短缺，对自主创新能力的建设和培养也有着充分的需求。

1.3.2 创新点

自主创新能力概念的剖析及自主创新能力区域化的特征分析，并因其不可流动性把自主创新能力作为新的区位经济要素，借以弥补国内相关领域的研究不足。采用锡尔指标对区域自主创新能力差异进行深入剖析，以形成对区域自主创新能力成长路径的量化分析支持。同时，对区域自主创新能力与产业结构相关性分析进行量化，借以开拓区域产业结构调整转换和主导产业选择中区域分工地位不同的相关理论，解决现阶段区域产业结构趋同问题，试图为国民经济整体最优提供理论依据，从而进一步验证区域自主创新能力培养的必要性。

1.4 研究方法及结构

本研究采用定性分析和定量研究相结合方法，即依据研究目标，在文献阅读基础上对自主创新能力内涵、区域化特征及成因进行定性分析；在定性分析的基础上构建区域自主创新能力评价指标体系，并采用因子分析法获得自主创新能力因子得分式；进而用聚类法和锡尔指标法分析自主创新能力区域差距特征及原因，从而获得自主创新能力成长路径；之后应用皮尔逊系数对自主创新能力与产业结构现状作相关性分析；最后建立基于自主创新能力及产业科技创新贡献度的主导产业选择数据模型，从而提出各区域主导产业选择的建议。

　　根据以上所确定的研究主题和技术路径，本研究将所涉及内容分为八章，可以归纳为导论、自主创新能力作为区位经济要素的理论基础、区域自主创新能力基本问题研究、区域自主创新能力指标体系构建、区域自主创新能力评价研究、区域自主创新能力与产业结构研究、区域自主创新能力与主导产业选择实证研究、研究结论和展望等。其中，区域自主创新能力基本问题研究是本研究的重要理论基础，也是本研究的主体部分之一，其他的主体部分还包括：区域自主创新能力指标体系的构建、区域自主创新能力评价研究、区域自主创新能力与产业结构研究等，整体研究框架如图 1 - 2 所示。

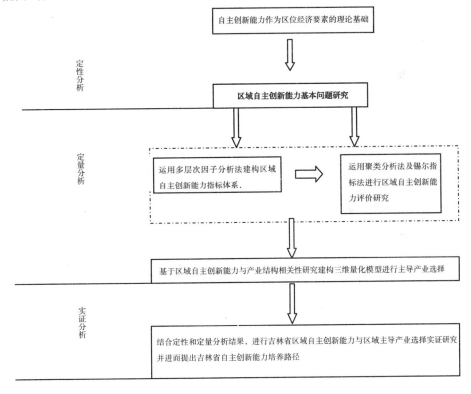

图 1 - 2　主体部分研究框架

1.5　本章小结

　　经济体系意义上的要素是区域确立优势地位的关键，为了满足区域分析本身的需要及对生产乃至社会发展过程进行更全面的分析需要，细化对要素的划分，从而扩大生产要素的外延成为必然选择。在对现代区域的分析中，经济要素不仅包括有形的自然物质和劳动力，一些抽象的、甚至无法严格量化的因素，例如自主创新能力，基于其对现代区域分析的重要性，也应引入到规范的分析中来。

经济学分析中一般不假定地区差别，而事实上产业与区域发展的研究对象是有区域差别的。目前，空间扩大的意义不仅在于地理概念，而且在于由这种地理因素决定的经济结构及产业结构的差异。培养非流动性要素成为培养区域优势的决定因素。区域的差别发展容易使国家整体系统拥有互补性，但非协同的区域差异发展也容易造成矛盾冲突。因此在研究区域经济协同发展时，自主创新能力作为新的区位经济要素成为我们关注的主题。

自主创新能力是一个区域通过科技活动实现投入资本价值增值，使其公众生活水平不断提高的能力。区域自主创新能力是参与区域间的科技经济一体化以及提供产品或服务的质量的能力，通常以向市场提供产品或服务来获得表征。区域自主创新能力应是一个系统性概念，由相应指标体系来反映。所得指标体系在我国现阶段应与产业时序优化聚集正相关。产业结构高度化、合理化、集群化、融合化和生态化也越来越多地体现在区域自主创新能力这一指标上，主导产业科学选择是产业结构高度化目标实现的具体手段之一，也是自主创新能力作用于区域产业结构的契合点。作为一个区域的系统现象，培养自主创新能力是协调、组织区域经济活动，使得区域经济行为最优化，促进区域产业结构调整的重要途径。研究自主创新能力是研究区域产业结构预决性（现实状态——偶然性、对未来的预测——必然性，两者统一而成）的基础。

自主创新能力研究的意义是从根本上改变发展战略的基点。因为创造出经济要素的机制远比拥有经济要素的程度更为重要。作为新的高级的区位经济要素，区域政府的作用在于建立能创造和培养自主创新能力的机制。"自主创新能力"虽然屡屡出现在各种学术文章中，但目前却缺乏对其渊源的追溯、概念的系统诠释、性质的剖析及区域化的研究，对其整体系统的研究有助于提高区域尽快建立这种机制的意识。

第二章

自主创新能力作为区位经济要素的理论基础

2.1 区位经济理论

所谓区位经济要素是指在特定的地点或在几个同类地点进行经济活动，比在其他地区进行同种活动可能获得更大利益的各种影响经济的因素集合。要素的区域化特征及非流动性的强弱决定其是否成为区位经济要素。区域科技研发活动非流动性是由于重新选择地域成本高而造成的，但更明显的流动性障碍也是由于某些科技创新要素的产权不明晰，交易成本高或共同占有（Peteraf，1993）。

奥古斯特·勒施［德］① 提出，区位的均衡可由两种基本倾向来决定，即从个别企业立场来看的努力获得最大利益的倾向（这是过去所考虑的唯一趋势）及从整体经济的立场出发，力图使独立经济单位之数达到最大利益的倾向。区域自主创新能力的建设是从后者出发解决问题，并最终解决前一问题，促使区域均衡。经济要素总体来说有两种，一种经济要素是不能移动的，因此生产必然无条件地在技术上和经济上依赖于来源地。第二种是可移动的经济要素，在技术上允许它们离开它们的来源地，但是技术上的可能性并不常常是经济上的可能性，要素经济上的稀少程度会随区域自主创新能力的差异而有所不同，自主创新能力能够更大地释放生产区位的可能性，这就是产业的趋利性因区域自主创新能力的差异所引致的基于经济要素相对丰裕程度的不同地域选择。因此除了传统的产业布局指向（原料指向、燃料指向、消费市场指向、劳动力指向、交通枢纽指向），还有建立在区域自主创新能力基础上的聚集指向和高科技指向。

---

① 经济空间秩序——经济财货与地理间的关系［M］. 商务印书馆，1995，（4）.

聚集指向指区域自主创新能力自身具有聚集倾向，并带动相关产业的区域集聚。各种自主创新能力主体及资源按照与产业的关联程度集中在一起，并共同享受基础设施建设、共同开发市场、共享优势经济要素，获取多方面聚集经济，即规模经济、范围经济和城市化经济。规模经济使得某一产业的规模达到一定程度，效益最优；范围经济使某一区域所有厂商的生产成本降低。城市化经济使某一城市所有工业的生产成本降低。同时区域自主创新能力的培养及高位势通过自主创新能力与知识外溢、科技创新的人力资本积累、研究与发展活动等使区域拥有产业布局指向性。

高科技指向指高新技术产业如电子计算机，生物工程，航天工业，机器人工业，新材料、新能源等，要求运用最先进的科技创新成果，当区域自主创新能力强，设备先进，劳动力素质高，科研单位和大学聚集（如日本的筑波，我国的中关村）时，区域主体将获得范围经济（区域内企业或产业获得同科技创新素质高产业的合作机会、高素质人力资本机会和研发协作机会等）。高科技指向性强调自主创新在生产实践活动中的重要作用。

2.2　能力管理理论

菲利普·萨尔尼科在对管理过程中领导行为的社会分析中，从微观企业管理角度认为能力包含知识基础，但不同于一般的知识，它更偏重于实践主体的运用结果。能力是知识经实践主体的反复运用而在主体自身中的反应结果。能够使一个组织比其他组织做得更好的特殊物质就是组织的能力或特殊能力。1990 年，普拉哈德与哈默提出了核心能力的定义，即核心能力是"组织中积累性学识，特别是关于如何协调不同的生产技能和有机结合多种技术流派的学识"。萨尔尼科强调核心能力的物质性，哈默等强调其协调性。细究起来，前者指的是核心能力的"知识性"，而后者着意强调核心能力主体运用的"特殊性"。同时，企业技术创新能力引起学者关注。这些学者包括：D. L. Barton（1992）、Seven Muller（1987）、Larry E. Westphal（1981）、Durand（1997）、Kesler（1993）和 Klein（1998）。

区域自主创新能力的提升和培养可逐渐克服机会主义行为，实现交易费用的降低。区域演进的过程就是区域中创新管理达到要求的进程以解决区域发展过程中的计划和执行问题（Teece & Pisano，1994；Kim，1999）。区域自主创新能力的成长将伴随着区域意义上的科技策略和学习方式及区域结构性的变化

（Fransman，1984；Bell，1984；Hobday，1997；Kim，1999）。区域的不稳定性及潜在的规则体系所导致的能力区域内差异将使学习成本增加（Gunnar Eliasson，2005）。

在整个自主创新能力形成的过程中，各个关系链条实际上也是通过各个行为主体之间集体学习（collective learning）而实现的（Capello，1999）。行为主体通过学习从对方身上获得自身发展所需要的互补性资源（知识、信息或服务等），进一步提高自身的自主创新能力。

罗斯比和克里斯蒂森认为，能力是突出研究特殊智力的资本，区域是异质的，正是这个原因导致其行为结果的不同。区域发展的过程通常经历从劳动力密集型向资金密集型、再向资金技术密集型，后向知识技术密集型方向的深化；从传统产业向新兴产业，再向新兴与传统产业相结合产业的转换；从第一产业向第二产业、第三产业的转换；从低附加值向高附加值，再向更高附加值产业方向深化。无论从哪个角度，区域自主创新能力建设都是不容忽视的，都是符合历史发展进程和生产力发展客观规律的。区域产业结构高度化速度有愈来愈快的趋势。一个区域能否跟上这一过程中国际产业结构调整的潮流、能否顺利地实现区域产业结构的优化进程，主要取决于一个区域的科技创新环境建设，而区域科技创新环境建设又依托于区域自主创新能力建设。

2.3　知识经济理论

2.3.1　知识的内涵

80 年代以前的企业理论认为资本和劳动是企业生产的关键性投入，而把知识作为经济分析的外生变量。随后的知识理论认为知识是生产中最关键的投入，同时也是价值的重要来源。知识系统指的是具备认识能力和知识创造能力的系统，这样的系统是动态的，因为组成系统的无论单个成员还是集体都有着动态性和不确定性，这与作为传统组织理论基础的静态权威模式存在着天壤之别。知识系统是准自治的，它一方面有自组织性，另一方面又会受到深化轨迹的制约。知识是被证实的正确的信念，知识是一种由经验、价值、情境化信息、专家见解等构成的混合物，它们可以为评价并整合新经验、新信息提供一个框架（Davenport，Prusak，1998）。根据科学家齐曼的理论可以概括出知识具有以下几个特征：1. 不可替代性。在经济理论中，所有物质是可以替代的，而每一种知识具有的独特性却是难以替代的。2. 不可相加性。即知识不遵从物质的加法定律。3. 不可逆性。人们一旦掌握了某种知识，便不可逆转，不可被剥夺，某种知识一旦传播开来，就不可收回。4. 非磨损性。知识在使用中本身不会被消耗，可重复使用。5. 可共享性。所有物质商品都有排他性，但一种知识也可以同时被他人完整地拥有。6. 无限增值性。知识在生产、传播和使用过程中，有不断增强、丰富的可能性。

2.3.2　知识与自主创新能力的关系

能力的本质是知识。知识和能力是相辅相成的，知识是内在的能力，能力是知识的外在表象。知识有存量之说，但是能力如果不动态，不外在，则其就称不上是能力，而只能是知识，从此意义上说，知识是能力的存量，能力是知识的理想流量；知识和能力均是经济要素，知识是能力的基础，但不是唯一基础，能力是知识作用于环境的过程和结果。知识不一定表现为能力，能力却可以是广义的知识；知识有显性知识和隐含知识之分，能力更趋向指隐含知识；知识的内在决定其可以是体系性、而非系统性的平面结构。能力是立体的，有系统的特征，也就是说能力系统中，某一组成部分绩效的改善，如没有其他部分绩效的协同改善，其意义是很有限的，容易形成"木桶效应"；知识以理论学习为主，能力是理论和经验动态的结合，其度量性以实践过程或模拟实践过程为主，其价值常常在失去后才得知，也就是其价值在流动的过程中才能获得；能力具有不可逆性，一旦能力被用传授知识的方法"翻译"，就不可能再回复到起初的默示状态。同样清楚的一点是，改变能力流量的默示部分和经整理的部分之间的界限绝不可能瞬间完成，通常需要经过长期的区域或组织演进、激励结构的改变以及整理过程才能得到能力的提高和改善。

知识具有情境性，与环境和区位经济要素结合并适应知识的积累程度决定了一个区域的绩效。知识的差异性导致了能力的差异性。另外，知识特别是正式的理论知识如科技创新知识，特征性较强，可以成为实体性存在，比如存在于书本、光盘之中，易于教授和传播。科技创新知识经过主体（人）的反复运用，（人的）生理、心理、神经、（组织或区域的）反馈方式和渠道、规制等产生综合反应，形成自主创新能力。因此基于科技创新知识建立的自主创新能力还带有鲜明的实践主体的个体特征。

区域本质上是一个动态、不断更新和共享的知识系统，它为隐含知识传递与交流以及知识的共享提供所需的环境和介质。由于学习知识与创新知识的内在属性，在组织创新与知识创新的互动过程中，存在着促进区域主体相互作用的动力机制，即组织学习机制。知识观的核心能力理论认为，核心能力本质上是知识系统，正是组织学习过程将组织发展战略、结构轨迹和文化积累融合为一个整体，并最终决定组织在环境中的竞争能力。区域只有具备可持续的学习能力才有可持续的发展能力。区域的共同知识状态储存于特定的区域目标中，具有一定程度的默认性，这种共同知识又被称为"区域惯例"（Nelson and Winter，1982）或"区域文化"（Hodgson，1996）。

2.3.3 知识的类型决定自主创新能力形成的基本路径

根据 Michael Polanyi（1891～1976）的观点，按照知识的存在方式将其分为显性知识（Explict Knowledge）和隐含知识（Tacit Knowledge）。国际经济合作与发展组织（OECD）把知识分作四类：什么的知识（Know What），为什么的知识（Know Why），怎样做的知识（Know How），是谁的知识（Know Who）。把前两者称为可编码化的知识或显性知识，而后两者称为隐含经验类知识或隐性知识（Tacit Knowledge）。显性知识是指以字码形式存在的知识，具有公开性、共享性、可流动性等特点。隐含知识主要是指那些密传的、身教的，意会性的，不能表现为文字或公式的各类知识、技术、诀窍、技能等，它具有经验性、认知性、地方性、家族性、个人性等特征，是从实践中获得的、需要借助于示范、模仿、操作、直接交流、共同经历等实践活动来学习和共享，并不易发生空间流动。隐含知识对于形成区域自主创新能力具有重要意义，隐含知识在整个区域或某个产业的赋存、保留和流传是形成区域竞争优势的基础，进而有利于稳定和巩固区域及产业的优势。隐含知识的空间粘性（Spatical Sticky）、不易流动性及难以长距离的交换性使其成为区域特有竞争优势的源泉。隐含知识显性化有利于区域对知识的理解、扩散和利用，从而也更有利于知识升华为能力。因为隐含类知识可以通过外化即通常是经验分享转化为显性知识。有研究表明，科学家的 40% 的知识是通过非正式交流获取的，工程师通过非正式渠道获得的知识则高达 60% 以上。一个区域如果隐含着大量的隐性知识，就可以为区域内自主创新主体创造低成本高成功率的创新环境。因为知识的流动对提高企业的研究开发能力、管理创新能力都有很重要的作用。而且市场信息的传递也会带动市场营销能力的提高。

Romer（1986）提出知识溢出模型，认为知识具有的外溢特征使任何主体所生产出来的知识都能够提高全社会的生产率。知识溢出效应使生产者知识的增长能够被资本积累的增长指数化。知识的根本载体是人，知识资源的积累通过教育进步来实现。知识溢出使以科技创新知识为核心的自主创新能力也具有溢出效应。知识溢出效应的地缘性有助于自主创新能力区域化的形成。

构成区域自主创新能力的知识多属于隐含知识。在知识向能力转化并扩展的过程中，隐含知识的明示或外化为显性知识后，再由显性知识内化形成自主创新能力的过程是培养和提高自主创新能力的重要路径。其中前者是实现区域主体自主创新能力共享的关键，而内化过程是自主创新能力提高并区域化的质变过程。区域中蕴含着自主创新能力的载体——企业、其他组织与人，并给予自主创新能力得以流动和外显的基本活动空间。

学习是隐含知识传递的主要途径，学习与社会、组织和地方性有关。自主创新能力的获取途径之一——学习模式的多样化可能是区域知识演进模式的一个主要决定因素（戴尔·尼夫）。能力的积累性显示其路径依赖性和刚性。学习活动是自主创新能力增强和克服能力刚性的手段。科技创新知识和自主创新能力更多地取决于区域自主创新能力主体之间的相互作用。而这种相互作用反过来又必须依托于一定空间且受制于区域特定的社会经济文化背景。产业在区域内寻求隐含知识，其地方性和不易流动性促使区域内建立信任关系，这种信任关系的区域性和地域依赖性有助于隐含知识的交流，从而对隐含知识外向能力化有关键意义。创新的内部学习能产生新的知识和技能，但由于经验的影响，区域会形成一种应付环境变化的惯例，使它们倾向于使用旧的途径来解决新问题。区域往往只在某个路径上积累知识和能力，因此区域在内部发展的能力有着固有的范式，常常满足不了对新能力的需求，这一现象被研究者称为"能力陷阱"。但是外部学习不同于区域内部的学习，Baum 等学者研究认为，向区域外或行业外的其他企业等跨界学习活动能弥补内部学习的风险，从而有助于区域避免"能力陷阱"。

2.3.4 知识与自主创新能力的互动

自主创新能力是区域解决问题过程中创造出来的具有区域性特征的流量知识形态，并与外部获取知识结合，形成解决新问题的能力。其提高过程是通过组织与个人知识和经验的积累得以完成的（Meyer，Utterback，1993；Rosenberg，1982）。能力建设是对具体研究开发系统进行一系列处理——识别、选取、跟踪、吸收、运用、改进和创新等的内在能力，由于其内在性特征，往往不能为外部所直接衡量。

自主创新能力建立在知识资产的基础上，隐含知识资产不容易被交换或买卖，正因为知识资产很难交易，所以区域不得不努力在其内部创建独立的自有知识与能力体系。而且，为了充分实现其价值，还要不断对这些知识和能力进行内部开发。换言之，尽管外部活动能在一定程度上促进区域内部的努力，区域却无法完全从外部寻求能力（Chesbrough & Teece）。

知识在非正式网络中传递与扩散往往是通过人与人之间有效的非正式交流或者接触，以更有效地传递和扩散隐含经验类知识（Saxenian，1994），从而更有效地推动人力资本和知识产生的社会化过程，从而加速科技创新知识及能力的形成速率，有效地保持与增强区域的持续竞争力。基于彼此信任，自主创新能力通过人与人之间非正式的交流与接触、频繁交易或合作过程建立，所以个体性自主创新能力的获得具有一定的途径，这种途径的构筑，是区域自主创新能力形成的基础，信任是其中的介质（Henry，1996）。而集体属性的自主创新能力基于组织或区域的稳定规制及价值认同，这种自主创新能力也是本研究的重点。

区域自主创新能力的本质是区域拥有的科学技术知识，是以科技创新知识为基础的能力集群。它以科技创新知识内核为中心，同时知识的溢出和一般性知识的非排他性成为自主创新能力集群的联结纽带。隐含知识在传递过程中的地域接近性是知识扩散的几乎唯一渠道。自主创新能力分为自发改进和系统性改进，后者需要自主创新能力载体对隐含知识和显性知识做更大的整合（Teece，1997）。当改进过程涉及了多重系统或次系统时，区域将不能指望市场来实现改进所需要的各方面协调。这时，它们应努力发展并使用新生的组织流程和管理流程以实现资产整合，而这种改进过程中能力上的差别也必将进一步造成不同区域发展趋势的差别。区域自主创新能力建设使知识资源的共享特别是隐含知识的区域显性化及共享成为可能。

2.3.5 知识与自主创新能力区域化

知识在区域的生产实践中被不自觉地经常使用着（Boehm，1994），区域作为载体在隐含知识承接中起着至关重要的作用，这也正是区域自主创新能力异质的根本原因。这一观点还隐含着另一个观点，即自主创新能力中的科学、技术和创新通过知识得以联结。显然，这一联结是符合逻辑的，因为科技创新是区域解决问题所用的知识和解决问题过程中所用知识的综合。自主创新能力的形成离不开对知识的搜寻、获得、发展、扩散和交流。这一系列过程不能脱离特定区域社会经济背景和特定区域内的个人经历，同时取决于区域内人们之间的互动关系。知识与能力的区域化表现在：

1. 知识的核心是对事物的了解即格物致知，而这种了解是通过认识区域社会、文化和经济背景对当地发展的影响而进行的，在区域背景下，能力对知识进行整理、比对、凝练，最终形成具有区域或个体特色的自主创新能力。

2. 人们对知识的看法往往取决于他们所戴的理论眼镜，这对于交流主体的相互信任有一定的要求，知识和能力因而更具有区域性。自主创新能力的主体是以人为中心的主体群，人的能力是在知识的外部获取、互动交流中形成的，而外部获取及互动与这一过程所发生的搜寻成本和获取成本将受到知识源之间的距离影响。

3. 非边界靠近性（De-Territorialisation of closeness）和制度相近性理论① 认为，当组织的邻近性或制度的相近性（Institutional proximity）加强时，更有利于共享知识，并能减小距离摩擦力。区域给予组织相互邻近性（Proximity）。Lorenzen 认为，企业在空间上的聚集，如果位于同一区域，分享相同的社会与经济环境，这对分享隐性知识是很有帮助的。在涉及信息传递的渠道时，邻近也起了非常大的作用，因为许多信息要依靠面对面的传播②。同时，产业是区域自主创新能力的载体，创新的溢出效应是市场规模的函数（Krugman，1991，1995），市场规模具有区域特征并以区域为载体。Perulli（1993）指出，在分析产业联系的演化时，区域是特别恰当的，当生产体系在区域群集时，主要的竞争优势（技能、R&D、灵活性、科技创新的扩散）可能在区域水平上被发现。

2.4　新要素学说

新要素学说是对俄林要素禀赋理论的丰富与发展。由于时代的限制，俄林的要素禀赋理论主要研究的是自然要素和一般生产要素，对于现代经济发展的许多新要素很少涉及。新要素学说则大大地扩展了生产要素范围，把劳动者的智力投资、科技进步与创新、获取信息的便利程度都列入经济要素范畴，深化了经济要素的内涵。新要素学说主要包括人力资本学说、研究与开发学说、信息化理论等。

2.4.1　基于人力资本学说的自主创新能力理论

在古典经济学中，劳动力是最重要的经济要素之一，但是一直到 20 世纪

---

① Meric S. Gertle. Tacit knowledge and the economic geography of context or the undefinable tacitness of being there. June, 2004, www. utoronto. ca.

② Lorenzen M. Specialization and localized learning［M］. Copenhagen : Copenhagen Business School Press , 1998.

上半期的经济学研究中，都是以劳动力同性质的假设为前提。列昂惕夫利用他所创立的投入产出分析模型，研究美国出口产品和进口替代产品的资本与劳动含量，发现现实情况与俄林的理论正好相反，学术界把列昂惕夫的发现称为列昂惕夫悖论（或列昂惕夫反论），人力资本学说因此应运而生。

舒尔茨（T. W. Schultz）通过实证分析提出人力资本理论，认为人力资本特别是产生人力资本的教育是现代经济增长的主要动力和源泉。他认为，劳动力实质上是一种不同质的经济要素。当人们通过对劳动力进行投资，使一定量的资本与劳动力相结合，就会使劳动力的质量升华，从而产生出一种新的经济要素，即人力资本。人力资本实质上是指高素质的劳动力。人力资本的形成主要取决于对劳动力投资的强度。这种投资包括两大方面，一是教育投资，包括基础教育、职业培训及自我教育。教育的作用是提高劳动力的知识素养、基本技能、专业技术水平以及追求进步、敢于创新、善于自律的品格，教育投资将转化为劳动力的智力资本。如果说教育投资是人力资本投资的主要形式，那么学校就是造就现代化人才的工厂。二是卫生保健投资，包括衣食住行、医疗服务、体育锻炼等等支出。卫生保健投资可以转化为劳动力的健康资本，健康资本的多少决定了劳动力能够在多长时间、多大程度上以积极的状态投入到高效率的劳动中。人力资本是劳动力的智力资本与健康资本的结合。人力资本学说认为现代经济发展的速度与质量主要取决于人力资本的丰裕程度。与此相比，自然资源的丰瘠及资本的多寡显得不太重要了。在发达国家，国民收入增长要远远快于经济要素投入量（土地、劳动力及资本）的增长，其秘诀就在于人力资本的迅速增长。这也是解释列昂惕夫悖论的最有说服力的缘由。

人力资本学说认为，在诸多导致区域异质性的因素中，与物质资源差异的影响相比较，人的能力差异的作用更具有决定性，因为，人力资本状况决定着区域所能发展的方向及其配置资源的规模。区域异质性是由人力资本类别位置上的分布造成的。经济之所以落后根本的问题在于没有实现人的能力与物质资本的等速度发展，从而变成经济发展的限制性因素。因此，在发展中国家，人力资本投资比物质资本的投资更为重要。为了积累人力资本，必须大规模投资于教育、职业培训和卫生保健，从而逐步形成新的要素禀赋优势，并取得良好的投资效益。

人力资本积累对经济效率的作用源于两种效应，即内在效应和外在效应，前者是指劳动者个人的人力资本积累对自身劳动生产率提高的作用，表现为劳动力收益递增；后者是指劳动者平均人力资本积累对他人劳动生产率提高的引致作用，它使资本及其他经济要素的收益均有增加，产出的增加和经济效率的提高是内、外在效应综合作用的结果。

1990年罗默构造了一个模型并得出结论认为，人均收入的增长率与社会对人力资本的研究与开发的投入比重成正比，与人力资本在研究与开发的边际产出率成正比，与时间贴现率成反比。世界银行报道称，现在世界上64%的财富由人力资本构成。

自主创新能力的主要和根本载体是人。创新人力资源的培养是自主创新能力形成的基础，自主创新过程中的人力资源可流动性强，这也是人力资本不可能成为区位经济要素的原因，但当自主创新人力资本与区域环境相融合形成集体属性的自主创新能力时，便会产生更有区域粘性和非流动性的自主创新能力。对流动性的自主创新人力资本有效地管理不仅有利于国家整体经济的持续发展，也有助于加快区域自主创新能力的培育进程。

2.4.2　研究与开发学说

2.4.2.1 研究开发理论渊源

熊彼特（Schumpeter，1912）提出创新将推动经济的发展。他认为，一般而言，区域资源转换可以有智力资源转换、自然资源转换和综合资源转换三种基本模式。不同的区域由于发展产业的优势不同，应选择不同的资源转换模式。此后，R. Nelson & Winter（1922），R. solow（1957），E. Mansfield（1961），J. L. Enos（1962），C. Freeman（1973），S. Globe（1973），J. M. Utterback（1974）等也分别提出各自对创新概念的不同理解。美国NSF从20世纪60年代初开始也发起并组织了对技术变革和技术创新的研究，S. Myers与D. G. Marquis作为主要倡议人与参与者，在其1969年的研究报告《成功的工业创新》中将创新定义为技术变革的集合。M. A. Scheier（1983）的分析表明，虽然1978年已提出创新实现问题，但直到1983年仍未得到学术界有效的关注。D. Gerwin（1988）提出以创新不确定性为前提的创新过程理论。80年代中期OECD也组织专家对创新进行研究。R. Mueser（1985）总结20世纪80年代前学术界对创新的定义后认为：创新是以其构思新颖性和成功实现为目的有意义的非连续性事件。

在此期间的研究开发学说是20世纪60年代美国经济学家格鲁伯和弗农等人提出的。他们认为，科技创新与经济之间的线性模型是不确切的，科技创新与经济是互动的关系（Rosenberg，1982，1990）。他们认为随着经济发展和技术进步，无形的经济要素正起着日益重要的作用，研究与开发就是一种无形经济要素，因为从经济学意义上讲，如果将技术创新活动作为技术知识的生产过程，这一生产活动也同样需要资源的投入，投入的货币形态便是研究开发经费。自主创新能力主要通过研究开发活动不断得以积累和加强。

研究开发经费是科技创新知识存量的来源，其规模、结构及其变动是反映研究开发活动水平的一个重要指标。它通常用 R&D 来表示，它是英文 Research and Development 的缩写。联合国教科文组织对 R&D 的定义是，为增长知识的总量（包括人类、文化及社会方面的知识）以及运用这些知识去创新的应用而进行的系统的、创造性的工作；经济合作与发展组织（OECD）对 R&D 的定义是，研究与开发是在一个系统基础上的创造性工作，目的在于丰富有关人类、文化和社会的知识库，并利用这一知识进行新的发明。

R&D 活动由基础研究（basic research）、应用研究（applied research）和试验发展（test development）三类活动组成。基础研究是指探索自然界的物质运动、变化规律的研究，是发展新知识、新技术的理论基础；应用研究是指为了将基础研究的成果运用于改变现实的社会经济生活的某种实用的研究；试验发展则是利用研究成果，寻求明确具体的技术突破的研究。根据行为主体的不同，研究与开发分为由政府部门提供支持的研究发展活动和私人部门研究发展活动。政府部门资助的 R&D，基本上是在大学或专门研究机构中进行，开发那些持续周期长、不确定性因素多、风险大、私人企业不愿意、也无力从事的活动。开发的成果多数具有基础意义或者在某一领域中具有普遍实用性，具有公共产品的性质。私人部门研究与开发是企业为了跟上行业技术发展，实现利润最大化，在企业设置技术研究与开发机构从事该企业新技术、新产品的开发工作。企业的研究发展活动出现于 19 世纪下半叶，当时主要集中在生产化工和电器的工业部门。随着经济的发展和市场竞争的愈益激烈，研究与开发活动已经成为企业经营和发展中的一个必不可少的要素，拥有研究和开发机构成为企业得以生存的先决条件。

我国统计体系中的科技经费筹集额较全面反映各种渠道计划用于科技创新活动的经费情况，它主要由政府资金、企业资金、银行贷款等构成。

研究与开发活动推动经济效率增长的机制是，通过对研究发展的投资创造出新设计、新发明、新工艺、新产品和新技术等，促成了新资本品（如机器设备等）的产生，或使得原有资本品升级，提高了生产中所使用的资本品的技术水平及生产效率，形成知识和科学技术因素推动经济效率增长的内在过程。研究与开发活动推动区域经济效率增长的影响程度又取决于 R&D 效率。

2.4.2.2 研究开发活动的区域化

现代经济运行中，研究开发活动生产出所需要的技术知识，使科技进步成为由单独生产部门产出所决定的内生变量，表现为中间产品生产部门所产出的资本品种类数目的增加，由于不同种类中间产品的相互独立，资本总量的增加并不导致其边际产品递减，即一单位资本品的边际产出率不受引入其他资本的影响，因此，科技进步能够提高资本收益率，促进经济效率的提高。基于此，区域政府有进行研究开发活动的驱动力。

就科学技术来看，它本身就是一个整体系统——任何一项研究开发活动，它自身不仅仅是由其内在要素构成的一定结构形式的有机整体（单元研究开发活动），而且它还与其他单元研究开发密切关联，从而构成具有立体网络结构的有机整体（研究开发群体）。单元研究开发的量变或质变会由于研究开发群体网络结构的内在关联性引起科技创新问题的连锁效应，一方面因为要有与此相关的其他单元研究开发的配合才能得以实现，另一方面，单元研究开发的这种变化，由于打破了原有研究开发群体的内在平衡，也势必会引起其他相关的单元研究开发产生适应性调节，以达到研究开发群体自身新的平衡，而这又会引起其他单元研究开发乃至整个研究开发群体的发展。因此，研究开发的一种实际存在形式和发展方式就是研究开发群和研究开发的区域化结群和聚集，而这种研究开发群在现实中的具体表现形式是自主创新能力的区域化。

研究开发在现实中常以创新成果、科研项目和科技活动等方式表达出来，若将一些相互关联的科技创新资源（科技创新成果、科技创新研究项目、科技创新活动等）聚集在一起，则一方面有利于科技创新与经济的结合，另一方面有利于科技的进一步创新，从而使区域自主创新能力得以有效累积。研究与开发活动形成的自主创新能力所具有的区域社会属性使其具有了区位经济要素的特征。区域自主创新能力的有意识培养是使研究开发活动有效进行的支撑界面。

2.4.3 信息化理论

2.4.3.1 信息化理论渊源

现代经济学认为虽然信息本身没有价值，构不成知识，从而外在于人的信息并不能形成生产力，但信息在内化为生产者和管理者的学识时就转化为现实的生产力。这一过程中包含着信息与人的知识和能力相结合的过程，同时知识和能力常常被广泛地融入到组织中，因此关键应该是具备将含有这些知识的信息组织在一起的能力。尽管信息的内部传递并不存在所有权障碍，但它也绝不是无摩擦或无成本的，正是在这个意义上，斯科特·库珀认为，由于信息与人类认识能力的结合导致了知识的产生。所以知识经济不仅着眼于信息，更着眼于信息的管理。

信息化理论构筑的基础是信息的非对称性和不完全性。信息非对称存在于创新交易中，也就是在创新交易过程中，创新合约当事人一方拥有另一方不知道或者无法验证的信息和知识。信息非对称的根源在于分工和专业化。所以，信息的非对称性既是社会生产力发展的结果，也是生产力发展的推动力量。信息非对称性可以从两个角度划分：一是按照非对称性发生的时间，可以划分为事前非对称和事后非对称；二是按照非对称性信息的内容，可以划分为外生性非对称信息和内生性非对称信息。由于外生性产生于交易技术本身所具有的内涵、性质和特征等方面，因此这类非对称是由创新本身的禀赋或特点所决定的，而不是由当事人的行为造成的，通常此类非对称发生在创新合约签约前。内生性产生于创新合约签订后合约当事人的一方对另一方行为的无法观察性。信息的不完全性是指创新开发过程中所固有的风险给合约当事人双方同时带来的难以预期的变化。信息不完全性有别于信息的非对称性。信息的不完全性主要是由不确定性决定的，而这种不确定性对所有合约当事人都是平等的，双方对此都很难预见，并难以预先写入合约中，因而这很有可能将导致履约过程中对合约的重新修订或谈判。信息具有公共物品属性，因此它的消费具有非排他性，同时信息具有交易可重复性和增殖性等特征。

自主创新能力的建立离不开科技信息。科技信息的公共物品属性不是说科技是一种公共使用的物品，而是说科技信息的消费具有一定的非排他性。科技信息是一种信息，是一种无形资产。虽然科技创新的载体可能是有形的，但作为一种无形资产，一个消费者消费这一资产并不影响另一个消费者的消费。从这个角度看，科技是一种公共物品，具有一定的外部（Externalism）经济效果，并具有交易可重复性等特点，构筑区域自主创新能力有助于科技信息化建设。通过区域自主创新能力的培养，有效提高参与主体对科技信息的敏感及接受程度，可以有效克服信息的非对称性、减少信息的不完全性和发挥研究开发的公共物品属性，从而形成科技创新活动正溢出效应。科技信息是自主创新能力培养过程中的媒体介质，自主创新能力的溢出效应会引致科技创新活动区域经济正向外部性（所谓外部性是指某个体的效用函数的自变量中包含了别的个体的行为。通俗地说，就是指行为当事人之间的利益关系上存在这样的情况：一方对另一方或其他方的利益造成的损害或提供的便利不能通过市场加以确定，也难以通过市场加以补偿）。

2.4.3.2 信息的区域性经济绩效

区域有信息对称交流的优势，市场经济条件下，当交易信息双方仅发生单次交易时，理性经济人可能出现损人利己的失德行为，当交易次数无限增加时，对长期利益的考虑会导致合作的出现，长期信任机制得以形成。由于地理的接近，关系主体要维持相当长的时间，就会考虑交易的长远利益，而当逆向选择和道德风险行为发生时，由于在地理位置上相近的同一产业替代性企业很多，交易受损的一方可以很容易地判断出对方的行为，并且花费很少的成本就可以选择新的替代性企业，而不会发生专用性投资的套牢危机。由于同一产业的地理位置接近，信息传播非常便利，实施逆向选择和道德风险行为的企业将再很难找到合作伙伴。从另一种意义上说，这样的企业将受道德惩罚的信念是可信的，因此也较少发生。建立在信息化基础上的自主创新能力培养有利于信息传递功能，使科技创新的接受者、使用者与拥有者之间有一个交流的平台，减少摩擦成本。可以分散产业风险，降低交易成本，并起到优化配置科技创新商品及相关产业资源的作用。即使是非经济利益的信息交流，同一区域也会拥有较多对交流双方当事主体了解及提高在信任基础上的成功概率。

2.5 优势理论

2.5.1 比较优势论与要素禀赋论

比较优势论与要素禀赋论属于古典区域经济发展理论。在比较优势论中，大卫·李嘉图（1772～1823）从区域分工角度认为，每个区域不一定生产各种商品，而应集中力量生产那些"利益较大而不利较小"的商品，然后通过交换，在资本和劳动力不变的情况下，生产总量将增加，从而实现各方共赢。这里的假设是生产要素的不完全流动所导致的生产成本差异，各区域应生产自身含有比较优势的产品。俄林（1899～1979）提出，不同区域生产要素丰裕程度的不同会使生产要素价格不同，生产要素的非流动性仍是其理论的核心所在。俄林的要素禀赋理论将国际贸易和区际贸易的领域由产品拓展到生产要素，并认为正是由于各地区生产要素禀赋不同决定了地区之间的贸易格局，而生产要素的区际流动能够改变地区要素禀赋之不足，提高地区生产效率。

从区域经济发展的角度来看，当代社会中一个区域固然可以通过区域内的自然资源优势、已有区域产业优势、区域经济分工优势等发展本区域的经济，但全球化使区域竞争更加激烈，信息化、知识化又使区域经济发展中知识及能力要素的作用突显。新兴产业的不断涌现及产业生态化都对区域经济发展中的自然资源消耗做出了约束和环境质量的提高做出了要求，这就使得自然资源优势、劳动能力和低成本优势、已有区域产业优势等在区域发展中的重要性愈来愈低，科技作为第一生产力的作用得以全面展示。据研究，科学技术对经济增长的贡献率，在20世纪初为5%~20%，到20世纪70年代至90年代为70~90%，目前仍在提高之中。①

从静态观点看，一个区域的经济要素是固定的，区域与产业努力发挥这些固定条件以获取比较优势利益。但是在真实的区域发展历程中，动态变革才是基本的，区域更重要的课题是提升经济要素的质量、提高生产率和创造新的经济要素。自主创新能力本身既是新的经济要素，又可以创造新的经济要素。

2.5.2　竞争优势论

古典区域发展理论在研究产业集聚和区域发展时，强调了区域外部的力量，如市场的力量或企业外部经济性的实现。随着通讯技术及交通运输业的发展，比较优势论及要素禀赋论的构成基础中对传统生产资料及劳动力的不完全流动性假设已发生了改变，自然资源在生产中所占的成本份额也越来越小。特别是当代世界经济已进入知识经济时代，传统比较优势在不断消失，天赋的自然资源也不再成为强有力的竞争要素。更重要的是，世界正处在新材料科学革命之中，这场革命将会带来更多的新型材料和人工合成材料。同样，资本的可利用性也不再是强有力的竞争要素。由于全球化背景下世界资本市场的发展，发展中国家的企业家可以通过贷款，在所在国建立资本密集型企业，因而就投资而言，资本富有和资本贫乏的界限在不断模糊。在新的国际经济条件下，资本和劳动力的比例也同样不再成为有重要意义的因素。因为经过人力资本投资，可以提高劳动力的技能和素质，解决劳动力数量不足的矛盾。

另外，随着经济全球化的深化发展，一国所拥有的资源，不仅包括本土资源，还包括外来资源。即包括国外的资源禀赋。同时，不少产业部门很可能是从国外引进的资本和技术要素在起主导作用。因此，比较优势在许多场合可能不是本土禀赋资源的比较优势，可能是外来资源的比较优势，即一国资源禀赋的比较优势已不像过去那样突出，禀赋生长的环境变得更为关键。为此，有的

① 赵弘，郭继丰.知识经济呼唤中国 [M] .改革出版社，2001.

学者将比较优势分为两种，即历史形成、现有的基于传统资源禀赋的外生比较优势和通过各种手段（人力资本投资、技术模仿，专业化经济）推动科学技术进步与科学技术积累的内生优势。

所有这些都表明，绝大多数发展中国家（包括中国）所具有的自然资源或劳动力资源的比较优势，在国际竞争中不一定具有竞争优势，难以构成强有力的竞争要素。研究竞争优势理论的国际著名学者波特用很多例证说明，生产要素的比较利益法则对很多产业来说根本就不实际。在经济全球化条件下，既然传统比较优势在不断消失，那么构成新的比较优势的基础或来源是什么呢？换言之，构成区域竞争优势的真正要素是什么呢？上述属于自然禀赋方面的要素已不再是竞争优势的构成要素，而真正构成现代优势来源的要素是自主创新能力，自主创新能力有效作用于区域经济中使区域经济处于可持续竞争状态。

竞争优势论是建立在传统比较优势论基础上并对其理论演说的拓展，是应新的发展战略要求提出的。1990 年美国哈佛大学教授迈克尔·波特在《国家竞争优势》中对经济要素进行分析，指出经济要素分为初级经济要素和高级经济要素。迈克尔·波特认为，初级经济要素包括天然资源、气候、地理位置等，这些要素是被动继承的，或仅需要简单的私人及社会投资就能拥有。这与比较优势论中的外生性经济要素概念基本是一致的。高级经济要素通常是创造出来的，包括现代化通信的基础设施、高等教育人力资本以及大学研究所等，它们是比较优势论中的内生性经济要素，如信息、人力技能、技术、研发的载体或创造者。波特进一步指出，除了天然产品或以农业为主的产业以及对技能要求不高或技术已经普及的产业，初级经济要素的重要性已经越来越低。一个国家想要通过经济要素建立起产业的强大且持久的竞争优势，必须发展高级经济要素。但同时，初级经济要素的数量与素质又是创造高级经济要素所不能缺少的基础。波特认为，经济要素优势有它重要的动力特征，如知识、科学或产品改善等高级经济要素的标准就是持续发展的，经济要素如果不能持续升级和专业化，它对竞争优势的价值就会越来越低。因此他主张政府、企业、行业协会和个人应共同对高级经济要素进行持续性的投资，刺激其发展。竞争优势论强调对经济要素进行动态地开发和升级以获得持续性的竞争优势。

2.6 本章小结

区位经济要素是指在特定的地点或在几个同类地点进行经济活动，比在其他地区进行同种活动可能获得更大利益的各种影响经济的因素集合。要素的区域化特征及非流动性的强弱决定其是否成为区位经济要素。区域能力的提升和培养可逐步部分克服机会主义行为，实现交易费用的降低。区域演进过程即是区域中科技技术管理达到所要求的进程以解决区域发展过程中的计划和执行问题。知识和能力是相辅相成的，知识是内在的能力，能力是知识的外在表象；知识有存量之说，但是能力如果不动态，不外在，则其就称不上是能力，而只能是知识，从此意义上说，知识是能力的存量，能力是知识的理想流量。新要素学说是对俄林经济要素禀赋理论的丰富与发展。由于时代的限制，俄林的要素禀赋理论主要研究的是自然要素和一般的经济要素，对于现代经济发展的许多新的要素很少涉及。新要素学说则大大地扩展了经济要素范围，把劳动者的智力投资、科技进步与创新、获取信息的便利程度都列入经济要素范畴。建立在信息化基础上的自主创新能力培养有利于信息传递功能，使科技创新的接受者、使用者与拥有者之间有一个交流的平台，减少摩擦成本。可以分散产业风险，降低交易成本，并起到优化配置创新商品及相关产业资源的作用。区域自主创新能力的培育使区域竞争优势的培育成为可能。它不在于证明产业贸易的发生可能性，而在于说明基于自身良好发展的能力培育，因此它强调要素优势的可变性，可培育性。能力是资源的网络，区域是各种资源的承载者，区位经济要素构成包括人力资源、自然资源、财力资源、信息资源、知识资源等，这些资源之间的关联互动关系交错纵横，最终形成了区域能力。如果这些资源要素整合的好，就会形成独特的核心能力（其中包括自主创新能力）。实现区域非均衡向区域均衡过渡的主导因素之一是区域自主创新能力的培养。

自主创新能力是区域经济由不平衡发展向平衡发展的重要要素。虽然学术界大多认为，经济的区域不平衡是绝对的，平衡只是短暂而相对的。但就我国地域辽阔、区域众多的实际情况看，无论从政治意义上、经济意义上和社会福祉角度，对区域经济均衡发展的恒久追求是我国的基本国策。

从区位经济要素角度对自主创新能力予以分析是对我国区域经济均衡发展实现途径的有益尝试。自主创新能力是能力系统中的一个分支，它具有能力的许多共性特征。自主创新能力同时又具有知识和资源的特征。区域自主创新能力与区域竞争力和区域可持续发展思想的结合将构造出基于自主创新能力的新型区域发展观。

第三章

区域自主创新能力基本问题研究

3.1 基本概念的界定与相关概念辨析

3.1.1 区域与区域自主创新能力概念

3.1.1.1 区域的概念

区域是各项活动相对独立、内部联系紧密且较为完整的、具备特定功能的地域空间。区域的界定标准有很多种，在研究区域自主创新能力与基于区域自主创新能力的区域经济及产业结构时，按中国发展实际情况，可以对区域有三种分类标准，即经济区域、行政区域和科技创新区域。经济区域是一个由产业结构、人口结构、能源结构、运输结构、投资结构等组成的并以经济活动为中心的结构网络系统。任何经济区域都有自己复杂的结构系统，其中产业结构是其主要的组成部分，产业结构特征反映了一个经济区域的生产力发展水平和劳动地域分工状况。经济区域的产业结构是在劳动地域分工和经济地域运动规律的作用下，组成区域内国民经济各部门的比例关系与组合形式。其中的物质成分相互联系、相互制约，共同促进经济区域的发展。经济区域按照所研究的目的和范围有不同的界定，广义可以指世界范围内的各个国家，狭义可指一国内部各经济区域或行政区域。行政区域是以政府职能范围为基础构建的区域概念。目前我国行政区域概念与狭义经济区域概念在省际区域划分上是统一的。自主创新区域是指自主追求意识下的科技创新资源和能力中心向外辐射的可能区域，为了便于研究现有行政及经济区域下的自主创新能力培养问题，根据研究需要，以下"区域"指中国目前以行政区划为标准的省际区域。

创新必然影响区域的经济要素质量和效率，优化各种要素在经济活动中的结合方式将影响区域经济增长方式。同时对于区域来说，创新能够改造传统产品和产业，创造新产品和产业，并促进区域产业结构优化升级，使经济结构高级化，影响区域经济布局的态势和区域分工格局，因此研究区域必然离不开对创新问题的剖析。随着我国经济阶段的演进，区域自主创新能力成为作用于区域的重要区位经济要素。区域自主创新能力作为区位经济要素，它的质量和优势决定了区域创新基础条件，即区域吸引和留住各种流动性资源的粘性。自主创新能力成长路径的不同及自主创新能力区域差异必然引致区域产业结构调整转换过程中的差异性。

3.1.1.2 区域自主创新能力概念

能力，是资源的网络（Black 和 Boal，1994），从哲学上讲，是指人、组织或区域具有的认识和改造客观世界的力量。自主创新能力中"能力"的概念来源于本世纪 50 年代管理理论中的能力学派。J. A. Schumpeter（1912）最早提出和研究创新问题，此后 R. Nelson & Winter（1922），R. solow（1957），E. Mansfield（1961），J. L. Enos（1962），C. Freeman（1973），S. Globe（1973），J. M. Utterback（1974）等也分别提出各自对创新概念的不同理解。美国 NSF 从 20 世纪 60 年代上半期开始也发起并组织了对技术变革和创新的研究，S. Myers 与 D. G. Marquis 作为主要倡议人与参与者，在其 1969 年的研究报告《成功的工业创新》中将创新定义为技术变革的集合。但在此过程中对创新概念的界定都侧重于创新采用环节，而缺乏对创新实现过程的相应关注。M. A. Scheier（1983）的分析表明，虽然 1978 年已提出创新实现问题，但直到 1983 年仍未得到学术界有效的关注。D. Gerwin（1988）提出以创新不确定性为前提的创新过程理论。80 年代中期 OECD 也组织专家对创新进行研究。R. Mueser（1985）总结 20 世纪 80 年代前学术界对创新的定义后认为：创新是以其构思新颖性和成功实现为目的有意义的非连续性事件。

自主创新能力概念中"能力"的研究起源于能力学派，最早出现在菲利普·萨尔尼科对管理过程中领导行为的社会分析中。1959 年，伊迪丝·彭罗斯（Edith Penrose）发表了《组织成长论》一文，进一步强调了组织成长过程中的内在机制，"能力资源就是一个连续产生新的非标准化操作规程和非程序性决策，并不断地把它们转化为标准化操作规程和程序性决策的过程。"随后，Teece 和 Pisano 强调动态能力应具有高度组织特性的系统整合力，即系统的自适应力。1990 年，普拉哈德（Prahalad，C. K.）和哈默（G. Hamel）提出，核心能力（Core Competence）指"组织中积累性学识，特别是关于如何协调不同生产技能和有机结合各种技术流派的常识。"这一阶段创新能力倍受学者关注。D. L. Barton（1992）、Seven Muller（1987）、Larry E. Westphal

（1981）、Durand（1997）等分别提出各自对企业技术创新能力的定义。Kesler（1993）认为，创新能力应该是在创新过程中，在充分利用现代信息与通信技术基础上，不断地将知识、技术、信息等要素纳入生产过程中所具有的一种能力。Klein（1998）认为，创新能力是一个能力的集合，可以用一个能力网络图来表征，即创新能力是综合的能力网络结构。在此基础上，创新能力理论逐渐向中观和宏观界面延展。《全球竞争力报告2001~2002》（由《世界经济论坛》和美国哈佛大学国际发展中心合作完成）认为，创新能力指一个国家或地区作为政治和经济实体不断产生有商业意义的创新的潜力，它不仅反映已实现的创新水平，而且反映一个国家或地区为建立并促进创新环境所具备的基础条件、所进行的投资和所实施的政策。总之，目前国外并没有对自主创新能力概念的明确界定，并多把"创新"界定为经济、技术领域的创新活动，也就是通常所说的科技创新。

最初的创新体系研究强调一个国家范围的创新活动，忽视次一级经济区域的特殊性。Cooke等把国家创新层次的分析深入到区域层面，并把创新体系分为基层型区域创新体系、网络型区域创新体系和统制型区域创新体系（Braczyk，Cooke and Heidenreich，1998）。创新的路径研究过程中，Rosenberg. N（1982）认为，需求决定创新的报酬、技术决定成功的可能性和成本。这为研究区域意义上的创新集聚提供了研究基础。

在自主创新能力形成过程中，地理起着基础性的作用，因为成功的科技创新在大多数情况下很少是个别公司的产物，更多的是特定区位资源、知识和其他的投入和产出组合的产物。产业和大学R&D的群集以及社会网络能够产生规模经济，促进知识、能力的共享和思想的交流，有效增加科技创新的面对面互动作用（Feldman & Florida，1994）。每一个科技系统都来自于不同的社会背景，基于科技的自主创新能力由于分割的文化而呈分割状态（Gili S. Drori，1993）。区域自主创新能力通过知识的外溢、反馈和学习过程使自身得到不断增强。

在区域已成为经济活动焦点（Chung. S）的今天，自主创新能力作为重要的区位经济要素同样受到国内学术界关注。1978年邓小平在全国科学大会上提出科学技术是第一生产力的观点。20世纪80年代，国内学术界开始对创新进行系统研究，比较有代表性的有：傅家骥（1992）、许庆瑞（1986，1996）、柳卸林（1992）、李垣（1993）等。1999年技术创新大会后，中共中央、国务院在《关于加强技术创新，发展高技术，实现产业化的决定》中提出，技术创新是"指企业应用创新的知识和新技术、新工艺、采用新的生产方式和经营管理模式，提高产品质量，开发生产新的产品，提供新的服务，占据市场并实现市场价值"。冯之浚（1999）、胡志坚和苏靖（1999）、张敦富（2000）、潘德均（2001）、周亚庆和张方华（2001）、熊波和陈柳（2001）、翁君奕和林迎星（2003）等对区域创新系统提出各自观点。刘凤朝等（2005）认为，自主创新是创新主体依靠自身（或主要依靠自身）的力量实现技术突破，进而支撑和引领经济社会发展，保障国家安全的活动。自主创新是一个综合性的概念，对应于不同的实现主体，自主创新又有不同的内涵。国家（或区域）层面的自主创新是指以能自主解决（或基本自主解决）本国（或本区域）经济社会发展和国家安全面临的重大关键技术问题，并能对全球技术发展产生重大影响为标志，以原始创新、集成创新以及引进基础上的再创新为主要实现形式，以推动产业结构升级，实现增长方式的转化，提升国家竞争力为目的的活动。龙开元（2005）提出，自主创新主要是依赖本地有限的科技创新资源对一些产品的核心部件进行自主开发，并产生拥有自主知识产权品牌产品的创新。

李虹（2004）、李子彪、胡宝民和于新凯（2005）、魏江和刘锦（2005）等分别对区域创新体系的构成机制提出各自观点。中国科技发展战略研究小组完成的《中国区域创新能力报告》（2001）以知识创造、知识流动、企业技术创新能力、创新环境和创新的经济绩效 5 个指标分析国内各省区的创新能力。范柏乃（2004）提出城市技术创新能力包括技术创新投入、技术创新配置、技术创新支撑、技术创新管理和技术创新产出能力。王亮和孙绍荣等（2005）就科技原创力，王锐兰和刘思峰等（2005）就区域科技发展目标的指标体系提出自己的观点。

由于创新是区域经济增长的决定性因素，因此，科学技术的扩散或传递也就成为了决定区域能否可持续发展的一个重要因素。科勒（Wolfgang. keller, 2000）通过工业化国家 R&D 支出对 OECD 国家产生的影响的研究，探讨了技术扩散的距离特征。他实证研究发现，知识技术是区域化而非全球化的，因为来自国外的技术溢出效应会随着距离的延长而减少。以知识技术生产国美国为例，就平均距离来说，与美国的距离每延长 10%，其对应的生产率就降低 0.15%，这表明地理因素在决定技术的跨国易得性方面所起的作用。也就是知识技术的外部性随着距离的延长而降低，这就决定了知识技术创新或生产活动的区域化或区位化。

区域自主创新能力系统是社会经济系统的组成部分，外来创新只停留在技术层面上，将因缺乏成长过程中与引进区域社会、经济系统的互动而欠缺能力培养的必要路径支持。区域进步是持续不断的创新过程。原始创新是区域自主创新的重要组成部分，强调自发性创新，从而获得更多的科学发现和技术发明。开放条件下，区域自主创新能力还包括集成创新以及引进基础上的再创新能力，其中集成创新能力使各种相关科学技术有机融合，促进产学研紧密结合，补充自主创新大系统的自足性循环要求。引进基础上的再创新能力使区域拥有更开阔的视角，以世界为基点处理区域科技发展问题，补充引进技术成长路径的缺位，引导自主创新的方向性选择及持久性发展。区域自主创新能力与非自主创新能力的主要区别在于对科技成果及未来发展方向的掌控能力。

一个区域的自主创新能力从来都不是独立存在的，它必须与当地的产业和经济结合起来才能显示出现实和未来的能力。所以，准确把握一个区域的自主创新能力必须考虑它所支撑的产业和经济。区域自主创新能力是区域科技创新所呈现出的位势，其具有的稀缺性、复制性差和较强的持久力使其成为区域经济竞争优势的促进因子。区域经济竞争优势是区域经济竞争力资产在区域竞争力主要特性上所表现出的优于相比较区域的那些方面。

自主创新能力是以科技进步为基础的。科技进步主要以科技产出为表征。自主创新作为自主创新产出中的为社会实践所认同部分将反作用于科技，促使其不断进步，创新的自主性将更多体现在主体在追求产出过程中对产出的目标性掌控能力上。但自主创新能力作为一个庞大的系统工程，其培养决不能限于微观企业层次，而应落实到区域层次以打造国家的整体能力。

资源经济学认为，区域是资源的集合体，区域的可持续发展来自资源整合后的难以模仿与替代的能力。区域作为企业和国家之间自主创新的支撑界面，在支持创新资源投入（供给），弥合自主创新资源产出（需求），营造创新发展环境中所起的作用不容忽视。自主创新发展环境培养的直接目的是提升自主创新能力，其间接目的则取决于创新的溢出效益，而这种溢出效益的实现在更大程度上有赖于包括教育系统、政策系统、经济系统和社会系统等如何看待它，以及是否利用它和怎样使用它。自主创新发展环境因子作为自主创新能力异质的关键因素，对区域自主创新能力形成过程所起的作用是动态的。企业的创新能力及产业的集聚特征是自主创新能力作用于区域的过程和结果。

区域自主创新能力是一个新课题。自主创新能力要素有别于其他传统经济要素的一个主要标志是它不仅自身通过生产函数作用于生产产出的数量和质量，同时也作用于其他平行的经济要素，起到提高经济要素质量的作用，并以区位经济要素的角色作用于区域经济。区位经济要素的重要性取决于其区域化程度以及它的流动性程度，不可流动的要素及可流动性差的要素对区位的作用很大，自主创新能力的不完全流动性使人们对其关注程度日益加大。

综上所述，自主创新强调创新主体为实现自益性而对创新结果的自发追求，带有创新本身强烈的功利性，通常以向市场提供产品或服务来获得表征，并主要以建立在知识产权框架下对创新收益的掌控能力而与其他创新形式相区别，它同样强调市场的认同度。自主创新能力表现在各创新主体对创新的主动追求意识及对创新收益的主导能力。集群和健全的公共创新环境是决定创新能力的关键因素。因此，创新是一个区域范围的现象，区域自主创新能力由区域主体及资源构成，在重视创新个体能力建设同时，为避免"木桶效应"，强调区域能力机制系统建设；在重视市场竞争的同时，强调运用服务型政府在创新系统建设中的作用；企业是创新主体，区域产学研多元主体的互动是这一能力建设的关键。创新要素的互补及创新环境建设符合这一能力的动态化建设原理。创新能力的战略性培养及最终实现依赖于长久的契约关系、稳定的管理结构以及不同主体技术流传播的能力。区域自主创新能力是创新所呈现出的具有区域特征的位势，是现代区位经济要素之一。

区域自主创新能力即区域科技进步以适应经济、社会发展的动态能力，体现自主创新资源和自主创新发展环境的匹配程度。从此意义上说，自主创新能力应包括自主创新投入因子、自主创新产出因子和自主创新发展环境因子。前两者用以衡量自主创新资源效率，后者表征自主创新发展环境。科技资源是自主创新产出的基础之一。自主创新能力在作用于一个国家内各区域间时，开放程度较高，因此有别于科技竞争力，它将同时表现为区域间科技合作与竞争的能力，是创新所呈现出的具有区域特征的位势，也是经济和社会协调、可持续发展的源泉。自主创新能力作用于区域，用以描述区域内经济、社会与科技的互动程度及区域内主体之间进行创新活动将会减少的不确定性和交易成本，同时支撑起区域间创新互动的平台，用以描绘使区域充分利用信息和知识的氛围，并提供鼓励主体间协作的机制，最终实现双赢或多赢，实现社会效益最大化。

区域自主创新能力作为区位经济要素，它的质量和优势决定了区域科技创新基础条件，即区域吸引和留住各种流动性资源的粘性。区域自主创新能力的培养将对区域产生直接效应和引致效应，前者是指自主创新能力作用于区域使区域发展加快；后者是指自主创新能力作用于其他平行经济要素所引致的区域发展效应。在我国这样一个大国，产业结构的完整性是毋庸置疑的。但对区域来说，针对不同区域不同自主创新能力所形成对产业的不同支撑界面来选择本区域的主导产业和特色产业结构是必要的，自主创新能力作为区位经济要素成为构造本区域产业结构优势的重要因素之一。

3.1.2 区域自主创新能力与区域技术创新能力

技术是指在生产实践经验和运用科学原理的基础上发展起来的各种方法、技能、工艺流程体系，技术的特征在于生产实践性，在于科学知识的物化。科学是技术的基础。新的科学知识帮助新技术确立成长的方向，并为其提供更有效的工具和设计方案，通过中间训练使技术最终在设计中发挥其研究器械、工程设计和知识基础的作用；科学还能开发和吸收新的人工技能以利于技术运用，创造知识基础以有效地评估技术在与经济和环境协同中的作用（Harvey Brooks，1994）。同时，以探索和创新来获得知识为特征的科学必须通过技术这个纽带渗透到生产力的要素和结构中才能转化为直接生产力。技术创新能力是自主创新能力的一部分，由于技术创新能力所产生的区域科技优势会随着时间的推移，经历从形成、维持到侵蚀的周期过程，在不断变化的动态环境下，仅仅依靠技术创新能力无法获取持续的区域优势科技位势。区域自主创新能力包括技术创新能力，是主体积极主动对不同时点所爆发的技术创新进行有效沉淀、积累、归纳、总结并升华为新的区域能力的动态过程，是下一轮技术创新能力的基础。正如价格围绕价值波动的规律一样，区域技术创新能力会围绕区域自主创新能力上下波动，因此区域自主创新能力每一次质的变化或提升必将带来区域技术创新能力的提高（如图3－1）。区域自主创新能力将引领区域保持较稳定持久的优势位势。

区域自主创新能力与区域技术创新能力的区别：1. 作用对象重点不同；区域自主创新能力包括对科学和技术客体的研究。技术创新能力强调技术客体。2. 时效不同；自主创新能力强调可持续发展能力，作用时效长。科技创新知识在区域的沉淀过程中对区域自主创新能力积累起积极作用。技术创新由于经济利益诱导机制的存在，重视作用时效，经济利益趋向性较明显。3. 作用机理的差别；自主创新能力强调学习，重视结果的同时重视过程，崇尚过程中的学习作用，认为失败也可以积累自主创新能力。自主创新能力的培养在强调开放式互动学习的基础上更强调内生性。技术创新强调结果，崇尚成功。区域自主创新能力对新产业区的形成起直接作用。区域技术创新能力对实现区域短期经济利益有直接推动作用。4.目标的不同；自主创新能力的目的是全社会的和谐发展，强调造福全民的福祉建设，是区域持续协调发展的源泉。技术创新强调区域的经济效益。5.对产业及经济结构调整的作用不同；二者都对经济结构调整有良好的促进作用。自主创新能力有利于建立产业间的协调能力，在增进产业结构弹性方面具有较大作用，可实现产业结构整体优化。技术创新能力有利于企业核心能力的提高，持续的技术创新才能获得产业长远发展。6.解决问题的重点不同；自主创新能力研究如何更好地使科技创新与经济和社会协调发展，技术创新能力研究的内容主要是技术如何与经济的协调发展。

图 3 - 1　区域自主创新能力与区域技术创新能力关系

3.1.3　区域自主创新能力与区域科技竞争力

区域自主创新能力与区域科技竞争力的关系：1.涵义的差别；科技应用于经济上的能力大小一般称之为科技竞争力。科技无法以自身来衡量，所以借产业对科技绩效进行评价是可以的，并且自主创新能力对产业的弹性和灵活性也有重要作用。但科技竞争力多用于国家与国家间，对一国范围内的区域间在科技层面上应是合作大于竞争。同时，对一个具有社会、经济和科技协调发展并有持续发展能力的社会来说，并不一定其一切方面都应具有竞争力，而应在社会和谐与财富创造方面取得动态的平衡，特别对于科技创新能力培养领域，在某一时点允许非效率现象的存在似乎更为明智。2.使用范围的差别；区域科技竞争力侧重构造科技对产业的吸引力，在产业没有被吸引之前，只能称其为能力，而这一能力仍属于本研究的范围内。3.研究重点的差别；国内区域间市场上同类产品较少或基本上同类科技创新成果存在不经济，在一个垄断的市场中缺少竞争机制和竞争的前提，因此对区域科技谈竞争，缺少研究客体。

3.1.4　区域自主创新能力与国家自主创新能力

1.区域自主创新能力的建设是手段而非目的；国家自主创新以区域本身发展战略与科技经济社会协调发展共同构成，国家自主创新能力的发展是一国科技的目的。区域自主创新是区域内各科技主体在以科技为经济、社会服务的共同目标下，在社会和文化上趋于或融合为一体的科技集合。区域自主创新最终目的是发展区域经济，从而推动区域社会发展。因此区域自主创新能力的建设是手段而不是目的。

2. 区域自主创新能力的区域性；区域创新活动是根据所在地的科技、经济、社会、人口、资源、环境等区域条件而进行的，不同区域自主创新能力由于延承积累及根植性而带有鲜明的地域特征，是区域外体系不可替代的。国家自主创新能力具有的是国家特色，是集区域自主创新之大成，体现国家创新发展位势的能力。

3. 区域自主创新能力的开放性；区域自主创新是在总体战略目标指导下，不断与外界进行物质与能量的交换，优化调整自身的组织结构，发挥自己独特功能的开放式的形式。如果没有总体目标的导向，没有对外的开放性，就很难找准其生存的位置，就会走向无序、无度、无向，就会陷入盲目、封闭、僵化或者停滞之中。国家自主创新由于政治、经济及国防等原因具有封闭性。

4. 区域自主创新能力的特色性发展要求；区域内自主创新能力一般较为接近，区域特色也较为明显。区域在经济和科技创新政策方面正采用集群作为关键的工具，这使其区域特色更加明显，因为，第一，区域将自主创新能力的实现过程日益理解为互动学习过程。区域创新行为的很大部分针对主体间的联系以及组织知识支持者和中介者间的联系，因此信誉建设重视程度提高，信誉机制的在建设使自主创新能力的区域培养成为现实。许多科技创新活动的相互联系开始于信任基础上的非正式接触，这也使得更战略性的创新联系机制容易建立。第二，区域主体接近性有益于自主创新能力建设。当接近性能够有助于增强会见的频率时，区域在增强自主创新能力的培养中的优势变得日益重要，区域网络建设随之变为区域内不自觉互动的过程。自主创新能力通过比较稳定的区域创新、隐含知识和显性知识的正规与非正规的学习、开放式的竞争与共享、知识的溢出等使集群变得区域特色更加明显。区域自主创新能力由于区域内地域的接近及成长过程的相似性使其能够成为可视的共享资源为区域内成员所利用。自主创新能力作为区域社会资本，其水平越高，知识和能力溢出优势及协同效应优势将会越明显。国家自主创新能力由于国家政治、经济及国防特殊考虑不会过多关注国家特色。

5. 区域自主创新能力扩散过程中非正式制度所起作用较大；区域的制度由正式制度和非正式制度组成，非正式制度由社会习俗、行为的隐性准则、道德观念及为区域默认的交易规则构成。非正式制度的存在使区域自主创新能力扩散的运行成本得以有效降低，并把不同位势区域自主创新能力的主体相互联结形成为具有区域特色的自主创新能力。由于丰富的非正式制度在区域内的沿袭，而使区域自主创新能力更具有区域内的扩散性。国家自主创新能力在扩散过程中正式制度所起的作用大于非正式制度。

3.2　自主创新能力区域化的成因

区位经济学认为，要素的区域化特征及非流动性的强弱决定其是否成为区位经济要素。自主创新能力要素具有区域附着性，即其横向流动时对特定区域所具有的依赖关系和依赖程度。[①] 自主创新能力区域附着性又称为自主创新能力区域化。Camagni 认为，创新活动作为一个增值的和连续性的过程，在区域层面上由现存的社会网络结构和企业间的日常交流行为所决定。[②] 结合前述各章观点，本研究认为自主创新能力区域化成因主要有：

1. 系统认知论原理

自主创新能力的集体属性使自主创新能力具有区域根植性，外来获得可能性较少。因此自主创新能力的形成更倾向于区域内部的认知过程。系统认知观点强调认知主体与认知客体之间的相互作用，认知主体的初始状态并非是空白的，认知主体的既有知识存量与知识结构决定了他所观察到的东西；存在于区域的认知客体具有各自不同的属性；认知主体与认知客体的不同必将导致他们的相互作用结果不同。存在于权威及阶层中的认知范式刻画着组织与管理行为，从而形成基于认知的根植性（M. Tina Cacin et. al，1999）。

自主创新能力的形成过程对认知主体有明显的依赖性。斯科特·库珀说：由于信息与人类认识能力的结合才导致了知识的产生。知识经济时代，工业经济高度发展使单纯地获取知识变得完全不够，知识本身的获取向能力的开发转变。能力的获取已经是产业和区域存在的基本要素。自主创新能力作为不可替代的区位经济要素使知识转化为生产力变得更加切合实际。区域自主创新能力的不平衡要求进行自主创新能力的交易，但自主创新能力具有集体属性和融合

①　张伯伦. 垄断竞争理论［M］. 商务印书馆，1998.

②　Camagni R innovation networks：spatial perspectives［M］. london：beelhaven – pinter，1992. 221 ~242

性，这使得其产权不明晰，同时能力内核的知识产权和知识保密使得自主创新能力的习得性成本变得更加昂贵，因此形成自身的自主创新能力就成为区域的任务。而区域的异质可能性及区域原有的倾向性使其所吸引人员及产业的专业化方向和程度各不相同。因此，区域认知主体并不同质，从而最终决定区域自主创新能力主体对工作的理解、教育趋向及专业选择的不同倾向。

对于认知客体来说，不同区域具有不同的自然地理、人文环境是必然的。同时，即使不同区域从事同类生产和经济活动，也不必然具有相同的生产成本，不必然获得相同的租金，因此不可能形成相同的竞争优势，从而导致各个区域最终所积聚的将被认知的客体具有差异性。

认知主体与认知客体的相互作用途径各不相同，各类主体之间相互作用的过程和作用的持续时间也各不相同。教育程式和教育理念呈区域分割的形式，这种分割状态下形成的自主创新能力必将带有各自的特征，并以区域为载体得以延承。文化的区域差异及价值观念的不同加剧了这一情况的存在和继续发展，导致基于知识的自主创新能力呈区域分割状态。同时由于一些家族知识或专有技术（Know How）以代代相传的方式延续，因此部分区域自主创新能力赖以形成的科技创新知识虽具有跨越时间的能力，但却缺乏跨越区域的能力。

综上，正是系统认知的主体、客体及二者的相互作用决定了区域自主创新能力的异质性。加之，区域自主创新能力还具有路径依赖性，使得这种异质性有延续下去的可能。自主创新能力作为稳定获得知识的能力对于区域来说要比掌握现存知识重要得多。区域自身素质的培养也应从对知识的学习转变为对自主创新能力的开发（包括学习能力、自生能力和转化能力）。

2. 区域经济发展的历程

自主创新能力的形成历程离不开经济环境，而经济环境的形成带有明显的地域特征，这是由自然资源、资金、劳动力在空间分布的不均衡初始状态为基础衍生出来的。Estall（1985）认为灵活的专业化与生产的空间集聚相联系，对区域经济发展有重要的影响。空间集中使得研发者与其市场的信息交流更容易，并超过过去在边缘区位获得的成本节约。

区域初始发展资源的异质性赋予区域以独具的特征，而每个区域在发展方向和进程中必然受到所继承资源的制约，在任一时点上区域的存量资源由基于以前资源配置基础上的决策所形成，区域的存量资源和流量资源具有相当大的同质性或关联度，因此，区域的发展呈现出连续的渐进过程。

自主创新的集聚经常与经济活动集聚相一致。自主创新能力的区域形成历程离不开区域经济和社会环境，而区域经济社会发展历程带有明显的地域特征，人为地慰平这种差异将影响整个国民经济的快速健康发展。因此，区域自主创新能力形成后也有了客观存在和延续的理由。

从区域经济的基本性质、社会功能和作用来看，区域作为国家经济大系统的一个子集，一般情况下将是本区域物质资料的第一提供源，而物质生产生活资料是区域人们生活的基本保证。自主创新能力作为科技活动的作用结果，虽然属于软要素，但由于其活动主体——自主创新人才也是人类的一部分，因此其本质仍然脱离不开所成长的区域经济发展历程对它的影响。另外，一个区域居民收入水平决定了这一区域整体居民受教育的承受能力，正如马斯洛所指出的，人只有满足了生理安全需要之后，才能为发展设计。因此，区域经济发展的范式会时刻提示人们对科技发展的带有地方色彩的理解。

随着科学社会化程度的提高，科技创新活动所需要的人、财、物等越来越多地依赖整个社会的支持和资助。持久、复制性差的区域经济发展要素是区域经济持续、协调发展的根本，也是区域竞争优势的源泉。区域经济发展要素的质量全面地反映在自主创新能力上。自主创新能力促使科技创新资源和区域经济发展环境相匹配。因此区域经济发展历程对自主创新能力有明显影响。

我国现阶段发展过程中，科技进步与经济发展状况的相关性很强，2000～2009 年中国大陆 31 省份人均专利数人均 GDP 与人均专利数相关系数为 0.947，人均 GNP 与人均专利数相关系数为 0.908，在 0.01 水平上显著正相关。科技进步拉动经济增长，经济增长适时对科技进步产生反哺作用。因此自主创新能力的区域分布与经济布局和发展现状相吻合。

3. 学习的地缘性

自主创新能力是学习质量和频次基于区域社会资本的产出物。自主创新能力的学习程式往往通过基于彼此信任基础上的非正式交流与接触、频繁交易或合作而建立。这种程式的构筑，是区域自主创新能力形成的关键。自主创新能力在这种非正式的网络中更有效地传递和扩散隐含经验类知识，从而更有效地加速自主创新能力的形成速率。

区域本质上是一个动态的、不断更新的、共享的能力学习和培养系统。知识溢出效应的地缘性有助于自主创新能力区域化的形成。学习是区域自主创新能力传递的最基本方式。学习过程所具有的交互式和不确定性降低了学习成功的可能性。特别是基于隐含知识基础上产生的网络式科技创新价值是区域外竞争对手难以复制的。因此地域的统一是学习成功的重要因素。正如马歇尔所指出的：如果一个人有了一种思想，就会与别人的意见结合起来，因此，他就成为更新的思想源泉。这样，同一地域内行业的秘密不再成为秘密，而似乎公开了，连孩子们也不知不觉地学到了许多秘密。① 雇主和雇工之间往往有着稳固的友谊，这种友谊基础上发生的区域内知识的快速流动更加促进了信息、思想的扩散与传递。学习具有情境性，与环境条件和区位经济要素结合并适应的知识积累程度决定了一个区域的自主创新能力绩效。

Harrison 认为创新网络应植根于当地的社会化环境才能使合作基础稳固。Gwynne 提出透过地理的接近性使双方在设计、制程的配合度能够提高，市场信息能在产业中快速流通，新产品或技术创新的时间可以缩短，对于研发或新产品的风险也可共同分摊，相互合作可以提高彼此的竞争力。同区域的厂商会透过专业性、社会性及交易性关系，彼此分享意见、工程方法、问题解决方法及各种相关于新技术、新实务的信息。McEvily and Zaheer 提出区域内的厂商应透过桥梁连结（Bridging ties）的网络以获取新信息、新机会。总之，地理接近可加速网络成员间彼此的信息流通。

知识的隐含性越高，转移的难度越大，成本越高。较高的复杂性、较低的可明示性，较低的可传授性使声誉机制在提高学习效率，降低学习成本方面重要性提高。声誉机制对成功的自主创新能力学习和成长起着至关重要的作用。新的思想、知识、信息、工艺技术等在区域内部主体之间的流动和传播速度特别快。这些新的知识和信息流动的渠道主要依赖于本地拥有共同社会文化背景的当地居民之间非正式的交流活动。地域接近增加了这种活动的稳定性，这种稳定性是自主创新能力区域化的关键。能力在这种非正式的网络中传递与效仿的方式往往是通过人与人之间有效的非正式交流或者接触产生，更有效地传递和扩散隐含经验类知识（Saxenian，1994），从而更有效地推动人力资本和知识产生的社会化进程，加速科技创新知识及能力的形成速率，有效地保持与增强区域的持续竞争力。同时，在非正式人际关系网络中，自主创新能力的扩散路径在与区域特有的非正式网络联系时，区域内声誉机制有效实现了信息的对称，从而使机会主义行为减少。自主创新能力在区域内扩散过程中演进的速度因信任而加快。由于区域边缘能力位势一般较低，致使能力接受变得不是很容易。加之区域边缘声誉机制弱化，阻碍了自主创新能力的扩散速度。由此形成了区域内自主创新能力由内向外逐渐减弱的能力圈，中心城市一般居于中心位

---

① 马歇尔. 经济学原理 [M]. 商务印书馆，1997.

置，边缘由较小、偏僻城镇组成。各区域均有这种排列迹象。最终呈现自主创新能力块状区域分布。

区域学习的制度化和内化，将有效解决自主创新能力形成的不确定性，提高知识溢出及能力形成的效率。自主创新能力通过高度的区域化过程而被创造和延续。国家或区域经济结构、价值、文化、制度和历史差异对能力成功形成将有深刻影响（波特）。区域具有产生互动和学习区位的能力，而互动和学习区位能产生和保持区域自主创新能力的更新。地理邻近性、空间集聚因其有利于学习过程而备受重视。在学习过程中，自主创新能力的载体间面对面直接交流的重要性，相互学习和共同学习的要求，使科学技术知识首先向邻近地区扩散，区域内在知识、信息的搜寻、交流与共享方面降低交易成本的要求以及区域专业化水平的提高等都对空间集聚提出要求，从而使得自主创新能力积累过程中空间集聚的特征更加明显，最终形成区域内化的溢出知识与能力的稳定区域结构体。

自主创新能力结构体是以科技创新知识为基础的能力集群。区域自主创新能力的集群以科技创新知识内核为中心，通过知识的溢出和一般性知识的非排他性而使集群成为可能，其中隐含知识基础上的自主创新能力在传递过程中的地域接近性是扩散的几乎唯一效率渠道。区域作为载体在隐含知识承接中起着至关重要的作用，也是基于隐含知识的自主创新能力之所以区域化的原因。

4. 科技资源区域集聚

科技资源的空间集聚导致高度专业化的研究要素的共同供应源的发展，从而降低科研要素的存货水平和传输费用。区域内知识源的接近更易于达到科技知识（能力）的溢出效应（Scott J. Wallsten，2000）。自主创新能力的正溢出效应（spillover effect）是指特定主体在不付出或少付出成本的情况下即可获得由自主创新能力所引致收益的提高。产业与研究机构的交流会进一步降低研发的风险基金风险率，从而最终形成基于科技资源区域化的自主创新能力区域化。

存在于区域的科技资源不仅包括有形资源，还包括评议、交流习惯、风俗及个人接触和过去的历史和接下来的非正式互动（GERTLER，2001，MASKELL AND MALMBERG，1999OR NIGHTINGALE，1998），沟通时所发生作用的信任和互换思想是自主创新能力形成的重要因子。科技资源区域集聚会导致多种效应的产生，实现收益递增。科技资源的地理集中可以有效获得政府及其他公共机构的扶持，可以在基础设施等公共物品上降低成本。与集中同时产生的产业、教育、科技中介服务认证机构，也对自主创新能力的培育带来积极的作用。科技集聚增强了竞争和合作的动力，提升了科技整合能力，使科技培养朝着有利于良性循环的轨道前进。自主创新能力具有共享性，这种共享性更明显地实现在区域科技创新资源共享的物质基础上。

区域自主创新能力是一个整体系统，科技资源在现实中的自觉集群现象还归因于部分科技活动的不可分性。科技资源是为科技创新活动服务的，科技创新活动的经济性要求部分科学技术活动必须在达到一定的规模后才能正常开展。资源的相互依赖性导致了能力对区域更强的依存性。这不仅仅是因为其内在要素构成时所具有的有机整体性，而且还在于它与其他单一科学技术密切关联而构成具有多维结构的有机整体性。二者的内在关联性以及科技创新问题的连锁效应使自主创新能力进一步区域化。

5. 区域发展实践要求及中国企业目前自主创新能力的局限性

自主创新本身具有不确定性。自主创新的周期一般较长并具有不确定性，其产出的后控制性加剧这一特性。因此，创新型主体有使创新关系正式化的倾向。区域自主创新能力是对区域创新不稳定性加以过滤的介质。同一地域内自主创新主体之间距离缩短，会有效降低创新过程中的摩擦成本和机会成本，增强信任度，借助自主创新区域溢出通道，提高创新成功的可能性，减少自主创新本身的不确定性。

创新产出本身的不确定性促成自主创新能力内化，但内化到企业的自主创新能力建设有其必然的局限性。这是因为：首先，企业虽是创新主体，但内化到单个企业的能力会由于企业的排异反应而影响其原应有的产出效果。其次，企业在创新中的短视和功利行为也会延滞创新的扩散，损害社会整体效率。第三，创新的系统性及现代创新对多主体的协同需要要求决策集中，创新产出的市场认同性也要求创新需求与创新供给源的统筹，而现代社会化大生产不断的分散，多数企业作为自主创新载体在这一点上显然有其局限性。相较而言，区域多主体及其趋同的公共知识、基础知识和专有知识使其天然成为这一统筹行为的载体。通过内部化的区域自主创新能力平台建设，企业可以在新环境下获得原有技术创新的使用经验，并与区域多主体 R&D 结合，从而进一步积累自主创新能力，形成企业与区域自主创新能力的良性互动。

目前，中国企业整体由于存续时间较短及过去对历史知识整理和重视程度不够，累积的知识存量有限，这不仅影响了企业知识积累静态存量，也影响了企业对动态新知识的吸收能力。相较而言，中国区域存在时间较长，对知识及信息的整理及延续能力也较有优势。因此，中国区域自主创新能力培养是区域对外在创新行为的不确定性、不完全性、低效和交易成本高昂的自然反应，通过区域在这一阶段构建自主创新能力平台克服现存问题，帮助企业在自主创新能力形成过程中完成过渡。

同时，自主创新能力培养对区域经济发展有积极带动作用。自主创新能力区位经济要素的培养和提高可以有效降低区域发展成本，实质上减少对他国技术的路径依赖，凯玛哥尼（Camagni，1992）认为，创新活动作为一个增值的和连续性的过程，在区域层面上由现存的社会网络结构和企业间的日常交流行为所决定，当区域内各要素间仅有市场网络时，该区域所拥有的优势是脆弱的，当区域内各要素既有正式的市场交易关系，又有大量其他诸如区域自主创新能力网络及自主创新能力网络与区域产业结构之间常规性频繁的联系时，该区域将会获得强大而坚韧的竞争优势。

3.3　区域自主创新能力的特征

1. 区域自主创新能力具有稀缺性和价值性

自主创新能力的效仿及再生产可能性较小，这是因为：第一，信息的不对称；自主创新能力的区域内部积累性暗示了区域拥有的信息总比仿效者能够获得的要多。第二，因果关系模糊；区域自主创新能力背后的因果关系几乎难以弄清，其成长边界模糊及因果关系也较为模糊（里普曼和罗曼尔特，1982；协德和德菲利普，1990）。这对仿制者来说是不可逾越的障碍。第三，强调协同能力；某一要素的单独被仿制价值很低或常常没有价值，在既定的区域自主创新能力依赖于他们相互间的协调统一和各自所具有的特征时，自主创新能力的转移或仿制变得没有意义或不可能（Diericks & Cool）。以上三点决定了自主创新能力的稀缺性。自主创新能力作用于区域经济及社会实践中，客观上提高生产力水平，因此其具有价值性。价值性和稀缺性使区域自主创新能力成为区域优势的源泉。

2. 区域自主创新能力具有根植性

新经济社会学的代表格兰诺维特把经济行为对特定区域环境关系（如制度安排、社会历史文化、价值观念、风俗、隐含经验类知识、关系网络等）的依赖性称为根植性（embeddedness）。自主创新能力具有区域长期积累的结构根植性（structural embeddness）。Scott L. Feld（1997）认为，这种根植性比区域的其他属性更具有稳定性（stability）和不可人为控制性（uncontrollable）。自主创新能力的根植性是科技创新资源与区域风俗习惯、知识演进路径、经济发展以及科技制度安排和地理区位等要素本地化的产物。区域自主创新能力表象在区域对科技创新知识系统的追求路径上及对学科的爱好倾向上，从而构造出其人文地理的特性。区域内积累的对事物固有的认知范式可以引导区域个体与企业及区域的协同，为共同的发展目标和使命感而契合（Fit）。区域内的自主创新人员非正式关系的交流和新知识传播以及科技创新研究机构的创新成果在本地企业中的应用，将以成功的范式在区域内得以更具有说服力的传播。将产生更多的新知识和新技能，知识溢出优势和协同效应优势在区域内的效应将非常明显。由于根植性，自主创新能力具有内源动力和内生优势。自主创新能力的示范效应以及自主创新能力成长过程中的路径依赖和锁定特征，使其保持以往的发展路径，积累以往的发展特征并呈现区域差异。自主创新能力具有跨越时间的能力，其可积累性使其带有明显的历史延承性。文化的区域差异及价值观念的不同加剧了这一情况的存在和继续发展，导致基于知识与文化的自主创新能力呈地域化，并促使自主创新能力不具备穿越空间的能力。

3. 区域自主创新能力具有刚性和抗性

区域自主创新能力的位势（自主创新能力源的既有威望和信誉、知识源的特征因素等）、能力发展的路径及接受者知识位势的特征因素等使自主创新能力具有内生性质（Teece、Pisano & Shuen，1997），在任何时点上区域的自主创新能力位势均由其所继承的演进路径所塑造，其能力位势又限制了其在静态时点上战略和行为选择的范围，影响自主创新能力进一步演化的方向。这样，自主创新能力有可能难以识别和利用潜在的有利机会，对外界环境不确定性变化的反应能力下降，从而事实上妨碍了自主创新能力的积极成长。同时自主创新能力具有对惯例的复制和反复使用倾向，从而降低区域对新问题的应变力。如果这种能力能保持动态上升趋势则会促进区域科技创新能力的积累，降低搜索成本。但如果其落后于生长环境则会形成所谓的"能力陷阱"，这便是区域自主创新能力的刚性表现。

陈松涛等①认为刚性主要是由于成长中的路径依赖及储存在记忆中的主导逻辑形成的。路径依赖性是指事物发展的未来走向受制于其发展的历史，能力

_____

① 陈松涛，陈传明. 企业核心能力刚性的表现及评价指标设计 [J]. 科学学与科学技术管理，2004，(1)：69~73.

一旦形成，科技创新行为就可能不再是随机的，它往往沿着某一特定的方向行进。而决定这一方向的因素是区域自主创新能力的位势（自主创新能力源的威望和信誉、知识源的特征因素等）、能力发展的路径、接受者知识的特征因素、传输渠道等。路径依赖如果单是科技创新因素造成的，这只是一种弱锁定，如果是科技、制度、产业、文化等的多重锁定，则是一种强锁定。自主创新能力构建中，相关的知识和经验会以规则、程序、方法和组织心智模式等方式储存在区域科技主体（人、组织、区域）的记忆中，并通过系统化的整理和规范成为区域内部处于优势地位的主导逻辑（Prahalad & Bettis，1986）。储存在区域主体记忆中的主导逻辑为区域核心成长的开展提供了稳定持续的支撑，并设定了解决区域所处核心成长过程中一般问题的可行办法，当区域在以后遇到与此相类似的问题时，区域就会从其记忆之中取出原来的方法与所遇到的问题相匹配来加以解决。但同时主导逻辑也会阻碍区域的创造性思考和对新知识信息的吸收。在主导逻辑的限定下，区域难以识别和利用潜在的有利机会，对外界环境灵活反应能力下降。

自主创新能力在深化过程中多执行自记忆功能，简化对复杂性环境的理解和反应。并使其主体的行动和其他人及组织的既有目标相协调。不论人力资本和其他资源如何变迁，自主创新能力将对惯例进行复制。能力的本质是知识，自主创新能力更多地表现为动态知识的特征，是知识的外在显性表现。当某种知识生长于某一区域后，它会形成锁定机制用以保护已有自主创新能力及防御新能力的出现和生长，从而事实上形成对区域新生先进自主创新能力的扼杀，这就是自主创新能力的抗性①。

自主创新能力的刚性和抗性将会阻碍高级程序的应用，因为符合它的经验较少，难以激励高级程序的应用。它将会使自身锁定于使新技术及核心能力发展受阻的前进过程中。

在整个自主创新能力形成的过程中，各个关系链条实际上也是通过各个行为主体之间集体学习（collective learning）过程而实现的（Capello，1999）。正如 Hakansson（1987）指出，资源在参与活动的行为主体之间流动从而形成能力。行为主体均通过学习从对方身上获得自身发展所需要的互补性的资源（知识、信息或服务等），进一步提高自身的自主创新能力。学习活动是自主

---

① 陈传明，张敏 . 企业文化的刚性特征：分析与测度［C］. 东北老工业基地振兴与管理现代化，2005.

创新能力增强的过程和克服能力刚性和抗性的手段。

4. 区域自主创新能力具有不完全流动性

不完全流动性使其成为现代经济运行中重要的区位经济要素。区域自主创新能力具有不完全流动性是因为：第一，自主创新能力因区域社会根植性而不易流动，当其作用于区域环境中具有社会性质时，即使不受到地域保护政策的影响，也难以流动。自主创新能力强调环境在能力培养中的重要性。自主创新能力在深化过程中多执行自记忆功能，简化对复杂性环境的理解和反应。这一性质在作用于被移植过来的自主创新能力的某个或某些构成要素时很难与移植区域相兼容。第二，自主创新发展环境的异质性赋予区域以独具的特征，同时区域的存量资源和流量资源具有相当大的同质性或关联度，区域的发展呈现出连续的渐进过程，移植外来的自主创新能力要素对区域常常不适合，这就是排异的表现。区域自主创新能力具有很强的环境依赖性，自主创新能力的主体是人，但作用发挥的程度更依赖于环境；自主创新能力管理因自主创新能力具有边际搜寻倾向（指决策者倾向于在原有的方案"附近"（即边际）搜寻新的方案。这是对现实决策过程的一种客观描述）而加强了对自主创新发展环境的依赖。同时由于区域的专有资产和能力主要是一个内生的积累过程，因此自主创新能力是区域特殊进程的产物，具有成长过程中对时间和空间的路径成长依赖。自主创新投入因子和自主创新产出因子不具有不可仿制性和异质性，所以只可称作普通区位优势（普拉哈德，1998）。它是承载自主创新发展环境因子这一特殊区位优势的支撑。能力对自主创新发展环境整体依附度高，可交易性更差或者是根本无法进行市场交易，因此其环境依赖性最有可能成为区域自主创新能力异质的根源。科技商品化、产业化过程中需要工业政策、产业政策、科技资源、教育投入、资金投入和中介环境等系统要素的共同作用，在这些要素的共同作用下，才能实现达到特定目标而必需的系统结构及其环境，构成科技资本投入主体的特定投入体系。第三，自主创新能力是一个系统层次的现象，是在学习和存储的过程中不断得到培养的，因此内生性更强。对于学习区域来说，即使区域内的实物资源（资本、劳动力、人力资本）从被学习区域通过各种物质流或信息流的方式被引进，但该区域自主创新能力的培养仍尚需时日，并很难定论。因为自主创新能力并非独立地存在于任何单个个人中，而是置身于区域环境中的主体中，必须通过规范形式来体现（Nelson, R. R. & Winter, S. G., 1982）。自主创新能力形成的过程，应能保持或改进基于经验的业绩。同时区域政府人为壁垒、知识产权和交易成本的存在以及隐含知识的存在（它占整个知识的大部分）等使自主创新能力流动性更差。自主创新能力的不完全流动性进一步增强市场的无效率，有限的时间和精力使自主创新能力的异地获取很困难或自主创新能力完整获取几乎不可能。第四、自主创新能力兼具个体和集体属性，后者加剧其不完全流动性。

5. 区域自主创新能力具有同地补充性和异地扩散非移植性

能力并不可以触知，也很难度量，最有价值的能力核心也许是最难以管理的。能力的主体包括自然人，能力也经常开始于个人，而不是始于高层管理当局所做的决策。但区域的自主创新能力会大于区域内个人和小团体的和，它深植于独特文化、规制和系统及作用的过程和资产以及价值观的互动中，文化态度和价值观把特殊领域的能力和卓越的品质定为宝贵的目标（Leonard. Barton. Dorothy，1992），区域的能力是位于其下的动态过程，它把区域的有形资源和无形资源联系起来，产生确定性的输出，从而降低机会成本，实现自主创新能力的同地补充性。

集体属性能力依赖于信任，能力的载体——个人通常信任他们认识的人，面对面的会谈通常是获得能力交流和学习的好方式，而关于更远的信息源的可靠信息通常不易得到，而且获得远处信息的机制通常较弱甚至不存在。自主创新能力是区域环境特殊进程的产物。虽然自主创新能力的主体是人，但作用发挥的程度更依赖于环境。区域文化特质（culture trait）中的一些特定的价值观、信仰和共同的行为模式（Saffold，1988）加剧自主创新能力的路径依赖性，从而加强了其对原有生长环境的关注，并使资源（技能和知识、资产和过程、有形资源和无形资源）结合起来实现区域自主创新能力的不断补充。

自主创新能力并不适用于异地移植。同一区域内，尽管个人和小团体可以非正式地开发诀窍，但区域整体自主创新能力的有效提高仍然需要使用更正式的方法来实现。同时，移植的自主创新能力是脆弱的，不成形的移植能力由于挫折较大而容易被放弃或忽视，太分散的移植能力由于绩效不易被认可而难以得到培育，充分显露的移植能力由于墨守成规的惰性而不易再改进，集聚太广泛的移植能力易于丢失原有成长路径而失去其原有内容，从而易于造成在新环境下做反应时缺乏竞争力（incompetence）。自主创新能力在一区域也许很有成效，但同样的自主创新能力转移到另一区域可能就会枯萎甚至于适得其反。

区域自主创新能力的补充更新比改弦更张更适用，同时异地高位势对低位势区域的扩散渗透是培育自主创新能力的主要方法。

6. 区域自主创新能力具有溢出效应和网络结群性

区域自主创新能力溢出效应的形成依赖于正式与非正式成员之间的沟通。这里，自主创新能力溢出效应是在 Romer（1986）提出知识溢出模型基础上提出的，这种正效应的存在是区域共同追求的目标。区域科技创新知识和能力的溢出共享是自主创新能力成长的重要路径。自主创新能力网络结群有助于溢出效应的最大化，并使溢出过程按既有区域范式得以演化和自增强，从而减少溢出时滞，降低摩擦成本和机会成本。

区域自主创新能力强调法律框架下对创新成果保护的同时，重视合理规避创新结果的功利性要求，积极对创新过程中所积累的知识及能力加以整理和收集。寻求知识产权保护与创新正外部效应的有效均衡，通过区域内主体合作性竞争使区域自主创新能力成长为区域专用社会资产。

创新存量具有时间性和正外部效应，在相应的法律框架下，剔除掉敏感信息后，通过对显性知识的整理和隐性知识的显性化，使区域创新得以共享，以获得创新在区域范围内的最大收益。区域存在的声誉机制使得无回报的创新溢出通过获得声誉良性机制而得到意外的补偿。对创新过程中产生的阶段性知识和能力加以积累，克服创新社会属性对其成果遴选的负面作用，对创新中暂不被认可的过程知识、一过知识及经验等贮存在区域而不是较小的主体范围内，从而形成区域专有社会资本，这也是区域自主创新能力建设的初衷和积极意义。它的建设使许多人可以搜寻和提取经过编辑的知识，而无需与最初的开发者接触，最优化创新的反复使用，促进区域的更快成长。

区域自主创新能力溢出效应得以更有效形成的关键要素是区域的内部结构、区域产业间的联系、政府和其他公共部门的作用、金融部门的作用和研究开发机构、高校的网络化形成。它们之间的联系可以是科技创新经济网络（行为主体间的正式交易合同），也可以是社会网络（行为主体间非正式的联系）。当区域自主创新能力的培养仅仅依靠科技经济等较正式的网络时，该区域所获得的自主创新能力溢出效应将不够高；当区域内主体间既有正式的科技经济交易关系，又有大量的非正式联系时，该区域将会获得高溢出效应。

创新的网络结群概念是由日本经济学家关满博最早提出的。作为长期从事产业结构和科技创新结构研究的学者，关满博认为，科技革命所诱导出的重大科技创新成果绝不是孤立事件，它在时间或空间上趋于结成集群，在经济系统中趋于在主导部门集聚，即形成主导创新集群。网络结群性建立在一系列科学技术成就的基础上，使区域自主创新能力不断积累，进而促成区域生产能力产生飞跃性进步。

自主创新能力网络既是一个开放系统，又是一个动态过程。自主创新能力发生在网络结点及结点互动的联系过程中，创新网络中结点越多，边界收缩与扩张能力越强，则自主创新能力表现越稳定。

区域自主创新能力的溢出效应和网络结群性实现了区域内范围经济与规模经济的初步协调发展，范围经济保证了专业化分工和规模经济的实现，充分的网络联系为科研活动的规模化发展奠定了基础。在自主创新能力溢出及区域网络的发生和发育过程中，各级政府应起到重要的组织、建设和维护作用。政府作为自主创新能力培养主体及制度供给者，要以全新的观念培育和完善区域科技创新网络。

7. 区域自主创新能力兼具融合性和共享性

自主创新能力成长过程中所依赖的主体呈现多元化倾向，知识更新的加快使现代的自主创新更强调集体协作行为。区域自主创新能力的融合性体现区域产学研多元创新主体的协同能力，强调各主体与环境及集群的互动，不同区域内隐含的各主体及其与环境长久的契约关系、稳定持久的管理政策及惯例以及不同主体能力流传播的能力差异有利于特色能力培养。

区域自主创新能力建设的重点在于建立激励各主体参与知识共享的机制。这一机制嵌涵了各主体自身积极发展的过程，并寻求将信息技术所提供的对数据、资料和信息的处理能力与人的发明和创新能力有机的结合点。融合性还表现在，如区域创新不能与当地市场应用相联结，就会失去区域支撑动力。同时，创新活动作为一个增值的、连续性的过程，在区域层面上由现存的社会网络结构和企业间的日常交流行为所决定。自主创新能力建设要求区域在知识产权保护框架下尽力协同个体与集体创新知识和能力，优化自主创新能力的溢出通道，实现共享，以达到社会效能最优。

区域自主创新能力的融合性及共享性为区域实现范围经济奠定基础。本地经济和社会发展与自主创新能力的紧密结合和密切融合，这既是区域自主创新能力发展的动力和可持续发展的条件，本身也成为区域自主创新能力的载体。自主创新能力已不再只是某个主体的个体素质，而是社会和区域组织的一种内在机制。经济制度和社会属性可能激励自主创新能力，培养出大批具有自主创新能力的主体。由于存在区域经济社会发展对科技创新需求的广泛性和各产业领域之间、创新活动之间的关联性，区域创新往往不是相互孤立的子系统简单叠加，而是各子系统相互联系的整体系统概念。其中引进基础上的自主创新将更注重消化吸收过程从而增强其与区域经济及社会的融合协同，克服其技术成长过程与引进区域社会、经济系统的疏离，已有区域自主创新能力将有助于其获得区域成长路径并提高其融合速度。

能力的本质是知识，知识转化为自主创新能力依赖于知识与区域环境的互动。自主创新能力的自增强性加剧了自主创新能力初始条件的演变，无论显性还是隐含知识在转化为自主创新能力的过程中都不可避免地借助于区域条件、社会和经济环境并加以融合。共享多赢的合作性竞争创新取代传统竞争创新概念。

自主创新能力作为区域共同拥有的能力体系，共享使其产权的归属难以有效被把握，从而造成了交易过程中成本的上升，在复制能力时所具有的障碍（不确定的产权、默会性、复杂性及能力的因果关系模糊属性）加深了这一点。因此区域自主创新能力的融合性在一定程度使其区域化特征凸显，区域自主创新能力随着融合性的加强而衍生为区位经济要素。

区域自主创新能力融合的核心是当地学习机制和显性及隐含知识的共享所形成的能力共享机制。这种共享机制是重要的。国家范围内共享机制的不健全是目前区域形成自主创新能力结群化的重要原因之一。这种共享性使自主创新能力的交易无法实现或变得不可能。自主创新能力的集体属性增强了其共享性的可能。就此，自主创新能力也具有不易流动性、难以识别、分离和度量性。

8. 区域自主创新能力具有动态开放性

区域自主创新能力的动态性表现为其随着时序演进而发生的资源和能力的改变，并随时利用新的能力源获取新能力。动态能力更强调建立开拓性学习能力。自主创新能力的区域积累依赖于区域知识的积累以及与知识密切相关的认知学习。能力的差别是以知识存量的差别为基础的，能力是存量知识的流动性表现，没有不断更新的知识支撑，能力将会成为无源之水。

自主创新能力的本质是知识，知识扩散包括知识传播（dissemination）、知识转移（transfer）和知识溢出（spillovers），显性知识更易于做到这些，而隐含知识由于其个体性、环境性和区域性，只具有一定程度的可流动性，且难以度量其价值，因此不易转移和扩散。基于知识的能力具有无形性、不完全性。但区域自主创新能力比之于一国自主创新能力开放程度较高，因此可以充分利用外部资源、信息、人力资源和流动的科技创新成果来进一步补充更新自主创新能力，这就是自主创新能力的开放性。

自主创新能力的载体本质是人，而人是异质的。每个人的行为将受到特殊的机会和资源影响，正如他的脾性和禀性一样。能力在知识传播、转移、溢出中得到更好的培养，并实现边际收益的递增。对于区域能力的扩散和积累而言，重要的不是人才和知识在区域的聚集，也不在于各主体多大程度上掌握了其他主体不懂的专利或专有技术，而是这些资源的流动与交流，并在多大程度上与别人共享并革新这一技术。保障区域知识流动与交流的基本条件正是区域开放的自主创新发展环境。只有在知识充分共享的基础上，才能促使显性知识与隐性知识之间以及二者内部的转化与创新，从而形成一个良性发展的知识链，并最终将区域再造成一个具有竞争力的组织。区域自主创新能力的开放式建设强调个体智力提升及基础知识与应用领域技术前沿的推进，更多地表现为对实用研究和开发工作的支持。相对于国家范围的政策制定者对军备竞争、国防安全和科学探险等领域的关注，区域将更多地考虑到其社会经济过程及其对经济的推动作用。

区域自主创新能力优势可能因为别的区域某一要素的更大优势而被取代。因此自主创新能力的动态性促使区域不能停留在本区域的现存优势上，而应该在不断地学习中获取动态上升的自主创新能力。

9. 区域自主创新能力具有累积沉淀性

一般而言，自主创新能力是时间序列的增函数，这是其累积沉淀性的基础。科技的不完全结构和能力价值的不稳定性，使自主创新能力促进经济增长和社会发展本身存在着一定的不足。这是因为科技虽然可以获得较高的投资回报率，但科技现象特别是技术创新的形成会由于不稳定性而具有价值的稍纵即逝性，这种不稳定及不确定性会波及所作用的区域。区域自主创新能力的培养是对不稳定性加以过滤的介质，这就是区域自主创新能力的累积沉淀性。区域内自主创新能力的沉淀过程表现为由于其成长中对环境开放式的依赖及主体的普遍存在性，使自主创新能力隐身在区域内的各个角落，区域自主创新能力培养就是培养随时调用有效自主创新能力的机制。区域非正式的信任机制、声誉、行为惯例和共同价值观，将使创新随时间而自动更新和累积。

因此，区域自主创新能力的培养有别于以往线性的管理方式，应以跳跃式不确定模式为主，将重点放在区域核心能力平台建设上，并搭建能力流动通道，与其他专门知识的供应者进行合作。其目标是增加区域集体资源，提高区域创新存量和流量。强调区域创新能力路径图的构建，通过这一路径图，区域范围内各创新主体可以集区域范围能力之大成，降低摩擦成本和搜寻时间，有效配置区域资源，适应自主创新项目对团队和集体智慧的要求，为各主体协同开展工作提供快速通道。

10. 自主创新能力从其归属来看，兼具个体属性和集体属性，因而具有情境性

个体属性使自主创新能力在区域间及区域内必然存在广泛意义上的势差现象。集体属性使其更具有社会属性，对自主创新发展环境因子依赖性较强。

由于各区域生产系统为区域网络所分散，因此区域自主创新能力体系必然分布在区域个体成员那里。这些成员依据自身的战略，通过作用于自身的资源、设备、信息和组织等要素，能动地控制自主创新能力的获取、积累和利用。因此，区域研究开发能力能否提升，部分在于区域中个体对自主创新能力的认识、学习和积累。如果个体都能够通过持续有效的学习活动来积累知识，特别重视对隐含知识的积累、扩散和吸收并外部化，那么区域整体的自主创新能力及知识存量自然会增加，从而正向作用于区域整个生产系统的价值创造。从这个角度来看，区域自主创新能力可以从自主创新能力主体拥有知识总量的平均水平（自主创新投入及产出因子）来得到评估。

区域自主创新能力建设核心内容是通过知识共享、运用集体的智慧提高应变能力，解决现代社会分工协作与整合的矛盾。传统创新强调个体作用，导致协同不利，各主体各自为战，过分强调市场竞争机制的作用使区域散失掉作为人类社会共同财富的很多创新过程的智慧，区域范围内自主创新的培育最大化人类智慧的显性及隐性成果。区域自主创新能力建设有助于解决创新公共物品属性和市场机制失灵之间的内在矛盾，缓解创新公共物品属性的成本和收益分离的矛盾。

自主创新能力的个体属性使科技创新人力资源的自然人属性得以体现，加之创新知识和学习活动的情境性使自主创新能力具有了情境性。自主创新能力形成的过程离不开学习，学习过程具有情境性，这要求区域在进行自主创新能力建设过程中注意科技创新人力资源的人本化管理及区域内建立具有人与人之间基本互信的关系，这样的互信关系是在一定范围的家庭、组织、社群、关系网络等所培养及共享的，成员在此范围内可以依赖社会活动获取信息和知识，促进创新知识转化为能力，并在较高层面上促进新知识和能力的产生。自主创新能力的情境化促使区域增强声誉机制，减少摩擦成本，从而有利于集体属性的创新能力形成。集体属性使自主创新能力生长对环境依赖性加强，并具有更浓郁的社会属性。个体属性加剧了自主创新能力的不稳定性，难以为组织和区域所掌握，将其转化为相对稳定的具有集体属性的自主创新能力是区域的

共识。

11. 知识产权保护与创新正外部效应的有效均衡

区域自主创新能力强调法律框架下对创新成果保护的同时，重视合理规避创新结果的功利性要求，积极对创新过程中所积累的知识及能力加以整理和收集。寻求知识产权保护与创新正外部效应的有效均衡，通过区域内主体合作性竞争使区域自主创新能力成长为区域专用社会资产。

创新存量具有时间性和正外部效应，在相应的法律框架下，剔除掉敏感信息后，通过对显性知识的整理和隐性知识的显性化，使区域创新得以共享，以获得创新在区域范围内的最大收益。区域存在的声誉机制使得无回报的创新溢出通过获得声誉良性机制而得到意外的补偿。对创新过程中产生的阶段性知识和能力加以积累，克服创新社会属性对其成果遴选的负面作用，对创新中暂不被认可的过程知识、一过知识及经验等贮存在区域而不是较小的主体范围内，从而形成区域专有社会资本，这也是区域自主创新能力建设的初衷和积极意义。它的建设使许多人可以搜寻和提取经过编辑的知识，而无需与最初的开发者接触，最优化创新的反复使用，促进区域的更快成长。

作为国家创新体系建设的重要组成部分，区域层面的自主创新适用的时间尺度不应是短期的，而应是战略性的，应更注重"能力"建设，从而滤掉创新过程对功利性和时效性的要求，保证自主创新能力动态中的稳步提升。自主创新能力区域层次的建设有利于协同本区域产业集群与科技创新的拟合发展，使"前创新能力"与"后创新能力"在区域层面上得以累积、保存、整理及推延，并融合国家科技创新路径的指向和项目的分工协作，调动更广泛多元主体积极参加，促进国家创新体系建设。

3.4 区域自主创新能力培养的必要性

阿尔蒂亚·森（2002）提出能力贫困概念，认为现代社会区域或组织及个人能力的缺乏是持续发展的障碍源。因此自主创新能力的开发是区域进行有效科技创新活动，提升区域经济、社会和科技持续协调发展的源泉。在开放的系统中，区域内部能力的加强是系统不断优化的动力和源泉，同时区域自主创新能力由于其特殊属性及发展过程中的异质性而使区域的不平衡缺少收敛的必然性。因此区域作为一个系统，培养和增强自主创新能力有助于增强其内部能力。对区域自主创新能力成长路径的探讨是区域自主创新能力培养和积累的关键，也是解决各区域差距的出路所在。区域自主创新能力培养的必要性表现在以下几点。

1. 区域自主创新能力的培养有利于科技、经济和社会三系统在区域范围内的有效结合。第一，区域社会发展需要是区域自主创新能力培养的初始动力；第二，区域物质利益是自主创新能力培育的直接动力；第三，需要与利益的交叉是自主创新能力的生长点；第四，供需兼顾的运行方式是自主创新能力成长的基石；自主创新能力的培养有助于提高区域对供需双方力量的理解及对物质生产力的诠释，从而使社会在经济方面接近理想点。

2. 区域自主创新能力的培养有利于中央与地方的合理分工。创新产品根据属性可分为公共物品、准公共物品和私人物品三类。那些基础性强、共性强的科学知识及技术成果等属于公共物品，需要政府，特别是中央政府来提供或干预。同时国家也应鼓励区域积极参与到科技自主创新活动中来，自主追求经济社会与创新的互动，从而从区域层面上扶植企业进行研究开发活动，因为区域与企业更为接近。随着微观与中观经济的发展，区域更了解与自身切实相关的科技创新问题，因此自主创新活动存在愈来愈明显的区域特征。国家层面（中央）从事外部性最大的自主创新活动，包括基础研究、战略高技术、国防科技等；区域层面从事外部性相对较小的科技创新活动，即与经济社会发展密切相关的科技创新活动，这也有利于形成区域特色，增强竞争力，实现科技创新、经济和社会一体化。

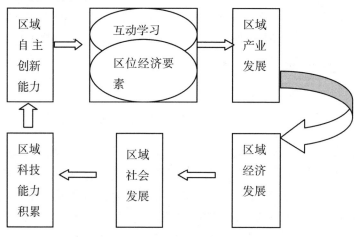

图 3 - 2　区域社会发展与自主创新能力关系

3. 区域自主创新能力的培养有利于大国区域协同发展氛围的形成。区域内特有的社会文化因子，作为一种隐含经验类知识，常常影响着区域经济的发展。因此，区域经济发展的差异与区域内科技创新知识中隐含经验类知识转化为区域的自主创新能力的多少密切关联，自主创新能力培养的越成功，区域作为主体在空间上集聚的作用越重要。现在的区域竞争已不再仅是一般意义上显性区域资源（资本）、自然资源等存量的竞争，更重要的是区域内人们的思想、高素质人才携带的知识融入到本地产业结构的能力以及融入到本地居民的生活和共同语言文化背景等隐含知识的竞争。尽管这些隐含的经验类知识的价值体难以定量，但这些知识和能力渗透到企业家的决策行为中，渗透到区域内各种知识活动过程中，渗透到人与人之间的交流与合作过程中，从而直接影响到企业发展的绩效和区域内自主创新能力的发生。另外，区域内存在的隐含经验类知识难以向其他区域流动，也难以被其他区域所复制。一些落后的区域，如果区域内没有形成利于自主创新能力的社会文化环境，即使将发达地区的先进知识技术扩散至此地，由于缺乏使用或消化吸收知识或技术的载体——自主创新能力的社会文化环境，先进的技术、知识也往往难以生根、开花，有时甚至可能腐烂变质。

4. 区域自主创新能力的培养是区域走新型工业化道路和发展第三产业的重要介质。区域自主创新能力的培养能有效降低区域发展成本。我国是人口和资源总量的大国，但同时又是一个人均资源的贫国。我国是世界人口数量最多的国家，但人均资源占有量却大大低于世界人均水平。人均矿产占有量约为世界人均水平的1/2，人均耕地、人均水资源约为世界人均水平的1/3，人均森林仅为世界人均水平的1/6。由此可见，我国工业化进程是在经济二元结构特征十分明显、人均资源并不十分富裕的条件下推进的。因此，区域自主创新能力的培养有利于我们克服传统工业化道路的弱点和弊端，走出一条不同于西方发达国家的中国特色的新型工业化道路。充分考虑我国资源短缺、环境脆弱的基本特点，不断提高工业化的科技创新含量、降低资源消耗和环境污染，建立起适合中国国情的资源节约型、环境友好型的工业化发展道路，实现新型工业化与可持续发展战略的良性互动。

新型工业化需要科技创新的支持，自主创新对新型工业化、经济社会快速和可持续发展起到的引领、支撑和促进作用是科学技术发展的主要目标，自主创新对新型工业化支持的目的就是要实现信息化、产业结构升级、提高经济效益和可持续发展。以前的科技创新活动主要是政府和市场对创新主体的支持，新型工业化背景下需要建立更高层次的科技形态，以评价科技创新对经济发展的作用，用以表征科技创新面向经济发展的方针，并且适时考量科技创新活动取得成效的根本标志，这就是自主创新能力。

自主创新能力对新型工业化的支持还体现在这一能力以增强自主开发和区域特色为中心，以信息技术、绿色技术、先进制造技术的研究开发与推广应用为动力，以提高产品的技术含量和市场竞争能力为重点，以提高科技创新对经济增长的贡献、产业结构升级和可持续发展。

区域自主创新能力的提高为区域培养更符合第三产业发展需要的高层次人力资源，增强区域对第三产业的需求，自主创新能力的提高也为区域第三产业的发展建构最基本的信息平台和发展空间。

3.5　本章小结

第三章是研究的核心内容，也是本研究得以系统展开的基础。它支撑起自主创新能力作为区位经济要素的系统框架。同时，也为后文对区域自主创新能力指标体系构建及自主创新能力区域差异化分析奠定了理论基础。

这一章主要从自主创新能力与技术创新能力、科技竞争力、区域自主创新能力与国家创新能力的差别入手，从概念上对区域自主创新能力进行明确界定，从而弥补目前学术界对于自主创新能力概念理解的混乱的不足。同时，通过深入分析自主创新能力区域化的成因、自主创新能力区域化特征等问题进一步阐释了区域自主创新能力的研究意义。区域自主创新能力基本问题的理论构建主要包括以下几个结论：

1. 区域自主创新能力的概念；自主创新强调创新主体为实现自益性而对创新结果的自发追求，带有创新本身强烈的功利性，通常以向市场提供产品或服务来获得表征，并主要以建立在知识产权框架下对创新收益的掌控能力而与其他创新形式相区别，它同样强调市场的认同度。

区域自主创新能力即区域科技进步以适应经济、社会发展的动态能力，体现自主创新资源和自主创新发展环境的匹配程度。从此意义上说，自主创新能力应包括自主创新投入因子、自主创新产出因子和自主创新发展环境因子。前两者用以衡量自主创新资源效率，后者表征自主创新发展环境。科技创新资源是自主创新产出的基础之一。自主创新能力在作用于一个国家内各区域间时，开放程度较高，因此有别于科技竞争力，它将同时表现为区域间科技合作与竞争的能力，是创新所呈现出的具有区域特征的位势，也是经济和社会协调、可持续发展的源泉。自主创新能力作用于区域，用以描述区域内经济、社会与科技创新的互动程度及区域内主体之间进行创新活动将会减少的不确定性和交易成本，同时支撑起区域间创新互动的平台，用以描绘使区域充分利用信息和知识的氛围，并提供鼓励主体间协作的机制，最终实现双赢或多赢，实现社会效益最大化。

2. 自主创新能力区域化的成因；系统认知规律、区域经济发展的历程、学习地缘性、自主创新资源的地域差别、区域发展实践要求及中国企业目前自主创新能力的局限性等是自主创新能力区域化的成因。自主创新能力区域化客观现象的出现使我们对自主创新的研究由国家角度转向区域角度。这也是本研究立题的基础理论之一。

3. 区域自主创新能力的特征；稀缺性、不完全流动性、根植性、刚性和抗性这四个特征使自主创新能力成为区位经济要素。对区域自主创新能力的特征研究总结出的区域网络结群性、同地补充异地移植性、动态性和开放性、知识产权保护与创新正外部效应的有效均衡使对自主创新能力的成长路径有了着手点。融合性、累积沉淀性和区域共享性使对区域自主创新能力的指标体系建立及其与区域产业结构的调整之间有了进一步清晰的认识。

4. 区域自主创新能力培养的必要性；在提示了区域自主创新能力概念及本质特征后，从理论上得出了区域自主创新能力作为区位经济要素培养的必要性。区域自主创新能力的培养有利于科技、经济和社会三系统的有效结合；有利于中央与地方的合理分工；有利于大国区域协同发展的氛围形成；成为走新型工业化道路和发展第三产业的重要介质。

第四章

区域自主创新能力指标体系的构建

　　一直以来，我国十分重视国家范围内科技创新的发展，而对区域自主创新特别是区域自主创新能力的研究仍属于新课题，前期很多研究成果都是将自主创新能力作为一个子因子，并将经济、政策、环境等因子加入其中进行区域经济的研究，这样研究的重点是区域经济，对定量研究自主创新能力的区域差异性及成长路径很少涉及。本研究的重点是区域自主创新能力的建设及作用机理，因此必须首先了解区域自主创新能力建设的现状及其优势和劣势所在。自主创新能力具有根植性，不同区域的自主创新能力具有价值性和稀缺性，对区域自主创新能力进行量化分析可以帮助认识不同区域自主创新能力所在的位势，并促使其科学指导社会和经济活动。

　　根据第三章研究结果可知，自主创新能力的融合性及共享性使其具有难以识别、分离和度量的特点，必须借助自主创新能力对自主创新发展环境的作用结果才能将其有效表征出来。只有科学地认识和把握区域自主创新能力的内涵和结构，建立科学的区域自主创新能力评价体系，才能对区域自主创新能力进行科学的评价，发现区域自主创新能力建设的优势和劣势，并推动产业结构区域框架体系的完善。同时，认识和培养区域自主创新能力也是成功对本区域产业进行多样化特色发展，对主导产业进行具有自主创新含量的时序更迭，从而保持区域经济优势和活力，防止区位经济要素与现代产业相脱离的重要手段。过去有成功经验的区域将会在现有时点上对成功进行更加努力的追求，也必然将被期望将来有更好的成功业绩（Grabowski，1968）。这种对成功的路径依赖促使我们更加重视对现有自主创新能力状况的了解，对成功自主创新能力培养的追求，以对未来区域发展趋势加以科学掌握。

4.1 区域自主创新能力目标层次

综合评价是对评价对象从多个不同的侧面加以评判，然后再进行综合评价的方法。任何系统都有自身的有机构成、属性及功能，并形成系统的目标。综合评价的目的是通过对系统属性和功能的分解，找出它们对系统总目标的作用与联系，再通过系统综合，对系统的综合价值做出评价，以揭示系统的状态和发展规律。作为一个区域来说，应当经常进行区域发展战略的研究和区域优势综合评价和分析，最少 5 年进行一次，以期对本区域保持经常性的正确估计（孙久文）。基于以上认识，构建作为区位经济要素之一的区域自主创新能力评价指标体系，对于进一步认识其成长路径及量化分析其对区域经济发展所起的作用是必要的。综合评价指标体系是由被评价对象的目标及衡量这些目标的指标按其内在的因果和隶属关系构成的价值体系。综合评价指标不是越多越好，本研究中在进行区域自主创新能力的综合评价指标设计中注重了以下原则：

1. 科学性原则；综合评价的科学性主要体现在评价目标的确定、评价指标体系的建立及各指标值的测定等关键环节上。为处理好这些环节，必须遵循系统观点，对评价对象做系统分析，包括评价对象的构成要素以及各构成要素之间的相互作用关系。为体现科学性原则，本研究采用因子分析法。

2. 客观性原则；这一原则是综合评价的生命。评价的目的是为探求系统真实的价值状态。离开了客观性，评价就失去了意义。实现客观性的难点是对那些模糊的难以量化指标的处理，对此应切忌主观随意性。实现客观性的另一个难点是系统逻辑结构、层次及因果关系的正确分析，因为逻辑关系搞错了，就失去了真实性。本研究在对区域自主创新能力特征分析的基础上，对其评价体系尽量选用客观指标，不用主观指标。

3. 可比性原则；综合评价通常是对某个情况做横向比较分析，因此，评价目标、评价指标体系、评价模型、指标价值的测定，都要具备可比性、可测试性。一般而言，评价指标应尽量多采用相对指标，少用绝对指标。

4. 系统性原则；系统总目标是对系统进行综合价值评价，以揭示系统的状态和发展规律。作为一个区域来说，自主创新能力系统是由自主创新投入因子、自主创新产出因子和自主创新发展环境因子等能力子系统综合集成的。各个能力子系统必须采取一些相应指标才能反映出来，也就是说，这三个能力子

67

系统又分别由相应指标构成，从而共同综合成一个完整的评价指标体系，用来测试和评价区域自主创新能力的整体水平。

5. 可操作性原则；在遵循系统性原则的基础上，综合评价体系的设计应坚持可操作性的原则，本研究中所采用的数据资料均具有可获得性，数据资料尽可能通过查阅全国性统计年鉴和各种专业年鉴（如《中国统计年鉴》、《中国教育统计年鉴》、《中国科技统计年鉴》、《中国工业经济统计年鉴》等）获得，或可通过现有统计年鉴经过计算获得。

自主创新能力培养是区域科技发展战略的一个重要组成部分。陈士俊等①认为，科技创新本身的发展战略与科技创新促进经济社会发展战略是两个不同的科技创新发展战略。一般情况下，一个区域选择何种科技创新发展战略（外延和内涵），取决于多种因素，从理论上说，主要有三种选择：一是科技创新本身的发展战略，二是以科技创新为手段促进经济社会发展的战略，三是两者结合的发展战略。根据需要，制定国家层次上的科技创新发展战略可以选择上述战略类型中的任何一种。而对区域层面来说，多选择后两者。基于各区域情况及研究目的，本研究所指自主创新能力的培养意在第三种涵义。

设计区域自主创新能力这一指标系统隐含了三个假设：1. 自主创新能力的培养是一个积累的过程，能力的初始状态对新能力的培养和建设有重要作用，能力发挥作用时会有时滞。自主创新能力具有累积沉淀性（见第三章），区域内自主创新能力的沉淀过程表现为其成长过程中对环境开放式的依赖及主体的普遍存在性，这使自主创新能力隐身在区域内的各个角落。自主创新能力这一指标应体现其汲取环境中滋养的能力（吸收能力）。吸收能力（Absorptive capacity）这一概念是从 Wesley m. Cohen 和 Daniel a. L Vinthal 借鉴来的，指不论在什么层次上获得的创新知识和能力，其初始资产状态与外部知识源和能力源的相互作用常常是关键的。开发内部知识及外部知识的能力是构成区域自主创新能力的关键要素，评价和利用能力在很大程度上就是对已有的相关知识和潜在能力水平构造一个函数进行评价。同时已有的相关能力赋予我们认识新能力源的价值以及将其效仿、转化为经济社会结果的能力，这样，诸多的能力综合起来形成了区域自主创新能力的评价思路。自主创新能力依赖于区域内核能力的强弱。一种能力总是以强有力的内核能力为前提，并与系统内核以外的知

---

① 陈士俊，柳洲，王梅. 科学技术及其发展环境问题的理论思考 [J]. 科学学与科学技术管理，2005，（1）.

识或能力环境的质量相关。自主创新能力具有刚性和抗性，新的能力与已有能力发生联系时，如能克服刚性和抗性，就达到了自主创新能力的培养最佳状态。由上可知，在设计这一指标系统时应赋予能力一个初始状态。这一假设使本研究在对数据进行横断面分析时有了理论意义，同时也使数据处理结果进行时序比较有了意义。并为自主创新能力下一个时点的培养方案提供初始值。2. 已有多相关性的能力链条将会使自主创新能力拥有一个多样性的成长背景，并为能力的提升创造全面的基础。自主创新能力具有区域网络结群性，自主创新能力的区域融合性和共享性意指经济行为和自主创新能力培养都是植根在由社会构筑的和有文化意义的网络与制度之中的，这种网络和制度将直接决定我国及各区域自主创新能力培养及追随的路径。根据这一假设，本研究认为在进行自主创新能力指标系统的研究中，不仅自主创新投入及产出等科技创新直接表象因子对自主创新能力指标有影响，自主创新能力培养和发展的环境能力对自主创新能力构成因子相关指标的设计也有一定的指导意义。3. 自主创新能力是可以被培养提升的，科技自主创新活动是自主创新能力的基本培养方式，良好的区域自主创新能力初始状态与较强的能力提升有正向关系。在整个自主创新能力培养过程中，自主创新能力是区域科技创新初始状态积累过程与流动过程的统一体，资产初始状态与能力提升也有正向关系。资产初始状态不佳的区域可以通过积极的能力提升战略，通过加强能力变革过程来快速提高能力总体水平；资产状况较好的区域，如果忽视能力维持、提升将会被其他区域迅速赶超。自主创新能力通过科技创新活动得以培养和提升。

虽然影响区域自主创新能力初始状态的要素很多，但自主创新投入作为表征创新资源配置最有说服力的因子构成自主创新能力最基础的因子；自主创新资源配置是指在一定的经济体制、科技体制及其运行机制下，自主创新资源调配所能产生正向效果、效率的调配方式。自主创新投入因子系指区域通过各种方式能够提供自主创新发展的物力资源和人力资源。

自主创新能力与其资源配置效果密切相关。其资源配置效果虽然与不同特征的静态环境要求密切相关，但一般会作用于经济、社会发展系统并以更显性方式得到有效传播和扩散，并在自主创新能力溢出效应下得到更合理使用。因此这一状况可用自主创新产出因子诠释。这种能力只有在不断变化的环境中，实现优胜劣汰的动态组合，满足现实需要，才能达到优化的结果。因此，自主创新产出（效益）能力是自主创新能力在一个区域位势的重要标志和基础要素。

自主创新能力是区域科技支撑体系所形成的能力，它是一种合力。谢勒尔对美国1960年58个产业的回归分析表明，自主创新发展环境即科技机遇确实很重要。Baily的研究认为，某一段时期在某一部门的迅速创新会使随后的几个时期技术机遇减少，从而进一步验证了这一观点。自主创新作为一个相对独立的系统，它同经济和社会系统有着广泛的交互影响。一方面，自主创新以其已有成果满足社会多种需要，促进生产、经济、社会不断发展；另一方面，其发展也需要整个经济社会系统的支撑。区域自主创新发展环境就是指一个区域内参加自主创新发展和扩散的企业、大学与研究机构、中介服务机构以及政府等组成的为创造、储备、使用和转让知识、技能和新产品而相互作用、互相提供媒介的体系。这一体系在区域自主创新能力指标体系中的作用虽然是隐性的，但却非常重要。这是因为：1. 自主创新能力具有网络结群性，其网络结群的数量和质量将直接影响自主创新能力的成长，而自主创新能力的生长环境即自主创新发展环境反过来对其网络结群能力的强弱起着至关重要的作用。2. 区域自主创新能力作为一个系统，其高效性需要面向市场经济的自主创新资源以机制灵活的经济政策与政府管理办法为支撑。自主创新能力的不完全流动性和异地非移植性表明，同一潜质能力在不同区域由于环境的不同会表现出不同的能力表征。特定区域的自主创新能力往往以离散和隐性的方式依附于特定的区域或环境，这些区域自主创新能力的转移需要花费高昂的成本，因此对其进行区域化处理有利于使具有这些方面表征的自主创新能力中介环境得以彰显。3. 自主创新能力应进行动态地开发和升级以获得持续性的竞争优势。区域自主创新能力的获取是一个动态的中介过程，虽然自主创新能力的内生性表现较为明显，但在我国工业化中期这一发展阶段，不论对于个体属性的自主创新能力还是集体属性的自主创新能力，其发展环境对其助推作用都很重要。它直接决定我国及各区域自主创新能力培养、生长及追随的路径。4. 自主创新发展受不同的价值观念、制度安排、产业专有因素等影响，对其进行正确分析和运用这些差异性因素对自主创新能力成长的内核将有深入了解。不同区域有着不同的自主创新能力成长环境，它不仅在现在时点上也必将在未来决定着自主创新能力成长的走势。同时自主创新发展环境是体现自主创新能力异质性的重要因子。由此，为了反映区域自主创新中介环境能力的强弱应该构建一个或一组反映区域自主创新发展环境的指标集。用该指标集测度区域自主创新发展环境对区域自主创新能力的支撑力度和引领程度。实际上也就是测试区域自主创新能力是否符合区域经济和社会发展的需要，是否受到区域的认同及与区域经济和社会相协调的能力。我们设计自主创新能力的中介环境为自主创新发展环境因子。

基于以上认识,对自主创新能力因子进行综合指标体系的设计:目标层次,自主创新能力;准据层次,三大类要素;即自主创新投入因子、自主创新产出因子和自主创新发展环境因子(见表4-1):

表4-1 自主创新能力指标体系

目标层	准则层	领域层	具体指标层	单位	符号	指标说明
自主创新能力 F	自主创新产出 F1	~	技术市场成交合同金额	万元	X111	反映自主创新成果在生产实践中的推广使用情况与所将要求得的经济效益
			每十万人平均专利申请授权数	件	X112	知识量形态的自主创新能力的体现
			每十万人平均专利申请受理量	件	X113	权扩保护能力的体现
			每十万人平均发表国际科技论文	件	X114	隐性知识显性化及知识总容量的体现
	自主创新投入 F2	~	科技经费筹集额/GDP	%	X211	自主创新物力（资金）支持的体现
			每万人中国有企事业单位专业技术人数	人	X212	自主创新人力资源状况（其中 X212 在"十一五"中略去）
			每万人中科技活动人员数	人	X213	
	自主创新发展环境 F3	教育创新政策落实 F31	大专以上人口数	人	X311	体现创新人员在知识上的弹性和延承性，是自主创新能力培养的基础必备
			国家产业化计划项目当年落实金额	万元	X312	政策环境建设，政府科技创新服务和交流的体现
			教育经费	万元	X313	区域对教育重视程度，是反映科技创新扩散及学习氛围的饱和和建能力的重要指标
		创新经济体一体化 F32	人均 GDP	元/人	X321	自主创新能力体现产业培养过程中区域经济发展水平的体现
			工业增加值率	%	X322	产业创新的饱和程度及创新指向性改变的体现
		自主创新人居环境 F33	人均绿地面积	平方米	X331	人居环境及区域发展硬环境改善的体现
			工业废水处理排放达标率	%	X332	人们有效控制污染程度的体现

4.2　区域自主创新能力指标选取

科技创新产出是外在表征科技创新活动综合效果的一个因子，区域自主创新能力的强弱直接体现在科技创新成果转化能力（Transformative Capacity）的大小上。自主创新产出因子是针对区域主体已有的知识和信息的再加工能力，体现区域内处于不同时点上的科技知识显性化的能力及自主追求意识，而显性化的知识更容易被广泛利用以对区域产生积极作用。在自主创新产出的数量和质量上，自主创新能力的提升及量化过程虽仍有潜在无法表征的因子（这一情况在这一系统评价过程中以区域自主创新能力的环境因子加以解决），但其成功外显的显性知识是我们必须考虑的。宫卫军等在 2005 年通过回归分析得出结论认为，能力构成过程中的隐含知识高度个体化并难以规范。由此，隐含知识的大量存在使自主创新能力的整体提升变得更加困难，反之，显性知识数量增加和整理对提高区域整体自主创新能力是有利的。对于整个区域来讲，科技创新知识的流动性及外显性的强弱直接关系到是否会激活科技创新及经济和社会资源、自主创新能力培养成功的可能性以及知识显性化效率提高的实现。自主创新产出因子中显性知识指标大致分为两类，即知识量形态指标和价值量形态指标。知识量形态指标包括科技创新直接成果，主要有学术论文、创造发明的科研成果及专利。Levin 也证实，提高研究与开发投入的水平需要赋予研究与开发者以某种垄断权力，为其从事技术研究活动提供刺激或动力。只有那些积累临界质量专利的主体才能有更好的创新天地能力（Klevorick et. al，1995）。当一项新技术发明的产权受到保护时，该专利的拥有者就可以通过有偿转让其使用权的形式，补偿其所支付的费用并获得收益。每十万人平均专利申请受理量、每十万人平均专利授权量、每十万人平均发表国际科技论文数，是对自主创新产出的最好表征指标。另外，对于区域自主创新能力的量化表征来说，不单要看科研成果的数量，还要看它们在生产实践中的推广使用情况与所获效益的大小，即价值量形态指标，也就是科技间接成果，它可用技术市场成交合同金额的实现情况来表征。综上所述，自主创新产出因子 F1 包括：技术市场成交合同金额 X111、每十万人专利申请授权数 X112、每十万人平均专利申请受理量 X113、每十万人平均发表国际科技论文数 X114 等。

在现实社会中，自主创新的投入存在着各种结构关系，自主创新投入主要包括对自主创新资源中的人力和物力进行科学合理的、符合自主创新生产活动不同阶段的配置结构优化。在整个自主创新能力培养过程中，自主创新投入始终处于一个十分重要的地位。经济合作与发展组织（OECD）指出，以科技创新人才为代表的科技人力资源的开发是经济发展的支柱①。科技活动人数反映区域对科技创新的重视程度和自主追求意识的强度。Levin 曾证实谢勒尔的结论，即 R&D 的密集度与创新机遇变量显著相关。通常认为大的 R&D 机构比小的更有效率，因为创新设备的不可分割性导致创新成果规模经济；同时从事多个 R&D 项目可能会产生更好的协同作用，R&D 从业者在从事同一或类似项目时更容易沟通；大的 R&D 项目吸引更好的科学家等等，国有企事业单位技术人员人数反映了 R&D 的人力密集度（由于国家政策的转变，"十一五"规划后，这一指标在因子集中的作用弱化）。科技经费反映科技财力投资程度，这将直接影响区域创新知识溢出的数量（Rory p. Oshea，Thomas J. Allen et. al，2005）。综上，这里借鉴国外一些机构在评价自主创新投入量时通常使用的创新投入因子这一指标，命名自主创新投入因子为 F2，选取的三个相对指标包括：每万人中科技活动人员数 X211，每万人国有企事单位专业技术人员人数 X212，科技经费筹集额占 GDP 比重 X213 等。前两项表征科技人力资源的配置，后者为科技物力资源支持。

随着区域经济的发展，区域内软环境的建设日益成为影响区域自主创新发展的关键因子，成为很多政府为增强竞争优势而选择的一种重要弹性政策措施（Maillat，1991）。业已证明，成功的区域应该是内生型经济增长区域。一个国家、一个区域的经济竞争，在很大程度上是软环境的竞争。成功的产业结构调整以及经济与社会持续而稳定的发展最终取决于本地良好的软环境。Brusco 和 Tyebjii（1982）列出成功区域的环境因素：大学（研究机构）与企业比较接近；交通方便；令人满意的政府政策等；Maillat（1998）认为有利的区域环境强调软环境的营造，区域环境不仅仅包括区域内行为主体之间相互依赖的紧密程度，还包括他们相互作用过程中所体现出来的质量和合作成功的速率。因此区域自主创新发展环境应包括：一是促进区域内行为主体不断更新知识和能力的区域环境（静态环境）；二是为进一步促进区域内自主创新活动发生和能力成长，区域环境自身随着客观条件的变化，随时进行的自我提高和改善的过程（动态的区域环境）。区域内行为主体与区域内的环境保持密切联系，实现互动。在区域环境本地化的过程中，即在与外部环境开放连接的同时，更重视根

---

① 周寄中．科学技术创新管理［M］．经济科学出版社，2002，（12）．

植性，才能不断从本地的环境中汲取营养，增强区域科技创新整体能力。有的学者（Grabher，1993；Antonelli，1995）则指出，当科技创新知识由于相互依赖和密切关联而本地化时，企业一般倾向于滞留在一个限定的区域内，即使是当前区域内的相对价格可能比其他区域要高，但本地化的学习效应产生，能够使企业尽快地摆脱效益和利润衰退的阶段，最终本地的学习和适宜创新成果的引入能够资本化，利润的优势将可以通过本地化的科技创新活动导入而重新建立。而且他们认为，通过本地化过程产生外部性而获得利润的企业具有很大的竞争优势。所以自主创新发展环境本地化不断增强的过程，也是区域自主创新能力系统化不断增强的关键环节。

综上，区域自主创新发展环境因子是促使自主创新能力成功生长的支撑。区域自主创新能力是经济内生的源泉，也是不断增强区域内知识积累过程的体现。究其根本，区域自主创新能力的获取是一个中介的过程，可持续自主创新能力位势依赖于独特的资源和能力，并能有效把这些资源和能力应用于环境竞争中。在我国工业化中期发展阶段，自主创新发展环境尤为重要，同时也是有效保证创新溢出效应实现的直接因子。这里我们称自主创新能力的中介环境为自主创新发展环境因子 F3。它充分体现组织开发利用有效创新资源的潜力和现状。这一指标分别由教育创新政策落实因子 F31，科技经济一体化因子 F32，自主创新人居环境因子 F33。

自主创新发展环境因子本身是一个复杂的系统，它之所以包含教育科研政策落实因子 F31 是因为：1. 高校是重要的新科技知识的源头，教育是学习的关键途径。从一定意义上看，作为衡量区域自主创新能力的知识体系和能力积累管理体系的标准，由于高价值隐含经验类的能力存在于社会体系中，所以劳动力特别是高素质劳动力的培养和梯队形成是能否形成累积自主创新能力效率的关键。区域通过与拥有这些知识的高校建立正式和非正式的联系获得所需的科技进步（OECD，1981，1993），从而进一步形成自主创新能力。2. 在一些特定的区域及经济历史发展阶段，单纯依赖单一主体的区域自主创新能力培养形式不会很成功。因此自主创新能力建设过程中仍应以政府为自主创新政策供给者，从而更有效地进行多主体创新知识和能力的积累。同时，新制度经济学认为，政策是指由人制定的规则，社会问题的复杂性和不确定性以及行为主体行为的不规范性，政策或制度应运而生来解决不断出现的社会问题和约束人们的竞争和合作方式，而政策或制度能够在多大程度上实现其目标存在着不确定性。如果各种规范的制度能够彼此协调，就会促进人与人之间的可靠合作，就能够很好地利用劳动分工的优越性和人类的创造性，而且可以抑制人际关系中可能出现的任意行为和机会主义行为（Kasper & Manfred，2000）。在区域发展过程中，区域内存在的制度可以降低区域自主创新的不确定性和交易费用，并同时提高对自主创新能力的激励。政府是政策供给者，科技创新政策与管理体现政府对创新的重视及支持程度、政策引导和宏观调控能力、管理作风和用人机制、允许的学术自由程度、知识产权保护及学术氛围和文化氛围等。现有阶段区域科技创新政策的落实情况可以对此进行有效表征。教育创新政策落实因子包括三个因子：大专以上人口数 X311、国家产业化计划落实金额 X312、教育经费 X313。

　　教育经费绝对量表征区域使用资金对教育及学习的支持程度。自主创新能力集宏观和微观层次占有区域组织资产，又结合产业作为有机生产系统和企业网络的结构特征。自主创新能力从其归属来看，兼具个体性和集体性。由于各区域生产系统为区域网络所分散，因此区域自主创新能力体系必然分布在各个网络成员那里。这些网络成员依据自身的战略，通过学习能动地控制能力的获取、积累和利用。因此，区域自主创新能力能否提升，关键在于区域中主体对自主创新能力的认识、学习和积累。一个系统向创新人员及受众及时提供渠道（教育是其较正式方式），使其获得相关知识储备是系统升级的重要途径。大学被认为是扩散主体思想的发源地和知识溢出的重要场所，并使科技创新知识以统一的形式从这个发源地扩散到大批潜在采纳者中。自主创新能力的获得常常在共享阶段发生，教育这种中心化扩散系统的基础是相对线性、单向的沟通模式，它的实际价值不仅仅体现在其现实存在的结果，而更加强于其动态流动过程中的频率和密度之中，并以其外溢的能力加以更确切地表征。

　　大专以上人口数体现自主创新在知识上的弹性和延承性。自主创新能力强调学习，重视结果的同时重视过程，崇尚过程的学习作用，如尊重知识的社会风气有利于区域的学习氛围形成，有利于知识产业的发展。如果区域内自主创新能力主体都能够通过持续有效的科学技术学习活动来积累知识，特别重视对隐含知识的积累、扩散、吸收并外部化，那么区域整体的自主创新能力及知识存量自然会增加，从而正向作用于区域整个生产系统的价值创造过程。从这个角度来看，区域自主创新水平似乎又可以从主体拥有知识总量或者平均水平来得到评估。在区域与自主创新能力互动的过程中，存在着促进两者相互作用的动力机制，这就是学习。知识观的核心能力理论认为核心能力本质上是知识系统，正是区域学习过程将区域发展的战略、结构轨迹和科技创新积累融合为一个整体，并最终决定区域在整个环境中的位势。非中心扩散的社会学习方式达到扩散系统能力最大的条件是采用者接受过良好的高等教育①，非正式的学习效果也更多地取决于区域尊重教育的程度。在信息时代，许多编码化的知识更容易成为一种普遍资源，随着商品的国际化和经济全球化进程加速，这些编码化知识可以迅速地扩散和被模仿。而融入在区域内社会文化环境中的隐含经验类知识（如当地特有的文化特征和科技知识等）虽难以被模仿和复制却能够在相互信任的基础上转移，从而为自主创新能力的形成奠定基础。自主创新能力不仅仅依靠区域"获得能力"（Acquisition effort），还主要是通过教育和人力资本改善来实现。因此区域自主创新能力指标体系构建中需要考虑其发展环境中自主创新主体受教育的程度——大专以上人口数。大专以上人口体现区域科技创新吸收能力的强弱，掌握了一定吸收能力（Capacity for absorption）才能很好地利用区域积累的自主创新能力创造机会（Klevorick et al.，1995）。

国家产业化计划项目当年落实金额指从加强政策环境建设、促进区域经济发展、增强科技服务和交流等方面促进区域科技创新、经济与社会协调发展。它包括星火计划、火炬计划、科技自主创新成果重点推广计划、国家重点新产品计划、科技型中小企业技术创新基金和科技兴贸行动计划等。采纳这一指标能很好反映各地区政策执行情况和创新产出产业化环境建设计划的实际效果。

自主创新发展环境因子之所以包含创新经济一体化因子 F32 是为了有效表征科学技术与产业在时间、空间上的有机结合程度，也就是创新有效成功实现的能力。具体来说，准确把握一个区域的自主创新能力必须考虑它所支撑的产业（根据中国国情多指工业），区域自主创新能力的最终提升需通过科技经济一体化因子来表征对经济的协同程度，从而体现其推动生产力发展的能力。我国加入 WTO 后，区域自主创新能力应既不排斥与市场的联系，获得社会分工的利益，同时又可使经济获得有效牵引科学技术方向和方法的可能。按照马斯洛的需求五层次论，人均收入（这里以人均国内生产总值来表示）的提高将使区域内人们自我学习的愿望提升，从而对区域自主创新能力的提高有所裨益。同时，新型工业化要求区域实现自主创新能力下的经济可持续发展。因此，在我国社会主义工业化中期阶段，为实现新型工业化，工业增加值率仍是科技创新与经济协同程度的重要指标。科技经济一体化因子 F32 包括：人均GDP X321、工业增加值率 X322。

① 埃弗雷特·M·罗杰斯. 创新的扩散 [M]. 中央编译出版社，2002.

自主创新人居环境因子 F33 表征区域人居环境质量改善状况。自主创新能力的培养过程要注意其情境化特征，自主创新人员对人居环境的重视程度与日俱增。自主创新人居环境的改善是区域发展阶段的一个表征，也是自主创新能力的培养目标之一。人均绿地面积扩大将非常有助于区域实现执政目标，并引起创新人才的聚集，从而正向反馈于自主创新投入因子和产出因子。人们有效控制污染能力的加强（工业废水处理排放达标比例）构造出创新用于民生、改善生活和生存质量并协同经济和社会的自主创新能力。自主创新人居环境由人均绿地面积 X331、工业废水处理排放达标比例 X332 构成。

4.3　区域自主创新能力模型构建

自主创新能力的累积过程可用自主创新能力向量（Vector）这一概念来描述（见图 4 - 1）。基于对自主创新能力培养的考虑，自主创新发展环境是需要营造的，而营造环境是一项系统工程，它不仅需要设计，而且需要时间和精力的投入，并且是一个持续改善的过程，这就决定了自主创新能力作用的时滞性。自主创新能力有别于技术创新能力和科技竞争力等也更多体现在自主创新能力的沉淀特性上，也就是区域对自主创新进行反映表征并达到稳定界面，并在此界面上不断汲取新的营养以获得动力并加以提升。在不同自主创新能力向量不断开发和积累过程中，当自主创新能力向量按时序进行排列并以基期为新的初始点综合新生力量时，通常会引起高于基期的正向运动过程，但这并不能一概而论，自主创新能力整个系统中也会出现作用于时间的反复情形。因此根据我国实际，这里假设在一个五年期里，科技创新政策的相对稳定性所带来的自主创新能力构成因子以较长时间段内的平均数来获得。这样统计的自主创新能力系统中的相关变量相交时就产生相对稳态可计量的能力。自主创新能力向量的交叉是指某时点上曾经不相关领域的变量会聚在一起而使能力累积的一体化和集成。因此，系统内的协同能力很重要，不仅有自主创新能力向量内（区域内不同地点能力的累积）的累积，而且还有不同时段能力向量（时序积累）之间的一体化，从而构成完整自主创新能力体系。基于以上认识，采用多层次因子分析法，对区域自主创新能力指标体系进行构建。

自主创新发展环境因子

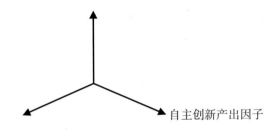

自主创新产出因子

自主创新投入因子

图 4 - 1　自主创新能力三维向量

1. 多层次因子分析法的选择

目前，国内外公开发表的系统综合评价方法有数十种之多。包括功效系数法、层次分析法、DEA 法、模糊综合评判法、因子分析法等。在解决评价指标的赋权问题和指标之间相关性问题上，因子分析法显然是较好的一种方法。其原理为，在科学研究中，往往要对多个指标进行大量的观测，收集大量的数据进行分析以寻找规律。由于各指标之间存在一定的相关性，因此有可能用较少的综合指标分别综合存在于各指标中的各类信息，而综合指标之间彼此不相关，即各指标代表的信息不重叠。这样就可以对综合指标根据专业知识和指标所反映的独特含义给予命名，这就是因子分析法。代表各类信息的综合指标就称为因子。根据因子分析的目的可知，综合指标应该比原始指标少，且彼此不相关，同时包含的信息量应该相对损失较少。因子分析的数学模型是：

$$
\begin{pmatrix} x_1 \\ x_2 \\ \cdot \\ \cdot \\ \cdot \\ x_p \end{pmatrix} = \begin{pmatrix} a_{11}a_{12}....a_{1m} \\ a_{21}a_{22}...a_{2m} \\ \cdot \quad \cdot \\ \cdot \quad \cdot \\ \cdot \quad \cdot \\ a_{p1}a_{p2}...a_{pm} \end{pmatrix} * \begin{pmatrix} F_1 \\ F_2 \\ \cdot \\ \cdot \\ \cdot \\ F_m \end{pmatrix} + \begin{pmatrix} e_1 \\ e_2. \\ \cdot \\ \cdot \\ \cdot \\ e_p \end{pmatrix}
$$

或可表示为：$X_{p*1} = A_{p*m} * F_{m*1} + e_{p*1}$。其中 X 为可实测的 p 维随机向量，它的每个分量代表一个指标或变量。F = （F1，F2，…Fm）^{T}，为不可观测的 m（m≤p）维随机向量，它的各个分量将出现在每个变量之中，所以称它们为公共因子。矩阵 A 称为因子载荷矩阵，a_{ij} 称为因子载荷，表示第 i 个变量在第 j 个公共因子上的载荷，它们需要由多次观测 X 所得到的样本来估计。向量 e 称为特殊因子，其中包括随机误差。它们满足：

①Cov（F，e）=0，即 F 与 e 不相关。

②Cov（F_i，F_j）=0，i≠j；Var（Fi）= Cov（F_i，F_j）=1。i，j=1，2，……，m。即向量 F 的协差阵为 m 阶单位阵。

③Cov（e_i，e_j）=0，i≠j，Var（ei，）= σ_i^2，i，j=1，2，……，p。即向量 e 的协差阵为 p 阶对角阵。

因子分析的基本思想是通过对变量的相关系数矩阵内部结构的分析，从中找出少数几个能控制原始变量的随机变量 Fi（i=1，…，m），选取公共因子的原则是使其尽可能多地包含原始变量中的信息，建立模型 X = A * F + e，忽略 e，以 F 代替 X（m≤P），用它再现原始变量 X 的众多分量 Xi（i=1，…，p）之间的相关关系，达到简化变量降低维数的目的。

因子分析法是在尽可能不损失信息或者少损失信息的情况下，将多个变量减少为少数几个潜在的因子，这几个因子可以高度地概括大量数据中的信息，这样，既减少了变量个数，又能再现变量之间的内在联系。同时为避免因子分析中所解析出来的因子与客观实际情况的脱节问题，这里运用改良的多层次因子分析法对自主创新能力指标体系进行设计。多层次因子分析法是主观与客观融合的一种综合评价方法。多层次因子分析法与原有的因子分析法的区别在于，通过人为判断对各层次的子因子加以归类，把因子分析法中的完全依赖软件进行变量的裁减这种客观但很可能与实际不符的程序提前，以分析者的经验帮助软件实现同样精减变量的目的，同时达到更有目的性的分析效果。张宏培和杨大成等在省区区位优势的分析中使用过此方法。本研究借助 SPSS 软件对各指标进行数据处理。

综上所述，对自主创新能力因子分为四个层次进行综合指标体系的多层次处理：目标层次，自主创新能力；准则层次，三大类要素，即自主创新投入因子、自主创新产出因子、自主创新发展环境因子；领域层次，自主创新发展环境因子由于其复合性又可由三个复合指标构成；具体指标层次，共 14 个指标。数据分别来源于各年的《中国科技统计年鉴》、《中国统计年鉴》、《中国教育统计年鉴》、《中国工业经济统计年鉴》或经整理而得，所采纳数据多为各指标的两年平均数。

2. 相关性检验及原始数据的处理

因子分析之前需通过 KMO 检验和 Bartlett 球形检验来分析变量是否具有相

关性，其中 $KMO = \dfrac{\sum\sum\limits_{i\neq j} r_{ij}^{2}}{\sum\sum\limits_{i\neq j} r_{ij}^{2} + \sum\sum\limits_{i\neq j} p_{ij}^{2}}$ ，r，p 分别为变量间简单相关系

数和偏相关系数。当 KMO≥0.5 时，一般认为适合用因子分析方法。用 Bart-lett 检验相关系数矩阵是否是单位阵，在不是单位阵时才可进行因子分析。

分别对各层次所含指标变量进行上述检验并均获得 KMO≥0.5，Barlett 球形检验同时证明各矩阵均非单位阵，说明适合用因子分析方法对相关数据进行处理。因此应用标准化公式：$z_i = \dfrac{x_i - \overline{x}_i}{s_i}$ 对 14 个指标变量分别作标准化处理，其中为第 i 个指标的均值，s_i 为标准差。

3. 各层综合因子得分式的确定

自主创新能力指标体系中每一层指标均由下一层指标综合而成，因此运用多层次因子分析法确定综合因子得分式的各指标系数。这样主客观相结合，对最终区域自主创新能力的量化比选起到积极作用。也就是对 14 个基本变量的标准化后数据再分别做因子分析，以期分别获得包含信息量较多（一般累积方差贡献率应在 70% 以上）的上一层即领域层的指标。再分别对所得领域层中各指标因子的得分应用因子分析，得到上一层即准据层的指标因子得分。最后就准据层中指标进行分析得出目标层的自主创新能力因子得分，并在此基础上可进行排序比较。具体过程如下：

①对属于自主创新发展环境因子的七个具体指标层变量 $Z_{i}j_1$，……，$Z_{i}j_k$ 原始数据作因子分析，分别得出上一层即领域层的三个因子，并获得用因子得分系数表达的因子得分式。然后以领域层的三个因子得分为源变量进行因子分析，得出准据层——自主创新发展环境因子，并同时获得自主创新发展环境因子得分式。

②对分别属于自主创新投入因子、自主创新产出因子的七个具体指标层变量 $Z_{i}j_1$，……，$Z_{i}j_k$ 的原始数据作因子分析，分别得出上一层即准据层的两个因子——自主创新投入因子和自主创新产出因子及它们的因子得分式。

③对同属于准据层的自主创新投入因子、自主创新产出因子、自主创新发展环境因子的因子得分作为源变量进行因子分析，得出目标层即自主创新能力的因子得分式。

④依据各层因子得分大小可对各省市在该指标上的特征进行比较、排序或

聚类划级。

4.4　本章小结

第四章主要探讨了基于多层次因子分析法的区域自主创新能力指标体系构建。区域自主创新能力由于自身的隐性特征，在进行量化过程中需要借助本身资源的投入、产出及作用环境加以进一步显性化。前一章中对区域自主创新能力相关特征的诠释是确定本章自主创新能力量化过程中数据选择的理论依据。本章主要内容总结如下：

1. 提出设计区域自主创新能力这一指标系统隐含了三个假设，即能力的培养是一个积累的过程，能力的初始状态对新能力的培养和建设有重要作用，能力发挥作用时会有时滞；已有多相关性的能力链条将会使自主创新能力拥有一个多样性的成长背景，并为能力的提升创造全面的基础；自主创新能力是可以被培养提升的，自主创新活动是自主创新能力的基本培养方式，良好的区域自主创新能力初始状态与能力提升有正向关系。

2. 采用多层次因子分析法评价区域自主创新能力整体发展水平，有效解决了样本空间有限与指标变量过多的矛盾。这一评价过程完全依赖客观数据，并对指标进行客观赋权。同时在分析中有效地与定性分类相衔接，使定性方法与定量方法相得益彰。在多层次因子分析中，通过 KMO 检验和 Bartlett 球形检验来分析变量的相关性，从而避免了不恰当的因子分析方法的使用，增强数据分析信度。

3. 自主创新能力由三维向量构成，包括自主创新投入因子、自主创新产出因子和自主创新发展环境因子。

第五章

区域自主创新能力评价研究

5.1　区域自主创新能力指标体系分析

多年以来，我国科技创新资源的宏观配置多由政府职能部门调控和分配。以科技资金为例，政府主要是通过国家科技计划分配科技活动研究经费。国家一直以来实行的"五年计划"① 对科技和经济及社会政策有很强的宏观指导作用，在每个"五年计划"期间，国家和区域政策具有相对稳定性。

目前中央财政对科技经费拨款仍占主导地位，但区域财政支出比例也已有了逐年增大的趋势。同时我国国家科技计划的管理自中国共产党第十一届三中全会以来（尤其是 1985 年 3 月后）逐步开始进行改革，区域经济与自主创新能力的正相关性愈加明显。

自主创新能力具有累积沉淀性和动态开放性，这使自主创新能力的培养有周期性表现。由此，为了有效地获得自主创新能力的静态特征和动态性演进轨迹，按照我国客观创新发展的实际情况和能力培养的规律性，这里假定自主创新能力的培养时序特征与我国"五年计划"特征相吻合，并以最近三个"五年计划"期为区域自主创新能力的研究样本。②

基于以下四个原因，本研究将对自主创新能力研究期间的数据进行期中两

① "五年计划"模式源于前苏联。新中国成立后在前苏联指导下编制第一个"五年计划"，自 1953 年起实施。"一五计划"是纯粹的指令性计划经济，列了各种经济增长指标，数值精确到小数点。当时中央政府管着 2 万个硬指标，计划几乎等同于法律。改革开放后，中国向市场转轨，"五年计划"的指令性逐渐消失，但"五年计划"仍习惯性的得以沿用至今，规划着国家经济及社会整体发展。

② 1978 年我国召开全国科学大会，当时是计划经济时代。1995 年 5 月《中共中央、国务院关于加速科学技术进步的决定》中首次提出了科教兴国战略，并提出了"到 2000 年全社会 R&D 经费占 GDP 的比例达到 1.5%"的科技投入目标。由此可见，区域自主创新能力的培养是在第九个"五年计划"期间开始提出，第十个"五年计划"才正式开始的。由于自主创新能力的累积沉淀性，第九个"五年计划"期可视为其初始状态。

年的截选并做分析。1. 根据自主创新能力的积累沉淀性及其构成因子中的自主创新发展环境因子所具有的时滞性。赵喜仓、陈海波、李健民等（2005）认为，因为基础研究与应用研究投入较小，试验发展投入比重较大，同时目前以企业为主的研究开发体系也容易出现企业的短期追逐利益倾向所诱发的科技创新研究的短期逐利现象，因此我国 R&D 资源投入对经济发展的影响时滞较短。这里假设我国科研时滞为 1 年，因此截除每个"五年计划"期的第一年为自主创新投入适应期。2. 上一个"五年计划"完成后，新的"五年计划"出台之后的自主创新发展环境需要有一个培养期。因此为后续自主创新能力与产业结构的相关及实证分析考虑，这里以每个"五年计划"期的期中两年为科技创新适应计划政策期（即对前期政策积累有最好的代表性）。3. 囿于数据的可得性及统计分析结果的可比较性等原因（《中国科技统计年鉴》统计口径前后有所调整），为达到三个"五年计划"期间自主创新能力的可比性，截取统一口径相关数据。

综上所述，下面首先对"十一五"计划期间的自主创新能力进行量化分析。应用 SPSS13.0 的因子分析法进行数据处理。原始数据的取得来源于各年《中国统计年鉴》和《中国科技统计年鉴》或经整理而得。

对各相关数据根据因子分析条件要求进行 KMO and Bartlett's 检验，获得通过后才可进行多层次因子分析。为了消除变量之间在数量级或量纲上的不同，需对原始数据进行标准化处理。设 X_{ij} 表示第 i 个区域第 j 个指标的原始值，则对 X_{ij} 进行标准化值的计算公式为：

$$x_{ij} = \frac{X_{ij} - \overline{X_j}}{S_j}$$ （$i = 1$，$2 \cdots 31$，$j = 1$，$2 \cdots 14$），其中，$\overline{X_j}$ 为第 j 个变量的样本均值，S_j 为第 j 个变量的样本标准差。

5.1.1 自主创新产出因子的得分式

表 5 - 1   自主创新产出因子的 KMO and Bartlett's Test

Kaiser – Meyer – Olkin Measure of Sampling Adequacy.		.620
Bartlett's Test of Sphericity	Approx. Chi – Square	203.77
	df	6
	Sig.	.000

由表 5 - 1 可知，构成自主创新产出因子 F1 的四个具体指标可进行因子分析。根据因子得分系数和原始变量的观测值可以计算出 F1 的因子得分，其因子得分式为：F1 = 0.268X111 + 0.271X112 + 0.265X113 + 0.268X114，方差累积贡献率达到 87.143%，能够非常好地说明自主创新产出因子。

5.1.2 自主创新投入因子的得分式

表 5 - 2　自主创新投入因子的 KMO and Bartlett's Test

Kaiser – Meyer – Olkin Measure of Sampling Adequacy.		.500
Bartlett's Test of Sphericity	Approx. Chi – Square	60.321
	df	1
	Sig.	.000

由表 5 - 2 可知，构成自主创新投入因子 F2 的两个具体指标可进行因子分析。根据因子得分系数和原始变量的观测值可以计算出 F2 的因子得分，其因子得分式为：F2 = 0.508X211 + 0.508X213，方差累积贡献率为 96.892%，能够非常好地说明这一因子的状况。

5.1.3 自主创新发展环境因子的得分式

自主创新发展环境因子本身是一个复杂的系统，这一因子体现自主创新能力的提升及量化过程中潜在的且无法直接表征的因素。它充分体现组织开发利用有效自主创新资源的潜力和现状。它由教育创新政策落实因子 F31、创新经济一体化因子 F32 和自主创新人居环境因子 F32 构成。而每一项子因子又由各具体指标来体现。

表 5 - 3　教育创新政策落实因子的 KMO and Bartlett's Test

Kaiser – Meyer – Olkin Measure of Sampling Adequacy.		.618
Bartlett's Test of Sphericity	Approx. Chi – Square	66.949
	df	3
	Sig.	.000

教育创新政策落实因子 F31 可由大专以上人口数 X311、国家产业化计划项目当年落实金额 X312 及教育经费 X313 组成，由表 5 - 3 可知，三因子通过

KMO and Bartlett's 检验，可进行因子分析。根据因子得分系数和原始变量的观测值可以计算出 F31 的因子得分，其因子得分式为：F31 = 0.389X311 + 0.326X312 + 0.4X313，方差累积贡献率为 79.885%，能够非常好地说明这一因子状况。

表 5 - 4   创新经济一体化因子的 KMO and Bartlett's Test

Kaiser – Meyer – Olkin Measure of Sampling Adequacy.		.500
Bartlett's Test of Sphericity	Approx. Chi – Square	8.154
	df	1
	Sig.	.004

创新经济一体化因子 F32 由人均 GDP X321、工业增加值率 X322 构成，其中工业增加值率是自主创新能力的负向因子①。由表 5 - 4 可知，可进行因子分析。根据因子得分系数和原始变量的观测值可以计算出 F32 的因子得分，其因子得分式为：F32 = 0.578X321 +（ - 0.578）X322，方差累积贡献率为 74.941%。能够较好地说明这一因子的状况。

表 5 - 5   自主创新人居环境因子的 KMO and Bartlett's Test

Kaiser – Meyer – Olkin Measure of Sampling Adequacy.		.500
Bartlett's Test of Sphericity	Approx. Chi – Square	2.294
	df	1
	Sig.	.100

自主创新人居环境因子 F33 由人均绿地面积 X331 和工业废水处理排放达标率 X332 构成。由表 5 - 5 可知，可进行因子分析。根据因子得分系数和原

①   工业增加值率为自主创新能力的负向因子原因有可能是：1. 工业生产发展到一定阶段，在没有新的产业科技实质性突破之前，自主创新能力可能对工业生产的作用有饱合的倾向；2. 科技进步过程中对工业的可持续性生产要求将有可能限制工业规模的盲目扩大，从而使工业增长与自主创新能力增长不可兼；3. 我国前期的一定发展阶段中，工业的盲目求规模、过分注重短期效益的生产活动与区域自主创新能力的发展已经相悖。总之，随着区域发展进程中对工业增长及经济增长质量的不断追求，以及新的自主创新能力对工业产业科技饱合度的改善，这一现状将有所改变。这在后文"九五"与"十五"自主创新能力进行比较时就已有所体现（见本书98页及102页）。

始变量的观测值可以计算出 F33 的因子得分，其因子得分式为：F33 =
0.625X331 + 0.625X332，方差累积贡献率为 63.906%，能够较好反映这一因
子状况。

表 5 - 6　自主创新发展环境因子的 KMO and Bartlett's Test

Kaiser – Meyer – Olkin Measure of Sampling Adequacy.		. 667
Bartlett's Test of Sphericity	Approx. Chi – Square	38. 757
	df	3
	Sig.	. 000

自主创新发展环境因子 F3 由教育创新政策落实因子 F31、创新经济一体
化因子 F32、自主创新人居环境因子 F33 构成。对自主创新发展环境的构成因
子进行 KMO 和 Bartlett 检验后可知，三因子可进行因子分析（见表 5 - 6）。将
上述三因子进行因子分析，根据因子得分系数和原始变量的观测值可以计算出
F3 的因子得分，其因子得分式为：F3 = 0.348F31 + 0.406F32 + 0.395F33，其
中方差累积贡献率为 75.286%，能够较好地说明自主创新发展环境因子的
状况。

5.1.4　自主创新能力因子的得分式

表 5 - 7　自主创新能力因子的 KMO and Bartlett's Test

Kaiser – Meyer – Olkin Measure of Sampling Adequacy.		. 607
Bartlett's Test of Sphericity	Approx. Chi – Square	83. 799
	df	3
	Sig.	. 000

对自主创新产出因子 F1、自主创新投入因子 F2 与自主创新发展环境因子
F3 进行 KMO 和 Bartlett 相关性检验（见表 5 - 7）可知，可进行因子分析。根
据因子得分系数和原始变量的观测值可以计算出自主创新能力 F 的因子得分，
其因子得分式为：F = 0.378F1 + 0.361F2 + 0.338F3，方差累积贡献率达到
86.133%，可以很好地说明自主创新能力状况（见表 5 - 8）。

表 5-8   "十一五"期间自主创新能力构成要素

目标层	准据层	系数	领域层	系数	具体指标层	系数
自主创新能力 F	自主创新产出 F1	0.378			技术市场成交合同金额（万元）X111	0.268
					每十万人专利申请授权数（件）X112	0.271
					每十万人平均专利申请受理量（件）X113	0.265
					每十万人平均发表国际科技论文数（篇）X114	0.268
	自主创新投入 F2	0.361			科技经费筹集额/GDP（%）X211	0.508
					每万人中科技活动人员数（人）X213	0.508
	自主创新发展环境 F3	0.338	教育创新政策落实 F31	0.348	大专以上人口数（人）X311	0.389
					国家产业化计划项目当年落实金额（万元）X312	0.326
			创新经济一体化 F32	0.406	教育经费（万元）X313	0.4
					人均 GDP（元）X321	0.578
					工业增加值率（%）X322	−0.578
			自主创新人居环境 F33	0.395	人均绿地面积（平方米）X331	0.799
					工业废水处理排放达标率（%）X332	0.799

5.1.5 结果分析

建立自主创新能力截面评价指标体系的主要目的是发挥先进区域自主创新能力的示范作用，分析不同地区（这里地区指改革开放后随着经济发展战略的调整，国家建设重点逐步由内地转向沿海地区，沿海与内地的关系发生了转

88

变，由此产生的东中西部划分方法）或同一地区内部不同省市（即本研究所指区域）自主创新能力的差距大小。通过因子分析可以评价个体区域自主创新能力的综合发展水平，并根据计算所得的因子得分进行排序并聚类。

聚类分析也称为群分析，它是研究样品（或指标、变量）分类问题的一种多元统计分析方法，通过对区域自主创新能力因子得分进行分类，可对各区域科技发展状况及自主创新能力现状及发展趋势作出综合评价。应用分层聚类法中的欧氏距离的平方作为距离测度方法，对 31 个样本区的自主创新能力因子得分进行聚类。在欧氏距离的平方（Squared Euclidean Distance，简称为 SEuclid）计算公式中，两样本 x、y 之间的距离是各样本每个变量值之差的平方和，如为 k 个变量，则：

$$SEuclid\ (x,\ y)\ =\ \sum_{i=1}^{k}\ (x_i - y_i)^2$$

通过 SPSS 软件对上述因子得分进行处理可得（见表 5 - 9）：北京为一类区域，此区域属于自主创新能力极化区，上海为二类地区，是次极化区域线性处理后（见表 5 - 10），这两区域自主创新能力因子平均得分是其他区域平均得分的三倍以上。其子因子中的创新资源投入因子得分、自主创新产出因子得分和自主创新发展环境因子得分均遥遥领先于其他区域各子因子得分。这也是最终其自主创新能力因子得分远远超过其他区域的原因。由此说明这两区域自主创新能力发展得较为均衡。天津、辽宁、江苏、浙江、山东和广东为三类区域，三类区域属自主创新能力示范区，其自主创新能力构成子因子的各项得分均有部分突出表现，并因此而仅次于极化区域及次极化区域。福建、湖北、河北、吉林、河南、四川、陕西、黑龙江、湖南、安徽、海南、江西、重庆、山西、广西、新疆、内蒙古、宁夏、甘肃、青海、贵州、云南、西藏等属于四类区域，即自主创新能力追赶区。四类区域中的陕西、吉林、宁夏三区域的自主创新投入因子得分分别为第五位、第六位和第七位，但由于其他两子因子落后，特别是自主创新发展环境因子分别居于第二十一位、第十七位和第二十八位，使自主创新能力得分列于前二类区域之后。除这三个区域之外的其他二类区域在各项因子得分中均无上佳表现。

表5－9　"十一五"期间自主创新能力因子得分及各分项得分

省市	自主创新能力因子得分	排名	自主创新产出因子得分	排名	自主创新投入因子得分	排名	自主创新发展环境因子得分	排名
北京	3.9198	1	3.95433	1	4.51892	1	2.35425	1
天津	1.0692	3	0.96362	3	1.29768	3	0.70139	7
河北	－ 0.314	15	－ 0.44074	18	－ 0.58871	24	0.19311	9
山西	－ 0.399	20	－ 0.47771	22	0.04841	9	－ 0.6984	24
内蒙古	－ 0.626	25	－ 0.50005	24	－ 0.68493	28	－ 0.56315	23
辽宁	0.2773	8	0.06281	7	0.09892	7	0.64548	8
吉林	－ 0.204	13	－ 0.29666	14	－ 0.06424	12	－ 0.20243	16
黑龙江	－ 0.387	19	－ 0.30263	15	－ 0.33457	18	－ 0.44937	21
上海	2.2545	2	2.78327	2	1.48954	2	1.96996	2
江苏	0.7778	6	0.29153	6	0.43139	6	1.51669	4
浙江	0.9785	4	0.88163	4	0.47644	5	1.40236	5
安徽	－ 0.342	17	－ 0.4504	20	－ 0.19341	16	－ 0.30149	18
福建	－ 0.084	10	－ 0.19145	10	－ 0.20043	17	0.17981	10
江西	－ 0.453	22	－ 0.51044	25	－ 0.5206	23	－ 0.21483	17
山东	0.3144	7	－ 0.11473	8	－ 0.18932	15	1.26231	6
河南	－ 0.297	14	－ 0.42998	17	－ 0.50208	22	0.13919	11
湖北	－ 0.057	9	－ 0.19828	11	－ 0.06226	11	0.12019	12
湖南	－ 0.317	16	－ 0.29347	12	－ 0.39078	20	－ 0.19419	15
广东	0.7889	5	0.70774	5	－ 0.05387	10	1.60207	3
广西	－ 0.616	24	－ 0.54139	28	－ 0.7001	29	－ 0.46952	22
海南	－ 0.577	23	－ 0.5429	29	－ 0.71424	30	－ 0.33816	19
重庆	－ 0.171	12	－ 0.14865	9	－ 0.15835	14	－ 0.1723	14
四川	－ 0.154	11	－ 0.34088	16	0.07652	8	－ 0.15506	13
贵州	－ 0.722	28	－ 0.53321	27	－ 0.62798	26	－ 0.87116	25
云南	－ 0.731	29	－ 0.51052	26	－ 0.60132	25	－ 0.95103	26
西藏	－ 1.029	31	－ 0.56634	31	－ 0.85014	31	－ 1.50643	30
陕西	－ 0.43	21	－ 0.2948	13	0.53221	4	－ 1.51263	31
甘肃	－ 0.357	18	－ 0.44464	19	－ 0.1274	13	－ 0.42493	20
青海	－ 0.705	27	－ 0.55217	30	－ 0.40616	21	－ 1.03714	29
宁夏	－ 0.655	26	－ 0.49678	23	－ 0.34117	19	－ 1.0195	28
新疆	－ 0.753	30	－ 0.46612	21	－ 0.65798	27	－ 1.00509	27

注：因子得分为负不意味自主创新能力为负值，只表明该区域自主创新能力得分低于

整个样本平均值。

为了进一步寻找自主创新能力区域分布的特征，把自主创新能力得分按我国长期以来划分的经济区域进行东部、中部和西部分类列表（见表 5－10）。由此表可见，自主创新能力东中西部的梯度分布与我国经济区域的划分有很大的相似处。其中有十一省区因子得分大于平均值。这些区域大部分属东部区，与"十五"及"九五"相比（见表 5－11），中部区的湖北、四川得分跃升到大于平均值区，东部区中仅有河北、海南、广西在自主创新能力平均值以下。中西部区自主创新能力因子得分均在平均值以下，湖北是中部地区排名较靠前区域。四川和重庆自主创新能力得分排在西部前列。其中中部区大部分排在西部区前面。总体而言，东部各区域自主创新能力得分远远超出中西部，东部自主创新能力平均值是西部自主创新能力得分平均值的二倍强。中西部地区自主创新能力得分差距较小。

综上所述，虽然地缘因素作用于信息的不确定性可以有效降低信息搜寻的费用，从而成为培育区域自主创新能力的正向因子，加之自主创新能力的本质是知识，区域创新知识特别是隐含知识的传播主要依赖于面对面的交流和沟通，这也会使地域的接近成为自主创新能力累积示范的有利因素，但目前我国自主创新能力的区域化特征及梯度排列现状并不能简单地归因于地缘因素，而与我国经济区域的划分有较好的对应性，也就是说，自主创新能力同国家区位经济政策及经济发展水平有很大相关性。就"十一五"期间的自主创新能力分布现状而言，经济发达区域自主创新能力水平一般偏高，经济发展水平较低的区域自主创新能力水平一般也较低。这也反映了我国现阶段经济对自主创新能力的反哺效应较强，自主创新能力对区域经济的能动性需进一步加强。

表 5 - 10 "十一五"期间自主创新能力因子 F 得分东中西部分布

东部	因子得分	中部	因子得分	西部	因子得分	
因子得分 大于平均 值区域		北京 1	3.91981			
		上海 2	1.06919			
		天津 3	- 0.31382			
		浙江 4	- 0.39886			
		江苏 5	- 0.62623			
		广东 6	0.27731			
		山东 7	- 0.20365			
		辽宁 8	- 0.38679			
				湖北 9	2.25448	
	福建 10	0.77779				
				四川 11	0.97853	
因子得分 小于平均 值区域					重庆 12	- 0.34181
		吉林 13	- 0.08399			
		安徽 14	- 0.45329			
		湖南 15	0.31441			
		河南 16	- 0.2967			
	河北 17	- 0.05685				
				甘肃 18	- 0.31747	
		黑龙江 19	0.78888			
		山西 20	- 0.61572			
				陕西 21	- 0.57705	
		江西 22	- 0.17148			
	广西 23	- 0.15359				
	海南 24	- 0.72218				
				宁夏 25	- 0.73094	
		内蒙古 26	- 1.02929			
				贵州 27	- 0.43001	
				青海 28	- 0.35748	
				新疆 29	- 0.70535	
				云南 30	- 0.65501	
				西藏 31	- 0.75285	

注：得分为负只说明其自主创新能力低于所有区域平均值。区域名称后面的序号为排名。经线性处理后，东部平均值为 3.379，中部平均值为 1.339，西部平均值为 0.899。线性处理公式为：Fnew = 10 * （Fold - Fmin） / （Fmax - Fmin）。

总之，在开放的科技创新系统中，落后的创新区域仍面临区域自主创新能力的强势差，在良好的自主创新能力滋生环境下，较理想的情况是自主创新能力流的示范效应顺势而西下，在西部较强自主创新能力区域（陕西、四川等的科学发明能力较强，这部分因为，无论从自主创新投入还是自主创新产出，两区域并不比东中部区所含区域差；同时国家基于国防科技创新要求、历史及现状等都对这两区域自主创新投入及科技创新政策倾斜有延续；另外这也是因为科学发明对于科技创新生长环境（经济、体制及扩散等）的要求并不如技术创新和扩散那样敏感。但同时值得注意的是，当落实到区域层面时，以上所涉及创新归于科学创新一类，这一类创新风险高，投入大，转化成生产力的周期也相对较长，因此一般意义而言，这一类创新无论从创新主体还是创新环境都以国家创新系统为主，区域为辅，因此其对区域层面的自主创新能力带动作用有别于我们前面提到的技术创新）带动下，以东部为驱动板块，以区内扩散及区际学习示范为路径，以中部为承引区，以三大地区中具有自主创新能力相对优势的区域作为核心点（增长点），以市场需求带特色发展。发挥自主创新能力有别于其他经济要素的"边际效益非递减"规律，使自主创新能力从东向西进行地区间及区域内的梯度板块和点轴带动，那么从发展的眼光来看，这对于区域自主创新能力整体增长和培养事实上将是有利的。

5.2　基于动态性的区域自主创新能力指标体系变动及分析

　　自主创新能力是科技创新活动适应经济、社会发展的动态能力。自主创新能力兼具个体和集体属性，并具有互动的系统性。系统的构成部分变化会出现牵一发动千钧的效果。这种"蝴蝶效应"是我们在走向科技、经济、社会协调发展时所应注意到的。如果这种演变是积极的，那么从发展的眼光来看，它对于区域自主创新能力整体增长和培养事实上是有利的；而如果演变是消极的，则区域也可能会遇到自主创新能力的停滞不前或后退，从而最终对区域发展产生消极作用，从而有可能加剧全国不平衡发展。

　　改革开放之后，我国科技首先以改革拨款制度、开拓技术市场为核心进行科技运行机制改革，促进科技与经济的结合。自20世纪90年代至今我国科技改革主要分两个阶段：从1990年到2007年，以结构调整和人才分流为中心，加速推进科技与经济一体化发展。这一阶段区域发展的非均衡和市场力量的差异影响了区域科技工作，使其不但在纵向层次上发展差距很大，在横向层次上也表现出明显的不平衡。由于科技资源分布的不平衡和改革成效的不同，不少地方科技工作与区域的经济和社会发展不协调。从 2000 年至今，以加强科技创新和促进科技成果产业化为重点，对科技资源配置和力量布局进行重大调整。这一阶段科技部将区域科技工作的发展提升到国家科技战略这一地位，出台了一系列政策，改革了地方科技管理体制，加强了上下联动和集成。但与此同时，部分区域科技创新资源有限，区域发展存在严重的不平衡，加强区域科技创新工作仍是国家科技工作的战略重点。

基于以上科技创新工作的阶段划分，为了更为清晰地认识自主创新能力的系统动态趋势，并适时对经济和科技创新的发展进行对比分析，对最近三个"五年计划"（"九五"、"十五""十一五"）的区域自主创新能力进行量化比对，以科学认识自主创新能力的特征和培养路径。（确切地说，"九五"期间由于很多区域人均 GNP 并未能达到 2300 美元，因此称其为自主创新能力颇为牵强，但为了动态反映各区域相关时序变动情况，将"九五"也列在其中。其他几个"五年计划"由于数据可得性差，这里不做分析）。

为了进一步系统分析自主创新能力在三个"五年"计划期间的变化，对应于第十一个"五年计划"对第十个及第九个"五年计划"期间的相应数据（两年平均值）进行因子分析，以期获得有价值的自主创新能力因子变化情况。具体来说，对第十个"五年计划"期中的适应计划增长期后的 2003 年及 2004 年的统计年鉴中相关数据先进行平均，以获得其沉淀的相关稳定数据（其中人均绿地面积采用的是 2004 年统计值），再应用 SPSS 的因子分析法进行数据处理。原始数据的取得来源于 2003～2004 年《中国统计年鉴》和《中国科技统计年鉴》或经整理而得。对第九个"五年计划"期中的适应计划增长期后的 1998 年及 1999 年的统计年鉴中相关数据先进行平均以获得其沉淀的相关稳定数据，再应用 SPSS 的因子分析法进行数据处理。原始数据来源于 1998～1999 年《中国统计年鉴》和《中国科技统计年鉴》或经整理而得。（"九五"教育经费及工业增加值率采用的是 1999 年数据）。

5.2.1 "十五"区域自主创新能力分析

5.2.1.1 自主创新产出因子的得分式

表 5 – 11　自主创新产出因子的 KMO and Bartlett's Test

Kaiser – Meyer – Olkin Measure of Sampling Adequacy.		. 656
Bartlett's Test of Sphericity	Approx. Chi – Square	194. 093
	df	6
	Sig.	. 000

由表 5 – 11 可知，构成自主创新资源产出因子 $f1$ 的四个具体指标可进行因子分析。根据因子得分系数和原始变量的观测值可以计算出 $f1$ 的因子得分，其因子得分式为：$f1 = 0.269X111 + 0.264X112 + 0.271X113 + 0.275X114$，方差累积贡献率达到 89.167%，能够非常好地说明自主创新产出因子。

5.2.1.2 自主创新投入因子的得分式

由表 5 – 12 可知，构成自主创新投入因子 $f2$ 的三个具体指标可进行因子分析。根据因子得分系数和原始变量的观测值可以计算出 $f2$ 的因子得分，其因子得分式为：$f2 = 0.358X211 + 0.378X212 + 0.3X213$，方差累积贡献率为87.916%，能够非常好地说明这一因子的状况。

表 5 – 12　自主创新投入因子的 KMO and Bartlett's Test

Kaiser – Meyer – Olkin Measure of Sampling Adequacy.		. 651
Bartlett's Test of Sphericity	Approx. Chi – Square	87. 647
	df	3
	Sig.	. 000

5.2.1.3 自主创新发展环境因子的得分式

自主创新发展环境因子本身是一个复杂的系统，这一因子体现自主创新能力的提升及量化过程中潜在的且无法直接表征的因素。它充分体现组织开发利用有效创新资源的潜力和现状。它由教育创新政策落实因子 $f31$、创新经济一体化因子 $f32$ 和自主创新人居环境因子 $f32$ 构成。而每一项子因子又由各具体指标来体现。

表 5 – 13   教育创新政策落实因子的 KMO and Bartlett's Test

Kaiser – Meyer – Olkin Measure of Sampling Adequacy.		. 668
Bartlett's Test of Sphericity	Approx. Chi – Square	56. 332
	df	3
	Sig.	. 000

教育创新政策落实因子 f31（表 5 – 13）可由大专以上人口数 X311、国家产业化计划项目当年落实金额 X312 及教育经费 X313 组成，由表 5 – 4 可知，三因子通过 KMO and Bartlett's 检验，可进行因子分析。根据因子得分系数和原始变量的观测值可以计算出 f31 的因子得分，其因子得分式为：f31 = 0.364X311 + 0.352X312 + 0.386X313，方差累积贡献率为 82.282%，能够非常好地说明这一因子状况。

表 5 – 14   创新经济一体化因子的 KMO and Bartlett's Test

Kaiser – Meyer – Olkin Measure of Sampling Adequacy.		. 500
Bartlett's Test of Sphericity	Approx. Chi – Square	5. 632
	df	1
	Sig.	. 004

创新经济一体化因子 f32（（表 5 – 14）由人均 GDP X321、工业增加值率 X322 构成，其中工业增加值率是自主创新能力的负向因子。由表 5 – 5 可知，可进行因子分析。根据因子得分系数和原始变量的观测值可以计算出 f32 的因子得分，其因子得分式为：f32 = 0.593X321 + （ – 0.593）X322，方差累积贡献率为 71.172%。能够较好地说明这一因子的状况。

表 5 – 15   自主创新人居环境因子的 KMO and Bartlett's Test

Kaiser – Meyer – Olkin Measure of Sampling Adequacy.		. 500
Bartlett's Test of Sphericity	Approx. Chi – Square	8. 756
	df	1
	Sig.	. 003

自主创新人居环境因子 f33 由人均绿地面积 X331 和工业废水处理排放达标率 X332 构成。由表 5 – 15 可知，可进行因子分析。根据因子得分系数和原始变量的观测值可以计算出 f33 的因子得分，其因子得分式为：f33 = 0.571X331 + 0.571X332，方差累积贡献率为 75.715%，能够较好反映这一因子状况。

表 5 – 16　自主创新发展环境因子的 KMO and Bartlett's Test

Kaiser – Meyer – Olkin Measure of Sampling Adequacy.		.663
Bartlett's Test of Sphericity	Approx. Chi – Square	38.810
	df	3
	Sig.	.000

自主创新发展环境因子 f3 由教育创新政策落实因子 f31、创新经济一体化因子 f32、自主创新人居环境因子 f33 构成。对自主创新发展环境的构成因子进行 KMO 和 Bartlett 检验后可知，三因子可进行因子分析（见表 5 – 16）。将上述三因子进行因子分析，根据因子得分系数和原始变量的观测值可以计算出 f3 的因子得分，其因子得分式为：f3 = 0.35f31 + 0.39f32 + 0.41f33，其中方差累积贡献率为 75.617%，能够较好地说明自主创新发展环境因子的状况。

5.2.1.4　自主创新能力因子得分式

表 5 – 17　自主创新能力因子的 KMO and Bartlett's Test

Kaiser – Meyer – Olkin Measure of Sampling Adequacy.		.597
Bartlett's Test of Sphericity	Approx. Chi – Square	67.556
	df	3
	Sig.	.000

对自主创新产出因子 f1、自主创新投入因子 f2 与自主创新发展环境因子 f3 进行 KMO 和 Bartlett 相关性检验（见表 5 – 17）可知，可进行因子分析。根据因子得分系数和原始变量的观测值可以计算出自主创新能力 f 的因子得分，其因子得分式为：f = 0.4f1 + 0.380f2 + 0.332f3，方差累积贡献率达到 80.130%，可以很好地说明自主创新能力状况。

5.2.1.5 自主创新能力因子得分式现状分析

表 5 - 18　"十五"期间自主创新能力构成要素

目标层	准据层	系数	领域层	系数	具体指标层	系数
自主创新能力 f	自主创新产出 f1	0.400	~	~	技术市场成交合同金额（万元）X111	0.269
					每十万人专利申请授权数（件）X112	0.264
					每十万人平均专利申请受理量（件）X113	0.271
					每十万人平均发表国际科技论文数（篇）X114	0.255
	自主创新投入 f2	0.380	~	~	科技经费筹集额/GDP（%）X211	0.358
					每万人中国有企业事业单位专业技术人员数（人）X212	0.338
					每万人中科技活动人员数（人）X213	0. 37
	自主创新发展环境 f3	0.332	教育创新政策落实 f31	0.35	大专以上人口数（人）X311	0.364
					国家产业化计划项目当年落实金额（万元）X312	0.352
					教育经费（万元）X313	0.386
			创新经济一体化 f32	0.39	人均 GDP（元）X321	0.593
					工业增加值率（%）X322	-0.593
			自主创新人居环境 f33	0.41	人均绿地面积（平方米）X331	0.571
					工业废水处理排放达标率（%）X332	0.571

　　为了进一步寻找"十五"期间自主创新能力区域分布的特征（见表 5 - 18、5 - 19），把自主创新能力得分按我国长期以来划分的经济区域进行东部、中部和西部分类列表（见表 5 - 20）。由此表可见，自主创新能力东中西部的梯度分布与我国经济区域的划分有很大的相似处。其中因子得分大于平均值的

区域均属东部区，东部区中仅有河北、海南和广西在自主创新能力平均值以下。中西部区自主创新能力因子得分均在平均值以下，其中中部区大部分排在西部区前面。总体而言，东部各区域自主创新能力得分远远超出中西部，东部自主创新能力得分平均值是西部自主创新能力得分平均值的二倍强。中西部自主创新能力得分差距较小。

表 5-19　"十五"期间自主创新能力因子得分及各分项得分

省市	自主创新能力因子得分	排名	自主创新产出因子得分	排名	自主创新投入因子得分	排名	自主创新发展环境因子得分	排名
北京	3.43794	1	3.93081	1	4.48162	1	1.86108	1
上海	2.20842	2	2.96083	2	1.68464	2	1.58458	2
广东	1.01009	3	0.8237	3	-0.11747	12	1.4525	4
江苏	0.9589	4	0.20938	7	0.09429	8	1.56705	3
天津	0.95194	5	0.72081	4	1.34092	3	0.65261	7
浙江	0.91867	6	0.52445	5	-0.13315	14	1.44982	5
山东	0.57321	7	-0.06496	8	-0.09949	11	1.11425	6
辽宁	0.49844	8	0.21723	6	0.4421	4	0.55729	8
福建	0.07381	9	-0.10682	10	-0.42531	20	0.40561	9
湖北	-0.00752	10	-0.20399	11	-0.13236	13	0.15905	12
河北	-0.04276	11	-0.42081	18	-0.49648	22	0.39378	10
吉林	-0.07795	12	-0.27842	13	0.29733	6	-0.14975	17
河南	-0.11683	13	-0.42708	19	-0.63436	28	0.33464	11
四川	-0.16391	14	-0.40658	16	-0.36452	19	0.1011	13
陕西	-0.22105	15	-0.30023	15	0.41511	5	-0.4561	21
黑龙江	-0.26152	16	-0.29464	14	0.01972	10	-0.32883	20
湖南	-0.28075	17	-0.26588	12	-0.45715	21	-0.13349	16
安徽	-0.30159	18	-0.47064	22	-0.53591	25	-0.02548	15
海南	-0.38275	19	-0.51422	27	-0.78444	30	-0.02142	14
江西	-0.41128	20	-0.49201	26	-0.57805	26	-0.18998	18
重庆	-0.44196	21	-0.10224	9	-0.49674	23	-0.48677	22
山西	-0.44253	22	-0.48981	25	0.03505	9	-0.56178	23
广西	-0.49363	23	-0.52168	28	-0.5957	27	-0.31364	19
新疆	-0.5099	24	-0.43925	20	-0.19744	15	-0.58948	24
内蒙古	-0.57299	25	-0.47726	23	-0.33636	18	-0.61208	25
宁夏	-0.63498	26	-0.46409	21	0.105	7	-0.95663	28
甘肃	-0.64989	27	-0.48707	24	-0.25285	17	-0.78805	26
青海	-0.77446	28	-0.56415	30	-0.21227	16	-0.99314	29
贵州	-0.84699	29	-0.55925	29	-0.69358	29	-0.87904	27
云南	-0.98553	30	-0.41982	17	-0.5298	24	-1.28351	30
西藏	-2.01066	31	-0.6163	31	-0.84234	31	-2.86421	31

　　注：因子得分为负不意味自主创新能力为负值，只表明该区域自主创新能力得分低于整个样本平均值。

表 5 – 20   "十五"期间自主创新能力因子 f 得分东中西部分布

项目	东部		中部		西部	
	北京 1	3.43794				
	上海 2	2.20842				
	广东 3	1.01009				
	江苏 4	0.9589				
	天津 5	0.95194				
	浙江 6	0.91867				
	山东 7	0.57321				
	辽宁 8	0.49844				
	福建 9	0.07381				
	湖北 10	– 0.00752				
	河北 11	– 0.04276				
			吉林 12	– 0.07795		
			河南 13	– 0.11683		
					四川 14	– 0.16391
因子得分大于平均值区域					陕西 15	– 0.22105
			黑龙江 16	– 0.26152		
			湖南 17	– 0.28075		
			安徽 18	– 0.30159		
	海南 19	– 0.38275				
			江西 20	– 0.41128		
					重庆 21	– 0.44196
			山西 22	– 0.44253		
	广西 23	– 0.49363				
					新疆 24	– 0.5099
			内蒙古 25	– 0.57299		
					宁夏 26	– 0.63498
					甘肃 27	– 0.64989
					青海 28	– 0.77446
					贵州 29	– 0.84699
					云南 30	– 0.98553
					西藏 31	– 2.01066

注：得分为负只说明其自主创新能力低于所有区域平均值。区域名称后面的序号为排名。经线性处理后，东部平均值为 5.18，中部为 3.19，西部为 2.37。线性处理公式为：Fnew = 10 * （Fold – Fmin）/（Fmax – Fmin）数据来源于《中国统计年鉴》和《中国科技统计年鉴》或经整理而得

5.2.2 "九五"区域自主创新能力分析

通过应用 SPSS 软件对各指标进行多层次因子分析解析出的要素示意图（表 5 – 21）可知，"九五"计划期间自主创新能力得分式 $f = 0.417f1 + 0.398f2 + 0.315f3$。将"十一五"与"九五"与"十五"期间自主创新能力因子得分式相比较可见，f1、f2、f3 的因子得分系数发生了一定的变化，"十一五"期间的自主创新产出因子和自主创新投入因子的系数都有所下降，而自主创新发展环境因子的系数有所上升。这种情况的发生与自主创新发展进程的规律密切相关。随着自主创新培养能力的逐步增强，自主创新产出因子和自主创新投入因子将受制于自主创新投入产出报酬递减规律的影响，在自主创新能力构成中的贡献趋于减弱。（自主创新投入因子受人力物力资源的限制，在达到一定投入比率后会处于一个缓慢上升区，而这时的自主创新产出因子也会因之有一个相对饱和区间。）同时，随着我国自主创新政策的不断落实，国家对自主创新重视程度不断提高，自主创新投入因子、自主创新产出因子潜在的利用效率得到了明显提升，可开发利用空间也将减弱，必将会出现这两个因子在自主创新能力培养过程中的重要性不断下降的情况。对于自主创新发展环境因子来说，作为诸多社会系统特征的代表因子，自主创新能力的培养对其依赖程度将越来越大。而自主创新发展环境因子也是自主创新能力异质性的一个潜在原因，这更加显示出自主创新发展环境对区域自主创新能力培养的重要性。

结合表 5 – 9 及表 5 – 22 中我们还会注意到自主创新人居环境因子 F33（f33）得分系数发生了明显的变化，由"九五"期间的负向系数变为"十一五"期间的正向系数，这也是符合科技创新发展规律的。在自主创新能力培养的初期，当区域将对人、物、政策的关注转向对环境的关注时，由于区域资源的匮乏、效率的缓慢、配套政策落实的阻滞、自主创新人员对人居环境关注程度不够等，事实上使自主创新人居环境对自主创新能力所起作用适得其反，出现短时间"假超前效应"，即自主创新发展环境假超前于自主创新能力的发展，因而产生了"九五"期间的负相关。其本质是由于对环境的关注和对科技创新的关注在资金有限情况下会出现非此即彼、不可得兼的情形，但这只会是暂时的现象。应该说，这种超前效应是科技创新发展的必经过程。随着自主创新能力培养这一系统工程全方位的展开，区域综合集成能力的提升，自主创新人居环境便会一跃成为自主创新发展环境因子的重要正向影响因子，这正验证了"十一五"期间自主创新能力因子得分式的变化。

表5-21 "九五"期间自主创新能力 f 构成要素

目标层	准据层	系数	领域层	系数	具体指标层	系数
自主创新能力 f	自主创新产出 f1	0.417	~	~	技术市场成交合同金额（万元）X111	0.26
					每十万人专利申请授权数（件）X112	0.289
					每十万人平均专利申请受理量（件）X113	0.292
					每十万人平均发表国际科技论文数（篇）X114	0.28
	自主创新投入 f2	0.398	~	~	科技经费筹集额/GDP（%）X211	0.363
					每万人中国有企业事业单位专业技术人员数（人）X212	0.334
					每万人中科技活动人员数（人）X213	0.384
	自主创新发展环境 f3	0.315	教育创新政策落实 f31	0.358	大专以上人口数（人）X311	0.378
					国家产业化计划项目当年落实金额（万元）X312	0.347
			创新经济一体化 f32	0.449	教育经费（万元）X313	0.353
					人均 GDP（元）X321	0.619
			自主创新人居环境 f33	-0.436	工业增加值率（%）X322	-0.619
					人均绿地面积（平方米）X331	0.573
					工业废水处理排放达标率（%）X332	0.573

表5−22 "九五"期间自主创新能力因子F得分东中西部分布

项目（95）	东部	因子得分	中部	因子得分	西部	因子得分
因子得分大于平均值区域	北京1	3.28194				
	上海2	2.40181				
	广东3	1.62549				
	江苏4	0.70946				
	辽宁5	0.65576				
	山东6	0.48198				
	浙江7	0.46669				
	天津8	0.45564				
	福建9	0.16536				
	河北10	0.03505				
因子得分小于平均值区域			湖北11	− 0.00132		
			吉林12	− 0.03886		
			黑龙江13	− 0.05171		
			河南14	− 0.07224		
					四川15	− 0.08473
					陕西16	− 0.12252
			湖南17	− 0.15534		
					新疆18	− 0.23372
					云南19	− 0.36344
			安徽20	− 0.37212		
			山西21	− 0.49042		
					青海22	− 0.54265
					甘肃23	− 0.57594
			江西24	− 0.59933		
					重庆25	− 0.65181
	海南26	− 0.69846				
			内蒙古27	− 0.70454		
					宁夏28	− 0.75299
	广西29	− 0.76299				
					贵州30	− 0.99158
					西藏31	− 2.01248

注：得分为负只说明其自主创新能力低于所有区域平均值。区域名称后面的序号为排名。

对"九五"期间自主创新能力因子得分按东部、中部及西部进行排列可得（见表5－22），自主创新能力因子得分高于因子得分平均值的区域仍全部是东部区，中部区大部分排在西部区各区域前面。这一排列与"十五"及"十一五"相似，可见自主创新能力培养过程耗时较长，绝不可能是一个短期就能解决的问题。排在前二位的区域与"十五"和"十一五"期间的完全相同，仍是北京、上海两省份。"九五"计划期间因子得分大于平均值的区域共有13个，而"十五"期间仅为9个，"十一五"期间是11个。"九五"计划期间因子得分小于平均值的区域共有18个，"十五"计划期间为22个，"十一五"期间为20个。河南、陕西、河北在"九五"期间均为因子得分大于平均值区域，但在"十五"、"十一五"期间却成为因子得分小于平均值的区域，这三个区域又都属于中部及西部地区。总体来说，东部地区在三个"五年"计划期间自主创新能力强有力地向前跃升，其内部各区域排名虽有小范围调整，但整体排名向前移动，海南排名幅度向前提升较大。三个"五年"计划期间，中部地区中排名第一位的一直是湖北，但其自主创新能力得分在31个统计区域总体排名中已由原"九五"期间的第八位降为"十五"及"十一五"期间的第九位。西部地区中，"十五"期间四川自主创新能力得分仍排在西部之首，其总体排名略降，由第十位降至第十一位。总之，中西部地区自主创新能力区域总体排名稳中有降，与九五期间相比，除吉林、安徽、重庆、甘肃、宁夏和贵州排名有微升之外，湖北、河南、黑龙江、山西、江西四川、陕西、新疆、青海、云南和西藏等十一区域自主创新能力排名均有所下降，湖南和内蒙古二个区域稳居相对靠后名次。这些现象虽不能说明中西部区自主创新能力绝对能力逐年在下降，但我们可以从中得出结论：中西部区自主创新能力增长的速度落后于全国所有统计区域自主创新能力增长的速度，东部创新先进区域上升的速度明显高于中西部区。由此可见，自主创新能力在"九五"及"十一五"计划期间随着时序变化变得不均衡性明显了。

表 5 – 23 "九五"、"十五"与"十一五"计划期间自主创新能力相关系数

项目		"九五"计划期间自主创新能力得分 F	"十五"计划期间自主创新能力得分 f	"十一五"计划期间自主创新能力得分 f
"九五"计划期间自主创新能力得分 f	Pearson Correlation	1	.968 **	.666 **
	Sig. (2 – tailed)	.	.000	.000
	N	31	31	31
"十五"计划期间自主创新能力得分 f	Pearson Correlation	.968 **	1	.967 **
	Sig. (2 – tailed)	.000	.	.000
	N	31	31	31
"十一五"计划期间自主创新能力得分 f	Pearson Correlation	.666 **	.967 **	1
	Sig. (2 – tailed)	.000	.000	.
	N	31	31	31

** Correlation is significant at the 0.01 level (2 – tailed).

对"十一五"计划期间的自主创新能力与"九五"、"十五"计划期间自主创新能力进行相关性分析可得（见表 5 – 23），其与三个五年计划中的"九五"与"十一五"自主创新能力相关系数较小，而"十五"与其前后两个"五年"计划期间的相关系数均非常显著，相关系数分别为 0.968 和 0.967，说明自主创新能力发展过程中跨越时间的能力及其累积沉淀性的本质和时序的承接性。区域自主创新能力以存量知识和流量能力的方式得以延续，并因之而使各区域自身自主创新能力具有相当大的同质性或关联度，从而使各区域自主创新能力的发展呈现出连续的渐进过程。

5.3 区域自主创新能力差异性分析

5.3.1 基于因子分析法的自主创新能力差距分析

5.3.1.1 基于因子分析法的自主创新投入与产出因子排序及分析

自主创新能力管理不很容易。自主创新能力具有边际搜寻倾向，这使区域倾向于在原有的方案"附近"（即边际）搜寻新的方案。自主创新能力在成长过程中因能力的根植性而具有成长中的路径依赖，区域自主创新能力未来的发展走向受制于其发展的历史，自主创新能力强的区域在这一点上表现得更为明显。因为区域初始自主创新能力一旦形成，区域的成长道路就不再是随机的，它往往沿着某个特定的方向行进，而决定这一方向的基础因素就是区域自主创新能力位势和自主创新能力"发展的路径"（Teece & Pisano & Shuen，1997）。

自主创新投入因子和自主创新产出因子不具有不可仿制性和异质性，所以只可称作普通区位优势。目前，最有可能成为区域自主创新能力沉没成本的就是自主创新投入，因此加强对自主创新投入因子的监控很有必要。从我国科技创新资源投入的执行部门来看，企业已成为科技创新资源投入的主体，但由于企业运行机制的缺陷，其科技创新资源投入的动力不足，能力不强，产出水平不高，加之科技创新活动中大企业与小企业的关系、企业与高校和科研院所的关系及企业与政府的关系尚未理顺，企业主体地位尚缺乏稳健性。科技创新资源投入对经济发展的影响时滞较短，也与企业发展目标的功利性密切相关，表现为企业科技创新资源投入缺乏长远战略，反映在数据模型上就是当期投入对近期经济的影响最大，而对远期产生的影响逐渐减少。科技创新资源投入的区域差异和不平衡性，受国家科技战略的影响，也在一定程度上制约着区域经济的协调发展。科技创新资源投入对目前区域自主创新能力提高有较大的影响，在经济发展现阶段，进一步科学协调地加大科技创新资源投入力度有利于促进自主创新能力的提高。

具体来看（见表 5 - 9），31 个省市中自主创新投入因子排名比自主创新产出因子排名靠前的有：江西、宁夏、青海、甘肃、陕西、云南、贵州、四川、安徽、吉林、山西等 11 个区域。这些区域均属于中西部区，这就是说，中西部区囿于经济发展水平而使创新资源投入能力有限只是其自主创新能力落后的一方面原因，这些区域自主创新资源转化能力差，只重视资源投入而不重视科技创新知识及能力的显性化处理和共享，也势必对自主创新能力的内化造成负面影响。北京、天津、上海、辽宁、江苏、湖北等区域的自主创新资源投入因子与自主创新资源产出因子排名相同，投入产出的均衡能力较强，西藏虽然也各项排名相同但均在最后。其他 13 区域因自主创新资源产出因子排名在自主创新资源投入排名前面，因此均属相对自主创新资源产出因子高效区。

5.3.1.2 基于因子分析法的自主创新发展环境因子排序及分析

1. 区域自主创新发展环境因子的重要意义

虽然自主创新能力兼具个体和集体属性，但个人所具有技能和知识常常从直觉中受益，而且个人能够开发专门知识的情况极具偶发性，因此不是我们研究的重点。集体属性的自主创新能力从个人和小团体的"干中学"开始发展，而不是始于高层管理当局所做的宏伟设计。集体属性的自主创新能力由其社会属性较明显，因此其对区域自主创新发展环境依赖性较强。集体属性的区域自主创新能力常会超出个人和小团体的和，它深植于独特技能、规制和系统及使用的过程和资产以及文化态度和价值观的互动中，文化态度和价值观把特殊领域的能力和卓越的品质定为宝贵的目标（Leonard. Barton. Dorothy，1992）。区域自主创新能力是位于其下的常规过程，它把技能、系统、资产和价值观联系起来，产生可以预测的高水平特殊工作业绩，从而使区域资源有机结合起来造就卓越的优势位势。由此可见自主创新能力并不是自动被开发出来的——尽管构成其主体的个人和小团体可以非正式地开发诀窍，却仍然需要使用更正式的方法来加速学习或引导成形的自主创新能力开发。针对不同区域自主创新能力发展环境对自主创新能力的培养设计不同的成长路径显得尤为重要。

从进化论角度分析，区域是一个如同生命体的系统，其成长中会有不同的初始状况和后天生长环境因素，这正如同形成生命体多样性的原因一样，会有可能形成区域发展的异质性。基于自主创新投入、产出因子所形成的区域自主创新能力在同一国度内基本是同质的。自主创新发展环境因子成为目前区域自主创新能力培养过程中需重点研究的因子，这是因为：

第一，在诸多导致区域异质性的起因中，与物质资源差异的影响相比较，能力生长环境的差异作用更具有决定性。因为，环境的状况决定着区域所能发展的方向及其配置资源的规模，从而最终影响自主创新能力的成长方向和模式。区域自主创新能力具有累积沉淀效应，这种效应有利于增加区域内能力的不断循环和自增强，环境系统性较强的区域自我调节和完善功能较强。即使是由于外部不确定性和知识能力的复杂性所导致自主创新投入和自主创新产出短期的收缩弹性变化，也会由于自主创新发展环境的沉淀和稳定功能，从而总体上不会影响到区域自主创新能力系统的稳定发展。

第二，对于自主创新能力来说，区域的自主创新投入和自主创新产出是同质的，区域的自主创新发展环境是异质的。如不重视通过区域环境系统性的作用有效地整合内部区域资源，就难以保持区域自主创新现有位势，更谈不上提高。也就是说区域内自主创新能力有不断积累的可能性，这并不在于区域内各个行为主体自主创新投入同比例的进步情况，也不在于区域自主创新产出短期的强大，而在于自主创新投入、自主创新产出与自主创新环境磨合协同的能力及三方能否维持长久的融洽关系，保持动态发展中的平衡性。在某种程度上，区域自主创新能力的积累，越来越依赖于区域与环境相匹配的程度，通过区域及环境来吸引增值发展的可能性。所以，今后一个阶段，各区域自主创新能力应该有一个相对稳中有升的环境系统，并随着自主创新发展环境因子在自主创新能力中的贡献度不断加强，努力营造 $1 + 2 > 3$ 的效果。

第三，自主创新发展环境因子可交易性更差或者根本无法进行市场交易，从而使自主创新能力的成长变得更难以触知，也不易度量，因此也使得自主创新能力的不完全流动性加强，从而使其具有更明显的内生倾向和区位经济要素特征。最有价值的自主创新发展环境因子本身又是一个复杂的动态中介过程，同时也因具有很强的社会属性而难以被管理和设计。自主创新能力整体对自主创新发展环境因子依附度有增大趋势也使得量化自主创新发展环境成为分析区域自主创新能力异质的决定因子。

综上，区域自主创新能力异质的根本原因在于区域自主创新发展环境的多样性、秉承性和能动的变异性。当然，自主创新能力异质的原因还有很多，既有先天孕育投入的资源状况和投入产出效果等的作用，也有后天在成长过程中资源投入产出积累、各种能力环境变化差异的影响，可以说是各种因素综合作用的结果。但本研究认为，这种区域的变异性并不完全是自然选择的结果，区域的主观能动性起着更为主要的作用。区域自主创新发展环境异质的程度有大小之分，从而导致区域自主创新活动结果的不同，最终形成区域在经济、科技创新甚至社会服务绩效上的差异。区域应充分发挥能动性来积极参与到自主创新发展环境的培育中，以获取所需的自主创新能力。

2. 基于因子分析法的自主创新发展环境因子排序及分析

为了进一步分析各区域自主创新发展环境的具体位势并因之获得成形的自主创新培养路径，现作以下分析：

由表 5 - 24 可见，对于构成自主创新发展环境因子的教育创新政策因子得分来说，山东、广东、江苏、浙江、北京排在前五位，甘肃、海南、宁夏、青海、西藏位列后五位。对于另一因子自主创新人居环境来说，北京、上海、广东天津、江苏位于前五位，山西、西藏、云南、宁夏、陕西、位于后五位。对创新经济一体化因子而言，北京、广东、江苏上海、天津位于前五位，新疆、山西、宁夏、云南、陕西位于后五位。可见对于所有构成自主创新发展环境因子的子要素来说，排在前五位的区域均是东南沿海省份和城市，经济的发达给这些区域带来教育、环境及对创新政策理解的巨大空间。而排在后五位的区域均是西部区，可见经济发展水平欠佳目前仍是制约落后区域自主创新发展环境因子的主要瓶颈。区域科技创新与经济的这种互相制约又互为发展前提的局面要以一方的突破性进展才会有所改观，否则这种既有自主创新能力发展格局有持续下去的可能。

Christensen 和 Montgomery（1981）指出，差的绩效是系统动态地进入和退出行为的主要动力，这一基本判断与以前战略领域研究的发现是一致的。差的系统或组织倾向于拥有相对较大的压力去从事组织搜寻与选择活动，而搜寻和选择的方向决定于区域应用其现有能力基础的可能性。区域更可能采纳一个要求与区域自主创新能力基础相吻合的培养路径。一个区域更可能剥离出一个能力要求与区域能力基础不同的项目。从此意义上说，自主创新发展环境落后区域目前首当其冲的问题是寻找科技创新与经济发展"死循环"这样怪圈的突破口，即积极寻找路径冲破这一循环，并开始新一轮有益的尝试。寻根究底，加强经济社会对自主创新能力认同和支撑的力度，从而逐步改变自主创新发展环境不失为一个优良路径。对于自主创新发展环境先进区域而言，应用经济、科技创新、社会的有效良性循环，加大科技创新政策引导力度，进一步协同自主创新发展环境，以此有效挖掘自主创新资源潜力。

表5－24　"十一五"自主创新发展环境因子得分系数表

省市	教育创新政策落实 F31	排名	自主创新人居环境 F32	排名	创新经济一体化 F33	排名	自主创新发展环境因子 F3	排名
北京	0.89111	5	2.79086	1	2.84703	1	1.94838	1
天津	−0.63745	24	0.89924	4	1.00912	5	−0.30966	18
河北	0.26195	10	−0.00017	16	−0.01539	17	1.46773	5
山西	−0.40769	17	−0.92583	27	−1.07763	28	−1.05777	27
内蒙古	−0.50147	20	−0.2718	21	−0.48543	24	0.02801	14
辽宁	0.50802	7	0.73086	6	0.73845	6	−0.64583	22
吉林	−0.42537	18	−0.09089	18	−0.19613	20	0.06653	13
黑龙江	−0.01603	13	0.10517	14	0.01959	14	−0.06193	16
上海	0.4951	8	2.10347	2	1.10759	4	0.70638	7
江苏	2.19313	3	0.76924	5	1.43657	3	−0.64998	23
浙江	1.55376	4	0.55398	8	0.61895	7	−0.89158	25
安徽	−0.0481	14	−0.39815	23	0.02571	13	0.00445	15
福建	−0.29486	16	0.21489	9	0.18513	9	1.80065	2
江西	−0.51729	21	0.07695	15	0.04995	11	0.27325	12
山东	2.33385	1	0.61821	7	0.44439	8	0.64053	8
河南	0.55405	6	0.1286	13	−0.00847	16	1.46824	4
湖北	0.32936	9	0.19572	11	0.00315	15	−0.15644	17
湖南	0.17822	12	−0.24518	19	−0.23779	21	1.35396	6
广东	2.29017	2	1.03885	3	1.51299	2	0.42211	9
广西	−0.46009	19	−0.46092	24	0.03252	12	1.51643	3
海南	−1.18379	28	0.21261	10	0.07317	10	−0.3145	19
重庆	−0.66078	25	0.13451	12	−0.01718	18	0.34562	11
四川	0.26189	11	−0.06927	17	−0.02461	19	0.41639	10
贵州	−0.78443	26	−0.64677	26	−0.34445	23	−0.80424	24
云南	−0.53624	22	−1.11804	29	−1.25299	30	−0.49335	20
西藏	−1.35816	31	−0.36046	22	−0.28987	22	−1.26718	30
陕西	−0.18571	15	−2.70556	31	−2.79745	31	−1.04493	26
甘肃	−0.80238	27	−0.25044	20	−0.50159	25	−0.54865	21
青海	−1.24725	30	−0.60434	25	−0.76458	26	−1.20097	29
宁夏	−1.22261	29	−1.35381	30	−1.12596	29	−1.83442	31
新疆	−0.56093	23	−1.07152	28	−0.96481	27	−1.17724	28

总体而言，理想的过程是，区域自主创新能力在培养过程中各子向量的协同并进开发会起到更好的作用。但现实中自主创新能力各向量可能会以不同的速度在各区域被开发，在这一过程中一些子因子的开发滞后于另一些子因子，从而会形成自主创新能力培养中的瓶颈。自主创新能力开发中最有可能发生的就是在同一时点上能力子因子之间领先和滞后的动态变动过程，这时应注意保存那些领先的子因子能力，并保证在后续过程中对其能够激活，以便同其他能力向量进行一体化。否则这些瓶颈向量的开发又会依次产生其他一些瓶颈，从而影响自主创新能力整体培养速度。

同时，国家范围内区域的关系不同于企业竞争关系，表现为合作大于竞争。区域的优势决定于区域内外两方面的作用。因此就一个国家而言，原则上应整体保持区域内部资源与环境、外部资源与环境之间的平衡性。但实际情况经常是，对于存在于区域外部的一定机会和不利因素，区域内部资源与环境匹配水平的过低而与需求不适应时，常常将会引致不利的结果；而当区域内部资源与能力水平过高且与外部环境不适应时，又会形成较大程度的超额投入，影响区域短期利益。基于国家范围内区域科技创新发展的目的（也就是说国家、区域与企业在科技创新发展方向上的不同，区域应更多地关注整体及长远利益），本研究认为，区域在处理内部自主创新能力与区域外部环境及机遇关系时，在无法取得理想中的平衡发展的情况下，以区域内部自主创新能力先行发展等待外部机遇为最佳路径。

5.3.2 基于锡尔指标法的自主创新能力差距分析

自主创新能力建设虽然并不与区域边界的大小成正比，但是区域内有效的资源却与边界的大小成正比。一体化不仅带来了科技资本、科技设备的低成本跨区域流动，而且也使区域间的科技创新人力资源加速流动，从而使科技知识扩散比任何时候都更加容易，也更有利于自主创新能力的大区域兼容，这时所需要的是如何把资源提炼为能力。这种情况下通过区域努力把自主创新能力做大的可能性很大。现应用跨区域理论对可能及现实已有雏形的自主创新能力跨区域形成的可能性及现状作分析。

改革开放后随着经济发展战略的调整，国家建设重点逐步由内地转向沿海地区。沿海与内地的关系也随之发生了转变，由此产生了东中西的区域划分方法。然而随着区域经济的发展以及区域间经济、科技创新合作的不断加强，先前的划分方法不足以适应我国经济与科技创新的发展趋势和本研究的需要。为了进一步分解自主创新能力区域差距形成的原因，以便为不同区域自主创新能力成长路径提供理论依据，现依据地域及人为科技创新政策对区域分布规律的影响，同时考虑现有统计口径，拟采纳当前学术界较为流行的 7 大地带①划分方法，在进行区域自主创新能力考评中将我国大陆地区（不包括台湾、香港和澳门）划分为：东北地带（辽宁、吉林、黑龙江）；环渤海地带（北京、天津、河北、山东）；长三角地带（上海、江苏、浙江）；东南地带（广东、福建、海南）；中部地带（湖北、湖南、江西、河南、山西、安徽）；大西南地带（广西、四川、云南、贵州、西藏、重庆）；大西北地带（内蒙古、陕西、甘肃、青海、新疆、宁夏）。其中环渤海地带和长三角地带涵盖了自主创新能力北京和上海及自主创新能力三类示范区的大部分。而中部地带、大西南地带和大西北地带及东北地带所含区域基本在自主创新能力追赶区范畴之内。考虑这一传统科技地带划分方法对自主创新能力区域划分的适用性与否，现对其作方差分析（见表 5 - 25）。

方差分析表明，就七大地带而言，人均专利的地带间差距并不明显，说明目前这一科技地带的划分方法适用于我们对区域自主创新能力的研究。

进一步对自主创新能力区域差距加以分析可知，就研发经费与 GDP 比重这一指标来看，各地带内区域间差距较大。研发经费占 GDP 比重地带内差距对总差距的贡献达 70%，也就是说，相对自主创新产出能力来说，自主创新的投入——研发经费呈现出更为明显的地带内省域差异。同时，由表中可知，研究机构、企业和大学的研发经费占 GDP 比重地带内差距占总差距的比重分别是 83%、56% 和 78%。经查，同期 82.3% 的研究机构研发经费和 54.9% 的大学研发经费均来源于政府，这说明属于同一地带的各省级政府对自主创新投入的认同及支持程度也有会较大差异。

为了进一步分析构成自主创新能力的三个因子对自主创新能力差距的贡献，可用锡尔指标法以自主创新投入因子得分、自主创新产出因子得分和自主创新发展环境因子得分为参照系，分别进行自主创新能力因子得分区域总差距的分解。

锡尔（Theil. H.）从信息量和熵的概念出发考察个体之间的差异性（熵是信息量的期望值，即期望信息量）。个体之间越是接近，则熵越大。当所有

---

① 为了避免与本研究中特定的区域概念及国家对全国进行的东中西部的域际划分涵义相混淆，这里对所划分域际称为地带。

个体一致时，熵达到最大值。用熵所能达到的最大值减去熵的实际值即锡尔指标。所以个体之间越是接近，锡尔指标的值越小；锡尔指标越大，则表明个体差异越大。也就是当自主创新能力按照自主创新投入因子、自主创新产出因子和自主创新发展环境因子的分布特点在 31 个区域分布时，Theil 值为 0，即区域之间是无差异的。而当自主创新能力出现被某一区域独占时，Theil 值达到其上限。

表 5 - 25　七大地带的自主创新投入与产出方差分析

	地带间差距平方和	地带内差距平方和	总差距平方和	F 比
人均 GDP	2377234414.087	1218402564.420	3595636978.5	7.804 *
人均专利数	507515.352	450244.725	957760.076	4.509 *
R&D 经费占 GDP 比重	92268.819	212968.332	305237.151	1.733
研究机构 R&D 经费占 GDP 比重	13201.062	65962.138	79163.2	.801
企业 R&D 经费占 GDP 比重	11491.448	14258.483	25749.932	3.224
大学 R&D 经费占 GDP 比重	894.831	3154.543	4049.374	1.135

*在显著水平 5% 下地带间差距对平均值影响明显。数据来源：《中国科技统计年鉴》经整理所得

锡尔指标可以用来衡量区域自主创新能力差距，而且根据各个区域所属的地带，可以将这种差距分解为地带内差距和地带间差距。锡尔指标和其他衡量差异性的指标相比，有两个特点：1. 锡尔指标测度出的整体差异可以分解为组间差异和组内差异两部分。利用锡尔指标这个特殊的功能，可以比较自主创新能力各分项的地带内差距和地带间差距对整体差距所做的贡献。2. 锡尔指标涉及对数运算，允许选择不同的正数作底，从而可能相差某个常数，所以这一指标只具有相对意义。

锡尔指标（U）计算公式如下：

$$u_n = (w_n/w_t) * \sum (w_i/w_n) \log (w_i * p_n/w_n * p_i)$$
$$(n = 1, 2, 3\cdots\cdots7; i = 1, 2\cdots\cdots,)① （公式 5 - 1）$$

---

①　为了更清晰地得出区域自主创新能力的差异，在计算中应用的公式是：$u = w_n * \sum (w_i/w_n)$ $\log 10 * (w_i * p_n/w_n * p_i)$，$u_n = (w_n/w_t) * \log 10 * (w_n/p_n)$ $(n = 1, 2, 3\cdots.7; I = 1, 2\cdots\cdots,)$，

$$u'_n = (w_n/w_t) * \log (w_n/p_n) \quad (n = 1, 2, 3, \cdots\cdots 7; i = 1, 2 \cdots\cdots 31,)$$
（公式 5 – 2）

公式 5 – 1 中的 Un 为地带内差异的锡尔指标，其中 p 分别取自主创新投入因子得分、自主创新产出因子得分和自主创新发展环境因子得分，w 为自主创新能力因子得分，i 为各科技地带内具体区域，n 为所划分的七大科技地带，因此这里分别取 n = 1，2……7，Wt 为所有区域自主创新能力的因子得分总和。公式 5 – 2 中的 U'n 为地带间差异的锡尔指标。这里取自然对数，分别以自主创新能力构成子因子——自主创新投入因子、自主创新产出因子和自主创新发展环境因子为基准，对自主创新能力差距进行贡献分析，以期获得自主创新能力差距的原因并得出各区域自主创新能力的不同成长路径。

首先对区域自主创新能力及其构成因子——自主创新投入因子、自主创新产出因子和自主创新发展环境因子的因子得分分别进行线性变换，其应用公式为：$F_{new} = 10 * (F_{old} - F_{min}) / (F_{max} - F_{min})$，其中 F_{new} 为所求的处理后的线性变换数据结果；F_{old}、F_{min}、F_{max} 分别为原数据、原数据集合中的最小值和最大值。这样变换后可既保持原有数据的有序性，又能进一步对其进行锡尔指标的计算和分析。这里以自主创新能力（F_{capa}）为效益指标，分别从自主创新投入因子（F_{input}）、自主创新产出因子（F_{Output}）和自主创新发展环境因子（$F_{environment}$）等不同角度对自主创新能力整体分布及区域差距进行量化分析。即令 $W = F_{capa}$，分别令 $P = F_{Input}$、$P = F_{Output}$、$P = F_{Environment}$，应用公式 5 – 1、5 – 2 进行基于自主创新投入因子、自主创新产出因子和自主创新发展环境因子的锡尔指标的计算。

5.3.2.1 基于区域自主创新产出因子的差距分析

锡尔指标计算结果显示，在其他因子保持不变的情况下，从基于自主创新产出因子（FOutput）的自主创新能力区域分布来看，自主创新能力地带内差距大于地带间差距（见表 5 – 26），且差距较大。具体而言，环渤海地带、长三角地带、大西北地带这三大地带区域自主创新能力地带内差距较大，特别是环渤海地带内差距非常大，这也符合目前实际发展情况。前两个区域作为自主创新能力极化区、次极化区和示范区，相对于其他地区而言，无疑这两区的自主创新能力培养和形成是全国开创性的，有很多值得借鉴的经验。但对地带内的省市如北京、天津、河北、山东、上海、江苏、浙江等区域等来说，应利用地缘优势加强区域内各省市自身的自主创新资源产出成果转化为自主创新能力的经验交流和沟通，提升自主创新产出有效转化为自主创新能力的效率。自主创新能力本身的动态性和流量特征也要求各区域不断根据自身所处不同自主创新能力位势采用不同的对策和路径来增强自身的自主创新能力。

其余地带呈现自主创新能力地带间差距大于地带内差距的倾向，说明这些区域整体科技创新资源产出转化为自主创新能力的绩效存在地带性策略问题。这些地带包括了湖南、湖北、江西、河南、山西、安徽、广西、四川、云南、贵州、云南、西藏、重庆等省市，全部属于中西部区，可以看出自主创新产出因子的地带间差距阻碍了这些区域自主创新能力的培养。结合自主创新能力整体排名情况可以看出，这些区域不仅面临调整区域科技创新发展战略、提高培养自主创新能力的认识及加强政策衔接力度的课题，同时其自主创新产出因子得分也并不理想，因此也应增强各自区域自主创新产出力度的工作，在采取更为开放的政策、借鉴区域外自主创新能力培养的先进示范经验和成形模式的同时，积极采纳鼓励自主创新产出的举措，为地带内自主创新能力的整体提升做好基础性工作。

表 5 – 26　基于自主创新产出因子（FOutput）的自主创新能力地带域差距分解

项目	环渤海	东北	长三角	东南	中部	大西南	大西北	合计
地带内	0.2114	0.0049	0.0831	0.0249	0.0229	0.02	0.0421	0.4093
地带间	0.0025	0.0201	0.0395	0.0255	0.0612	0.033	0.0241	0.2059
合计	0.2139	0.025	0.1226	0.0504	0.0841	0.053	0.0662	0.6152

5.3.2.2 基于区域自主创新投入的差距分析

表 5 – 27　基于自主创新投入因子（FInput）的自主创新能力地带差距分解

项目	环渤海	东北	长三角	东南	中部	大西南	大西北	合计
地带内	0.0311	0.004	0.036	0.0102	0.017	0.0084	0.0161	0.1228
地带间	0.0017	0.0048	0.017	0.028	0.0076	0.0042	0.0133	0.0766
合计	0.0328	0.0088	0.053	0.0382	0.0246	0.0126	0.0294	0.1994

在其他两项自主创新能力构成因子保持不变的情况下，从基于自主创新投入因子的自主创新能力分布来看（见表 5 – 27），整体上地带内差距大于地带间差距，但差距不大。说明在自主创新投入因子转化为自主创新能力的过程中，国家应更多关注各科技地带内自主创新投入的自主创新能力转化问题。具体来看，环渤海地带、长三角地带、中部地带、大西南地带、大西北地带的基

于自主创新投入因子所产生的地带内自主创新能力差距较大，虽然自主创新投入处于受政策及区域经济发展强势引导力度的阶段，但从自主创新投入因子转化为自主创新能力的现状观察，这些地带内各省市的自主创新能力游离于自主创新投入因子，离心力很大。因此这三个地带内的北京、天津、河北、山东、上海、江苏、浙江、湖北、湖南、江西、河南、山西、安徽、广西、四川、云南、贵州、西藏、重庆、内蒙古、陕西、甘肃、青海、新疆、宁夏等省市应增强地带内互相学习和与先进示范区域的经验交流，利用地域接近所产生的学习和能力提升的便捷性，培育更为有效的自主创新投入能力向区域自主创新能力转化的机制。其他地带的自主创新能力地带间差距较大，自主创新投入因子转化为自主创新能力是区域间学习沟通的重要课题。结合现状而言，整体自主创新投入水平仍受制于梯度分布的经济发展水平，也就是说，中国地域广大，较长时间以来普遍存在的区域经济发展的不均衡及东高西低的梯度经济分布对自主创新能力的区域影响在此略见一斑。自主创新投入因子作为最直接作用于自主创新能力的因子是有效改观差区域自主创新能力位势的切入点，经济对科技的物质支持力度会影响到长期自主创新能力的发展趋势和水平。

5.3.2.3 基于区域自主创新发展环境因子的差距分析

在其他因子保持不变的情况下，从基于自主创新发展环境因子的自主创新能力分布来看（表5-28），地带内差距大于地带间差距。自主创新发展环境有别于自主创新投入因子和自主创新产出因子，它具有异质发展的倾向。由于其所具有的根植性、难以流动性，才使得自主创新能力具有突出的区位经济要素特征，也最终形成了自主创新能力的区域性。因此可以说，基于自主创新投入因子和自主创新产出因子的自主创新能力是单纯易变的，也是较容易为人们所控制的，但由于有了自主创新技发展环境这一自主创新能力生长的沃土，使得自主创新能力的培养和成长有可能在一定时期游离于人为控制的界域，也使得自主创新能力同时具有了稳态和动态的均衡。并使其在成长的过程中缺少了短期的可操控性。自主创新发展环境因子区域间分布的不平衡性也是符合我国现阶段实情的。增强各区域间自主创新发展环境的协同发展，是今后区域科技工作的重点。

具体来看，基于自主创新发展环境的自主创新能力地带内差距均大于地带间差距的区域包括大西南地带、长三角地带和大西北地带。其余区域地带间差距较大。参照上一章自主创新发展环境因子得分可见，地带间差距较大的地带各省份区域自主创新发展环境因子得分都偏高，而其他地带中各省份区域因子得分均较低。基于自主创新发展环境因子的自主创新能力地带内差距小说明这些地带内自主创新发展环境与自主创新能力拟合较好。这事实上已使自主创新发展环境各区域分布呈现明显不均衡，加之这三地带自主创新发展环境地带间差距大，一种极为可能的情况即强者更强，几地带自主创新发展环境强势转化为自主创新能力倾向，将更大地拉开先进与追赶区域自主创新能力的差距。另一方面，其他地带的自主创新能力地带内自主创新能力差距大于地带间差距，也说明虽是同一科技地带，抛开地域的接近性、政策的相似性等因素，自主创新发展环境由于历史、人文等原因具有了明显的异质社会属性，从而作用于自主创新能力时会产生不同绩效。东南地带、中部地带、大西南地带及大西北地带这四个地带的自主创新发展环境在整体区域比选较落后的情况下，地带内差距大于地带间差距的现象值得我们更好地关注，以便不仅改善其地带内自主创新的发展环境因子的状况，还要与发达地带跟进，以解决自主创新能力发展过程中有可能产生的异质发展倾向问题。

　　自主创新发展环境因子具有异质性倾向，这种异质性使得区域自主创新能力增长的路径将有所不同。自主创新能力基于自主创新发展环境而出现的地带间差距是客观存在的，并事实上大于地带内差距，从而最终使各区域间存在非均衡、动态的自主创新能力分布成为必然。从发展的眼光看，处于自主创新能力高位势的区域在市场完全有效的情况下，将获得更高的要素报酬，从而自主创新能力优势地带及区域将获得更好的发展机会。就此而言，这个系统运行是符合公正原则的。换个角度看，高位势区域和低位势区域只是时间的相对概念，因为从系统动力学理论来说，有势能差的非平衡系统是动态发展的系统。重要的不是同质或异质现状，而是地带间、地区间及区域间的自主创新能力是否能够互补耦合。因此我们应更多地关注其发展的方向，那种"高势高差"固然有异质扩散的可能性及势差传递中的弱化及理想中的均衡，但控制系统能力性的增强并对自主创新能力追赶区域的提携，以免造成"异质沟通"事实上的"扭曲和误解"（Everett M. rogers）显得尤为重要，也就是说，应通过区域有目的主观干预避免自主创新能力扩散和增强过程中差区域选择、接受、消化及吸收能力弱的问题。这为我国目前的自主创新追赶区向自主创新示范区和极化区靠拢提供了理论依据，当然在这一靠拢的过程中路径的选择是非常关键的。

表5-28 基于自主创新发展环境因子（FEnvironment）的自主创新能力地带域差距分解表

项目	环渤海	东北	长三角	东南	中部	大西南	大西北	总计
地带内	0.0299	0.0008	0.0493	0.0045	0.0089	0.0063	0.0358	0.1355
地带间	0.057	0.0014	0.0239	0.0079	0.0092	0.0043	0.0081	0.1118
合计	0.0869	0.0022	0.0732	0.0124	0.0181	0.0106	0.0439	0.2473

综上，自主创新能力区域差距的形成落实到各个区域有各自不同的原因，因此相应也会有了各自不同的成长路径。整体来看，这七个科技地带的划分及其锡尔指标的计算结果是符合客观实际情况的。就目前而言，自主创新产出因子、自主创新投入因子和自主创新发展环境因子对自主创新能力差距的贡献依次递减（见图5-1）。

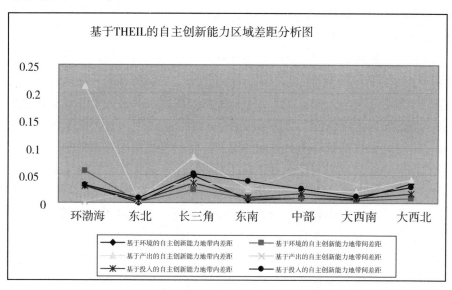

图5-1 区域自主创新能力分项差距

5.4 区域自主创新能力成长路径分析

5.4.1 区域自主创新能力成长路径的选择原则

区域自主创新能力成长路径选择应遵循以下原则：（1）以区域整体社会发展战略为指导原则。区域整体社会发展战略是区域根据其外部环境和自身条件，为求得区域持续协调发展，对区域发展目标的实现途径和手段的总体谋划，它是区域整体发展战略思想的集中体现，区域自主创新能力的培养活动是区域整体社会发展战略的重要组成部分，对区域的发展有着重要的意义。区域自主创新能力是实现区域战略目标的重要手段，区域自主创新成长路径的选择必须始终符合区域发展战略的要求，这就是区域自主创新模式选择以战略为指导的原则。（2）指导辅助区域产业发展原则。区域产业结构协调有序调整包括对区域产业结构"趋同化"的避免，这其中各区域自主创新能力的差异将成为区域产业结构差异化发展的准据。差异是区域赢得竞争性协调发展的重要因素。（3）复合原则。自主创新能力培养路径的选择应当立足实际，量力而行，要考虑模式运作的主、客观条件是否具备，根据产业发展的不同阶段选取相异的创新模式，以一种模式的优点冲抵另一种模式的缺点，最终形成最佳的模式组合。因此，区域里各主体应当从实际情况出发，为不同的生产过程，不同的技术方向选择各自合适的创新模式。就区域整体而言，也就是选择多种创新模式的复合模式。复合原则有利于区域充分利用已有的资源，获得各种创新模式所带来的优势，加速区域创新速度，有效实现发展战略目标。（4）动态原则。区域的内外部环境不是一成不变的。区域也经常随着内外部环境的变化调整自己的发展战略。因此区域自主创新的模式也不应该是一成不变的。区域应当注意分析自己内外部环境的变化，以及自身发展战略的变化，依据现时的情况及时地调整自己的创新模式选择，使自主创新活动能够始终符合区域的内外部环境，能有效地为区域的发展战略服务。（5）预期效益最大原则。创新活动能给创新主体带来利润，但同时创新过程中不确定性因素比较多，创新活动存在着风险。不同的自主创新模式能给创新主体带来不同的预期利润，同时带来程度不同的风险。创新的利润和风险之间存在着正相关关系，即创新所能带来的预期利润越高，创新的风险也就越大。区域应当依据预期效益最大的原则来为自己选择恰当的自主创新模式，即要注意提高创新的成功可能性，也要使创新活动能切实给区域带来发展，避免浪费区域发展机遇。

5.4.2 区域自主创新能力成长路径

基于企业理性经济人假设，完善的自主创新体系将不再更多关注主体创新能动性的培养，而将注意力放在自主创新能力与其环境建设的适配性上，从而保证创新主体"试错"积极性及创新资源配置的合理性。

综合来看，由于各地带形成区域自主创新能力现有位势的因子构成各不相同，会有不同的能力成长路径。对于环渤海地带、长三角地带，东南地带，自主创新资源产出因子对自主创新能力差距所做贡献最大；对于东北地带、大西北地带而言，自主创新投入因子对自主创新能力差距所做贡献最大；就中部地带和大西南地带来说，自主创新发展环境因子对自主创新能力差距做出贡献最大（见图5-2）。

结合自主创新能力实际位势可见，产出对自主创新能力区域差距影响最大。环渤海地带、长三角地带及大西北地带等自主创新能力现有位势较高的区域，投入对其自主创新能力区域差距影响最小。因此如想整体上保持这一自主创新能力较高的位势，应继续以产出因子优势带动自主创新能力的成长，并辅以改善自主创新投入因子和自主创新发展环境因子，以形成引领我国经济长足发展的先行梯队。其他地带总体来看自主创新投入因子、自主创新产出因子及自主创新发展环境因子对自主创新能力差距所做贡献大体相当，这些区域由于均处于自主创新追赶区及落后区，因此应结合现有实际情况对自主创新投入因子、自主创新产出因子和科技发展环境因子增强关注力度，特别是对有可能产生区域自主创新能力成长异质的自主创新发展环境因子而言，有效地引导将促进自主创新能力健康成长。具体来说，应加大自主创新的政府政策引导力度，提高自主创新投入水平，增加自主创新产出效率，同时辅以自主创新发展环境的良性调整，并借助自主创新能力扩散过程中的地域接近优势，使环渤海地带、长三角地带及东南地带等自主创新能力一类及二类极化区及三类示范区自主创新能力培养模式在接近区域中形成稳定规范的示范机制，以进一步促进自主创新能力整体协同发展，避免区域差距扩大所导致的"木桶效应"对区域乃至中国社会、经济产生负面影响。

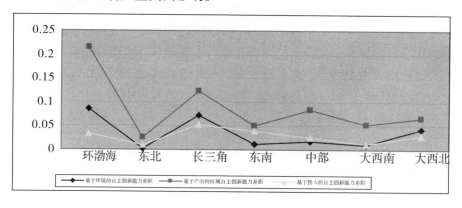

图5-2　区域自主创新能力总体差距

综合来看，各地带由于所处位势不同可采取不同的促进自主创新能力成长的路径。

从提高自主创新投入角度来看，我们注意到，政府的科技投入资金虽然在我国现有阶段起着重要作用。但创新的本质决定它必须充分依靠市场的力量。由于现代经济体中金融资本与创新主体常常被分割开来，因此真正长期和可持续的自主创新能力需要一整套市场机制做保证，其中金融发展是区域自主创新能力建设的重要支撑，也是增强区域创新自主性的手段。

从提高自主创新产出及发展环境角度来看，自主创新是一个周期长、不确定性高的过程。这一过程中产业化实现是关系到创新主体能否回收前期投资并实现预期收益的关键。创新产出本身的不确定性促成自主创新能力内化，但内化到企业的自主创新能力建设有其必然的局限性。这是因为：首先，企业虽是创新主体，但内化到单个企业的能力会由于企业的排异反应而影响其原应有的产出效果。其次，企业在创新中的短视和功利行为也会延滞创新的扩散，损害社会整体效率。第三，创新的系统性及现代创新对多主体的协同需要要求决策集中，创新产出的市场认同性也要求创新需求与创新供给源的统筹，而现代社会化大生产不断的分散，多数企业作为自主创新载体在这一点上显然有其局限性。由此可见，通过内部化的区域自主创新能力平台建设，企业可以在新环境下获得原有技术创新的使用经验，并与区域多主体 R&D 结合，从而进一步积累自主创新能力，形成企业与区域自主创新能力的良性互动。这要求区域自主创新能力建设与区域结构调整的协同，也要求区域整体建设过程中的知识共享平台的建设，以从根本上解决创新的不确定性及进行有效风险管理。

同时，自主创新能力的刚性和抗性将会阻碍能力的突破应用，因为符合它的经验较少，难以激励高级程序的应用。它将会使自身锁定于使新技术及核心能力发展受阻的前进过程中。因此，在整个自主创新能力形成的过程中，行为主体均需要通过学习从对方身上获得自身发展所需要的互补性的资源（知识、信息或服务等），进一步提高自身的自主创新能力。学习活动是自主创新能力增强的过程和克服能力刚性和抗性的手段。这同时也说明，在强调区域创新自主性的前提下，还要将区域创新与国家创新体系结合起来，加强创新体系内部的协调建设。同时在强调创新的自主性同时，也要关注世界范围内创新领域的发展变化规律，这样才能避免单一国家创新体系变成技术上的"孤岛"。

5.5　本章小结

本章是本书的重要章节。作为一个区域来说，应当经常进行区域发展战略的研究和优势分析，最少 5 年进行一次，以期对本区域保持经常性的正确估计。本章假定自主创新能力的培养时段与我国"五年计划"相吻合，运用多层次因子分析方法以科学确定区域自主创新能力的指标体系，从而得出区域自主创新能力的梯度分布现状。认识和培养区域自主创新能力是保持区域经济优势和活力，防止区位经济要素与现代产业相脱离的重要手段。基于以上认识，构建作为区位经济要素之一的区域自主创新能力评价指标体系，对于进一步认识其成长路径及量化分析其对区域经济发展所起的作用是必要的。同时因为自主创新发展环境因子对自主创新能力异质发展起着关键作用，先对自主创新发展环境各构成子因子的区域分布差异进行了系统分析。然后为了进一步分析自主创新能力区域内差异和区域间差异，对各区域进行基于科技七大区域的锡尔指标分解并得出结论。本章所得出的重要结论有：

1. 对"十一五"期间 31 个区域进行基于因子分析结果的聚类；北京、上海分为一类区域和二类区域，这二区域属于自主创新能力极化及次极化区域；天津、辽宁、江苏、浙江、山东和广东为三类区域，三类区域属自主创新能力示范区，其余区域属于四类区域，即自主创新能力追赶区。

"十一五"期间，自主创新能力东中西部的梯度分布与我国经济区域的划分有很大的相似处。其中有十一省区因子得分大于平均值。这些区域大部分属东部区，与"十五"及"九五"相比，中部区的湖北、四川得分跃升到大于平均值区，东部区中仅有河北、海南、广西在自主创新能力平均值以下。中西部区自主创新能力因子得分均在平均值以下，湖北是中部地区排名较靠前区域。四川和重庆自主创新能力得分排在西部前列。其中中部区大部分排在西部区前面。"十五"期间，自主创新能力东中西部的梯度分布与我国经济区域的划分也很相似。其中因子得分大于平均值的区域均属东部区，东部区中仅有河北、海南和广西在自主创新能力平均值以下。中西部区自主创新能力因子得分均在平均值以下，其中中部区大部分排在西部区前面。总体而言，东部各区域自主创新能力得分远远超出中西部，东部自主创新能力得分平均值是西部自主创新能力得分平均值的二倍强。中西部自主创新能力得分差距较小。"九五"期间，自主创新能力因子得分高于因子得分平均值的区域仍全部是东部区，中部区大部分排在西部区各区域前面。这一排列与"十五"及"十一五"相似，可见自主创新能力培养过程耗时较长，决不可能是一个短期就能解决的问题。

2. "九五"自主创新能力是"十五"和"十一五"自主创新能力的初始值，对"九五"期间自主创新能力进行量化，并与"十五"、"十一五"期间自主创新能力进行比对，从而进一步验证了区域自主创新能力发展过程中跨越时间的能力及其累积沉淀性的本质和时序的承接性。区域自主创新能力以存量知识和流量能力的方式得以延续，并因之而使各区域自身自主创新能力具有相当大的同质性或关联度，从而使各区域自主创新能力的发展呈现出渐进过程。区域在处理内部自主创新能力与区域外部环境及机遇关系时，在无法取得理想中的平衡发展的情况下，应以区域内部自主创新能力先行发展等待外部机遇为最佳路径。

3. 用锡尔指标法以自主创新投入因子得分、自主创新产出因子得分和自主创新发展环境因子得分为参照系，分别进行自主创新能力因子得分区域总差距的分解。所得结论如下：

①从基于自主创新产出因子的自主创新能力区域分布来看，自主创新能力地带内差距大于地带间差距且差距较大。对于自主创新产出因子来说，应强化科技创新成果向自主创新能力转化成功模式地带内的沟通。

②从基于自主创新投入因子的自主创新能力分布来看，整体上地带内差距大于地带间差距，但差距不大。说明在自主创新投入因子转化为自主创新能力的过程中，国家应更多关注各科技地带内自主创新投入的自主创新能力转化问题

③从基于自主创新发展环境因子的自主创新能力分布来看，地带内差距大于地带间差距。自主创新发展环境有别于自主创新投入因子和自主创新产出因子，它具有异质发展的倾向。由于其所具有的根植性、难以流动性，才使得自主创新能力具有突出的区位经济要素特征，也最终形成了自主创新能力的区域性。

④综合来看，对于环渤海地带、长三角地带，东南地带，自主创新资源产出因子对自主创新能力差距所做贡献最大；对于东北地带、大西北地带而言，自主创新投入因子对自主创新能力差距所做贡献最大；就中部地带和大西南地带来说，自主创新发展环境因子对自主创新能力差距做出贡献最大。

第六章

区域自主创新能力与产业结构调整

6.1 区域自主创新能力与区域产业结构的关系理论

6.1.1 区域自主创新能力与区域经济的关系

区域自主创新能力建设是提高经济发展速度和质量，转变经济发展方式的关键。美国经济学家 Ferguson Jr. 和 Wascher 通过实证研究总结出全要素生产率的增长第一依赖因素就是科技革命和技术创新。"高能耗、高投入、高增长、低效益"的一个重要原因在于科技贡献率较低，发展经济过于依赖能源和资源的消耗。由此，2012 年全国科技创新大会提出，到 2020 年基本建成适应社会主义市场经济体制、符合科技发展规律的中国特色国家创新体系。提高自主创新能力是国家经济发展战略的核心，是提高综合国力的关键。自主创新能力的区域层次建设兼具市场与组织的优点，是现代经济中自由放任与政府调控的有机结合，其建设有利于优化创新存量，沉淀流量，形成增量。将既解决了外部"市场失效"，又克服了内部"系统失效"。

区域自主创新能力是区位经济要素。区位经济要素是指在特定的地点或在几个同类地点进行经济活动，比在其他地区进行同种活动可能获得更大利益的各种影响经济的因素集合。要素的区域化特征及非流动性的强弱决定其是否成为区位经济要素。区域自主创新能力的特征使其成为区域经济优势培育重要因素。

通过第五章的分析可知，"十一五"期间全国各区域自主创新能力因子得分大于平均值的均属东部区，中西部地区自主创新能力得分差距较小（见表 5 -10）。自主创新能力东中西部的梯度分布与我国经济区域的划分有很大的相似处。

区域经济发展状况与自主创新能力水平是相辅相成的，像其他任何经济形

124

态一样，自主创新能力与经济及社会的相互作用效果必然落实在一定的区域，区域经济是自主创新能力的载体，自主创新能力也需要作用于有一定发展基础的区域载体上，以更好地显露其作用效果。自主创新能力可以随着与区域环境的拟合程度逐渐加强而变得优于区域环境所供给的基础条件，从而成为先导区位经济要素，引导区域经济进入一个新发展空间（自主创新能力的发展需要具备许多必要的环境条件，主要是指政策、人才等软环境条件，其对自然资源等硬环境条件要求不高）。

自主创新能力作用于区域经济发展并起着关键作用。这是因为：1. 任何区域经济都是各种经济形态组合而成的综合体，知识经济是区域经济发展的必然选择和重要组成部分，自主创新能力又是知识经济运行过程中重要要素资源。作为知识经济的重要区位经济要素之一，区域自主创新能力本身的发展状态及受其影响所构成的其他经济要素的比例关系决定了该区域经济的发展水平、区域知识经济达到的程度和特征。2. 对于特定单个区域而言，自主创新能力区位经济要素的培养和提高可以有效降低区域发展成本，提高区域科技创新信息的水平和信息转化为知识和能力的速度和效率，并促使区域作为国家基本组成部分的有机体充分发挥其能动作用。自主创新能力建设不仅可以在空间上缩短区域硬距离（Hard Distance），减少区域资源集聚和交流过程中的时间和空间成本；同时自主创新能力的培养也有助于缩短软距离。也就是说，在同一地域内，自主创新能力区域平台的构建，容易使经济主体之间缩短潜在距离，降低机会成本，增强信任度。当区域内各要素间仅有市场网络时，该区域所拥有的优势位置是脆弱的，当区域内各要素既有正式的市场交易关系，又有大量其他诸如区域自主创新能力网络及自主创新能力网络与区域产业结构之间常规性频繁的联系时，该区域将会获得强大而坚韧的竞争优势。

罗默和克鲁格曼等学者认为知识具有外部性，外部性将产生递增收益，这会成为那些知识外溢起决定作用的产业选择区位的决定因素。创新的自主性将会加剧这种地理的集中现象。

区域自主创新能力的建设和培养符合我国建设新型工业化及加速发展第三产业的要求，从而符合我国现阶段对区域经济发展的总体战略构想。通过区域自主创新能力的建设和培养，可以提高传统产业的资本运营效率，使产业的增长速度大于资产存量的增长速度，同时还可通过对传统产品的节约、替代、再生利用等，适当减少对传统产业的投资支出，提高产业素质。通过高科技的渗透提高产品质量并不断开发新产品，从而带动和刺激市场需求，进一步促使产业融合。① 同时，区域自主创新能力的培养可以以区域经济为基础单元，通过增加高科技含量新产业的数量，使区域走出一条科技含量高、经济效益好、资源消耗低、环境污染少、人力资源优势得到充分发挥的新型工业化路子。

从世界各国经济发展的情况来看，经济发展大都呈现明显的阶段性。居于不同阶段的经济发展重点会有所不同，主导产业也会不同。因而不同阶段将存在着不同的重大结构转换问题。由于我国一段时间以来一直处于体制转轨和经济快速增长时期，结构性矛盾始终作为一个基本的制约因素有待解决。在向市场经济转轨基本结束、市场机制稳定形成的新形势下，产业结构、区域经济协调发展、新的区位经济要素等的培养等方面的问题更突出地表现出来，并对宏观经济的持续、快速增长形成直接的约束。因此正确研究和处理区域自主创新能力与产业结构的关系是有关未来中国经济社会发展的关键。

6.1.2 区域自主创新能力对区域产业结构的作用机制

产业结构是社会经济发展中的一个重要问题。产业结构是指国民经济中各产业部门的相互联系和比例关系。它是生产力组织系统中的一个重要部分，是社会经济发展质量的一个重要表现。在金融危机背景下，越来越多国家注重提高国民经济的整体素质和效益问题。因为一个国家产业结构的优化程度，不仅决定着该国国民经济的发展方向，而且决定着该国在国际市场中的竞争能力。

区域是自主创新能力的供给者，在既定的劳动力和资金情况下，不同的区域具有各自不同的提高商品和服务的产出数量的能力，也具有促进经济快速发展的功能强弱之差别。区域自主创新能力的培养和提升将不断拓宽劳动对象，打造更符合产业结构升级所需要的人力资源，并在自主创新能力区域化特色不断明显的过程中使本区域产业部门出现有别于其他区域的细化分工，并有最先生成符合区域特色新产业部门的可能。区域自主创新能力的培养还不断地引发人们的新需求，从而使新需求成为区域新产业部门成长的动力。区域自主创新能力的差异将决定区域比较劳动生产率的不同，自主创新能力又可引起比较劳动生产率的变化。产业结构转换的动力来自比较生产率的差异，它表现为生产

---

① 产业融合的最早定义是阿米斯和罗森勃格在 1977 年定义的技术融合：为了适应产业增长而发生的产业边界的收缩或消失。不同产业或同一产业内的不同行业相互渗透、相互交叉，最终融为一体，逐步形成新产业的动态发展过程。自主创新能力是产业融合的内在动力机制，它使微观经济主体的生产成本节约，利润率上长。具有替代性或关联性的自主创新能力，通过渗透、扩散融合到其他产业之中，从而使产业融合得到实现。特定的资源和自主创新能力构成了簇群的长期竞争优势。自主创新能力减少资源获取和转换的障碍，提升集中、管理和升级资源的能力。

要素从比较生产率低的部门向比较生产率高的生产部门转移。产业结构的区域地理分布主要取决于区域之间生产率增长速率的差异。不同区域由于自主创新能力培养开发的速度不同，其生产率增长速度也是不同的。那些研究与开发投入强度大，自主创新能力强的区域，将会是生产率提高最快和产出增长最快的区域。从这个意义上讲，现有各区域自主创新能力不断积累沉淀的速度及其成长路径的培养差异将是决定区域产业结构成长的关键因素。

自主创新能力作用于区域体现科学知识、技术意识与生产实践和社会发展相结合的物化形态，并能动地表现为区域经济效率提高和产业结构优化的能力。区域自主创新能力的强弱可以反映出经济、社会与科技创新的结合程度。产业结构区域分布状态是自主创新与区域经济发展结合的完美体现。区域自主创新能力的动态中求优化过程与区域追求产业结构动态优化发展目标相吻合。对区域自主创新能力成长路径的认识及应用其指导区域产业结构的战略性调整，将对区域整体经济乃至全国的经济协同发展都起关键作用。

自主创新能力是区位经济要素之一。区位是区域经济中最基本的地域单元。由于社会经济活动的相互依赖性、资源空间布局的非均衡性和分工与交易的地域性特点，各个区域空间位置具有不同的市场约束集合、资源约束集合和成本约束集合，从而具有不同的经济利益。区位经济要素是选择在某个地点或在某几个同类地点进行经济活动而放弃另一个或一些地点的各种影响因素的集合，这一集合将必然使不同地点的同种活动可能获得不同的利益。自主创新能力是这一集合的组成部分，并必将对区域内产业结构的升级换代以及主导产业能力的形成起着越来越重要的作用。从产业系统上看，自主创新通过对区域主导产业的优化、对产业和基础结构的提升、对新兴产业的催生，促进区域产业结构高度化发展。区域自主创新能力对区域产业结构的作用机制体现在：

1. 基于自主创新能力对区域产业结构进行调整可以促进区域间的协同发展

协同作用是区域可持续发展系统形成有序结构的内在动因。根据哈肯的协同论，形成系统有序结构的机理，不在于系统现在的平衡或不平衡，也不在于系统离平衡有多远，关键在于系统内部各个子系统间相互关联的协同作用，它左右着系统相变（即状态变化）的特征和规律，从而实现系统的自组织。自主创新能力建设对实现各区域产业结构调整的自组织、自增强起到积极作用。自主创新能力作为刚被注意到的区位经济要素，对区域内产业结构的升级换代以及主导产业的形成起着关键的作用。特别是像我国目前经济在发展到工业化中期阶段时，自主创新能力对区域经济的发展作用会被扩大。自主创新能力作用于其他平行经济要素从而可以保证区域经济不断进入新的发展空间，并进而保证区域产业一旦进入老年期，将不断通过创新并依赖区域持续的自主创新能力使其返老还童，迅速获得新一轮年轻期的能力。

自主创新能力区域化的特征有助于我国在新一轮重加工化阶段经济超前发展，并以自主创新能力的运行机制加速产业在区域间的传导，实现以存量体系的区际调整和增量扩张来达到区域均衡目标的最终实现。我国长期存在的区域产业特点模糊、主导产业对区域经济启动无力、区域分工不明确和社会化水平低等问题，均与自主创新能力的区域特色没有被关注并有效应用于区域产业结构调整中有直接关系。产业结构调整过程中，行政性区域均衡中的区域自主创新能力特征不明显抑或孱弱及非区域化自主创新能力指向的主导产业使各区域产业结构雷同现象明显。自主创新能力在区域生产实践中并未起到指导和参与其中的作用，从而导致了非区位性一般产业相对份额的上升，降低了区域专业化程度。

2. 基于自主创新能力对区域产业结构进行调整可以建立可持续发展系统的信息联系与反馈机制

系统的相互作用大致可分为物质流、能量流和信息流三大类。其中信息是物质和能量在时空中的一种分布状态，反映了事物运动的状态及关于这种状态的知识。一个系统只要和另一个系统之间有物质和能量的变换，就意味着有信息的交换。物质和能量是信息的载体，因此，根据控制论创始人维纳的观点，我们可以丢开物质和能量的具体内容，将三大流抽象为信息联系这一统一格式。而对信息进行反馈与还原的能力强弱高度依赖于整个区域的自主创新能力强弱。自主创新能力区域建设与区域信息化的建设是相辅相成的。通过培养区域自主创新能力可有效地促动区域信息化建设，推进区域经济发展和产业结构调整过程中的知识含量和储备的进程。基于自主创新能力来引导区域产业结构的调整可以建立可持续发展系统的信息联系与反馈机制，从而使区域主导产业的空间选择及时序选择具有较强的自主创新引导属性。

3. 基于自主创新能力对区域产业结构进行调整可以改善区域资源的利用类型

区域的发展需要综合利用各种资源，各种资源对区域的发展均有重要意义，但由于各区域区位条件和自然条件的差异，不同区域拥有不同资源。资源作为决定区域产业结构的基本和传统因素，其类型、数量、质量、获取难度及时空组合特征是决定区域发展方向、选择区域发展模式的依据之一。这些都与区域自主创新能力的现有状况有着不可分割的关系，自主创新能力可以改善区域资源利用效率和利用类型，拓宽资源利用渠道，它也直接决定着区域资源如何配置。区域自主创新能力表征经济、社会与科技创新的结合程度，其在区域根据自己的资源特征选择不同发展模式过程中起到枢纽作用。

在此过程中，区域产业结构优化是自主创新能力作用于区域经济的目标。产业结构优化是指通过产业结构调整，使各产业协调发展，并满足社会不断增长的需求的过程。产业结构优化是一个相对的概念，它不是指产业结构水平的绝对高低，而是在国民经济效益最优化的目标下，在区域自主创新能力的作用下，根据本国的地理环境、资源条件、人口规模、国际经济等特点，通过自主创新能力作用于这些要素，提高要素使用效率和利用类型，达到三次产业有效融合，促进新型工业化的发展，使区域范围内产业发展保持可持续健康发展状态。产业结构优化不是一个静态的概念，而是一个动态的发展过程。在现有发展阶段，区域自主创新能力可以系统全面地作用于传统区域资源，使区域产业结构调整战略符合其自身客观发展规律和前进方向。基于自主创新能力对区域产业结构调整进行动态表征是科学的，并且也符合中国国情。

4. 基于自主创新能力对区域产业结构进行调整可以使区位产业要素软化

区位产业要素软化是指区域产业经济要素中科技创新含量的增加。自20世纪80年代以来，科技创新与经济之间的相互渗透和作用越来越强劲，表现为，一方面科技创新因素更高程度地参与和深入经济活动；另一方面，在以提高竞争力为目的的经济活动中，科技自主创新取向不断增强，产品与服务的科技创新含量不断提高。当今，经济增长比以往任何时候都更加依赖于科技创新的生产、扩散和应用，新的经济形态——知识经济，也以其旺盛的生命力预示着21世纪将是软性要素主导经济的时代。

自主创新能力主导区域产业的发展必将引起生产力新的革命，由此必然会建立起全新的生产力概念和理论。就现阶段而言，这种变化主要表现在如下两个方面，一是确立起研究生产力的新视角，二是确立起自主创新能力的完整概念。因此，准确地判断及寻找到促进生产力发展的关键因素，以及科学地界定影响区域生产力发展的关键因素——自主创新能力，是当代生产力发展的根本要求。在自主创新能力主导区域产业结构的过程中，生产力的发展将集中地表现在两方面，一是原有的影响生产力发展的因素在内涵上、质量上都已发生重大变化，劳动者的脑力（智力）将占据主导地位，即出现智力型劳动力或脑力劳动者构成劳动者的主体，生产工具和劳动对象主要表现为科技创新含量的增加，由科技知识含量的提高而出现软化特征；二是新的促进生产力发展的因素被广泛地运用——其中作为新的区位经济要素，自主创新能力成为继传统要素之后的新兴重要软经济要素，使生产力的发展进入一个新的阶段。在这一过程中，无论是原有因素的内含变化，还是新因素的出现及被利用，都可以归结为自主创新能力在区域生产力发展中的作用。因此区域自主创新能力的累积和获取成为新时期区域产业结构调整的关键。

5. 基于自主创新能力对区域产业结构进行调整使区域产业结构保持重组韧性

自主创新能力兼具个体与集体属性。本研究所指区域自主创新能力更注重对集体属性的培养。区域自主创新能力的集体属性是个体属性升华的产物，是使科学技术本身与掌握科学技术的人相分离，不再是个人或单一行业的技艺，而成为一种普遍的社会生产力，并通过政府作制度供给者，区域正式与非正式关系（包括市场）做交流媒介，社会做过滤介质，使科学技术沉淀成为带有区域特征的能力。自主创新能力在此过程中得以循环累积，并作为重要区位经济要素积极能动地参加到区域社会分工体系中，实现整个社会的科技创新与经济社会的协调持续发展目标。

区域产业结构的重组韧性是指区域产业结构所具有的缓和区域经济增长波与更新主导产业的潜力。根据产业生命周期理论所提倡的基本观点，任何区域产业结构调整中，主导产业都不可能永远保持旺盛的发展活力，总会在某一时点后进入停滞或衰退期，这一更替过程中关键是保持区域产业结构的韧性，从而不断地以先进的、具有扩张潜力的产业替代衰败产业，保持旺盛的区域新陈代谢机制。自主创新能力的集体属性是产业更替过程中良好的缓冲器。良好的自主创新能力会使主导产业更迭重组更富有韧性与快速适应能力。基于自主创新能力的培养周期较长，对区域的发展又具有指引作用，因此，自主创新能力培养中自主创新投入与产出配置应在时序上提前于区域自主创新发展环境，以资源配置促进环境改进，使整个系统达到动态的均衡。

6. 基于自主创新能力对区域产业结构进行调整可以把握区域产业结构现有发展状况及未来发展走势，为推动产业结构质的变化及加强其作用面的深度和广度发挥作用

自主创新能力是影响区域产业形成和发展的主导性及决定性因素。自主创新能力决定着社会分工的发展和深化，正是这种深化引起了产业结构的变化。

自主创新能力是社会生产发展的主要推动力和提高生产效益的重要因素。在各种生产活动的协调、比较、均衡的发展过程中，科技创新的发展尤其促进了产业结构的形成和发展，并成为推动产业关联最积极的因素。区域拥有的自主创新能力对于资源的创新性及非机械性自我整合具有特殊的作用，从而促使区域在全国的产业结构调整战略及区域协同战略中展示本区域的能力。

科学技术作为第一生产力在自身发挥经济要素作用的同时还影响着其他平行经济要素的配置比例及要素素质，社会经济总体关系的变化是科学和技术从供给和需求结构两方面对产业结构产生直接和间接影响的结果。因此，区域产业随时间推移而发生的演变（主要是质的变化），主要依赖于区域自主创新能力的增强。同时，自主创新能力既能作用于区域产业结构的广度（有效地处理不同性质的活动的数量），又能影响区域产业结构的深度（有效处理同一性质的产业行为活动数量的能力），因此自主创新能力是决定区域产业结构现有发展状况及未来发展走势的关键因素。

无论是从量、还是从质的方面来研究产业结构的调整问题，都离不开自主创新能力这个因素。自主创新能力不但会改变各生产部门间的比例关系，从而影响着生产部门间数量平衡的条件，而且是产业结构按经济规律走向高级化的主导因素。低水平自主创新能力将使产业结构在变动中主导经济的作用不能充分发挥，产业结构高级化的进程因此将裹足不前，从这个意义上说，自主创新能力是区域产业结构优化的前提条件和直接动因。

当然影响区域产业结构调整的要素还有很多，如自然资源禀赋、资金状况、对外贸易等等。对于我国经济目前发展的形势而言，在进行区域产业结构调整时，应重点考虑自主创新能力的位势，以便对区域产业做出合理分析和预测，并对全国的区域经济进行总体科学规划和引导。

研究自主创新能力对区域正确选择主导产业很有帮助。基于自主创新能力对区域产业结构进行调整及主导产业选择可以使科技自主创新与经济通过区域结合在一起，从而实现区域范畴内研究自主创新能力的基本目标。这样可以使自主创新能力增长和产业结构的变动因素作为一种经济要素和生产条件引入区域经济增长体系中，使自主创新能力成为知识形态的生产力或潜在的生产力在区域产业结构调整和主导产业选择中发挥应有作用。

区域自主创新能力积极的培养导向将引起区域生产率水平不断地提高，并使区域自主科学组合生产结构，调整国民收入和劳动力的分布格局。自主创新能力有效平衡极端的效果（一极是，要素转移加速低效率、低技术构成部门的衰落和新兴的具有比较利益的优势部门的扩展。另一极是，要素转移受短期利益驱动，加剧生产结构的不平衡性，导致"无发展"的增长），最终以作用于区域经济的方式外显出来，自主创新能力的强弱表征在整个产业结构的调整过程中，以主导产业的选择为最直接作用途径。主导产业产生后，便可对产业系统的深化起支配作用。因此，经济增长过程，其实就是主导产业部门综合体系不断更替的过程。自主创新能力对主导产业的产生、发展及区域间的转移具有决定性作用。自主创新能力创造、推动主导产业的产生和发展，各区域对自主创新能力的不懈追求也会使主导产业的活动中心不可能无限期、无条件地被某个区域所拥有和垄断。

6.2 区域自主创新能力作用下的主导产业选择理论

6.2.1 主导产业选择的合理性及意义

主导产业是罗斯托在 1960 年出版的《经济成长的阶段》一书中首次提出的概念，他认为主导产业是经济增长迅速并能快速将自主创新成果应用于生产函数中的具有较强带动能力的那些关键行业。这些关键行业的迅速增长将对区域总的经济增长率起到关键作用。由此可见，主导产业是否合理是区域产业结构是否合理的标准之一。区域主导产业的合理性标准应体现：第一，主导产业应能充分发挥区域优势。只有主导产业合理才能最充分有效地利用区域各种有利于生产发展的自然条件和社会经济条件来发展区域经济。产业结构的整体性和系统性是产业结构调整的目标，产业结构的整体性与系统性同样表现在它能够以区域主导专业化部门为核心，把全区域成千上万的产业组织成一个由生产、分配或技术联系结合起来的、部门间比例协调的、相辅相成的整体，以最大限度地获得聚集经济效益。区域的主导产业还应该建立在合理的地域分工基础上，每个区域的产业结构既是全国多层次分工系统内的一个组成部分，又有相对而言的独立性和完整性。第二，主导产业科学的时序更迭和空间配置应合理。特定时期的主导产业，是在具体条件下选择的结果，由经济发展阶段中的区域经济要素和科技创新发展现状所决定。一旦条件变化，原有的主导产业群对经济的带动作用就会弱化、消失，进而为新的主导产业群所替代。即主导产业部门不是固定不变的，它是随着科技进步和供求关系的变化而不断地更替着。在发展上，它具有有序性。这种新旧替代的顺序也可归因于科学技术进步的顺序和社会供求能力的发展顺序。区域主导产业的时序更迭是区域经济长期可持续发展和区域产业调整和优化过程的集中体现。

合理的产业结构能保证区域经济兴旺发达，而在这里起关键作用的又是区域主导专业化部门的高度性。因此，建立一个具有科学空间配置效能的主导产业评价体系，并随着时间推移而不断进行升级换代，是区域产业结构保持持续发展的机制所在。保证这一机制科学运转的关键是要找准区域自主创新能力的位势，并以其为参照系，最大限度科学地建立产业结构调整机制，进而建立起具有一定高度性的区域主导产业体系。根据我国目前经济发展阶段和产业发展情况，主导产业更多由区域自主创新能力位势决定，并因区位经济要素特别是自主创新能力的动态性而具有时序更迭特征，体现产业特别是传统产业与高新技术的融合与动态协调理念。

主导产业合理性选择的过程是区域空间经济非均衡配置向空间均衡配置发展过程的体现。在一定时期，由于国家或区域之间资源存在差异、经济发展历史不同、经济发展水平或阶段不同和自主创新能力差异等，其主导产业群必然不尽相同，并表现出多样性特点。特别是随着区域自主创新能力异质态的存在，主导产业的发展不仅在时间上呈现出一定的顺序，而且在区域横向比较上也是变化多样的。同时区域主导产业群内部、主导产业群与其他产业部门之间都会以自主创新能力为平台呈现出复杂的科学技术与经济的联系。

可以说，主导产业的产生与更替是产业系统结构转换的重要标志，也是产业系统自组织深化的序参量，是表征产业经济系统深化状态的宏观参量。主导产业发展的内在机制促使其发生扩张性的转移，而自主创新能力促使其内在机制得到更有效地发挥。也就是说，目前我国区域自主创新能力作用下的主导产业发展是促使区域经济增长质量发生根本转变的重要因素。

6.2.2 主导产业选择标准

如何利用区位经济要素做出科学的战略性产业结构调整是有效地建立科技创新与产业关联机制并赋予其生命的一种手段，主导产业的选择及通过市场化管理的过程事实上也是一种多因素制约的社会过程，发挥区域优势要以比较优势为基础，以转换为基于自主创新能力的绝对优势为实现条件，而以实现区域竞争优势为最终目的。在一定时期内，任何区域的经济发展，都必须明确开放的产业发展重点，确定区域主导产业系。这种开放的思维方式和过去单纯注重本区域内的传统经济要素的考虑方式有了明显不同。在主导产业系的选择理论和选择方法上，归纳起来，目前国内主要有以下观点：

1. 把制约区域经济发展的薄弱环节作为重点，也就是把瓶颈产业作为区域的主导产业。这种观点在前些年比较流行。瓶颈产业，一般是指那些滞后于区域经济发展的基础产业，如交通运输、邮电通讯、能源和原材料工业等。在一定时期内创造改善条件，使基础产业、瓶颈产业与整个区域经济保持相互协调的发展是十分必要的。然而，不能把它等同于主导产业。

2. 把支柱产业等同于主导产业。支柱产业随着时间的推移，原先赖以发展的优势条件将会逐步发生变化。而主导产业应在一定时期内保持稳定。主导产业的选择对区域产业结构调整至关重要，它直接决定着产业结构调整的科学性和成功与否。本研究中的主导产业不同于支柱产业。主导产业与支柱产业的区别在于支柱产业由区域所有资源综合决定的现状而确定，对短期和近期区域经济发展起作用并更多体现较短时期的适应性产业结构调整过程。产业结构战略性调整意在对高级产业经济要素的作用机制培养。从自主创新能力的前述分析中可见，自主创新能力的培养与产业结构的战略性调整是手段和目的的关系，所取得的将是异曲同工之效。主导产业将更多表现为自主创新能力作用于区域经济和市场经济过程中的理性选择和战略性调整。产业结构适应性调整是必要的，它所调整的主体是市场，如果没有战略性调整而只注重短期的适应性调整，会延缓或推迟区域产业结构调整目标的实现，形成更大的区域发展矛盾和发展问题。因此必须在理论上认识到短期的适应性调整与长期的战略性调整的差异。

3. 把收入弹性高、生产率上升快和产业关联效果大的产业作为区域的主导产业。我国前一段时间出现的各区域产业结构的雷同现象与这一理论有直接关系。从发展的眼光看，收入弹性高、生产率上升快和产业关联效果大的产业，一般能够产生较大的推动作用和乘数效应，从而推动区域经济的增长。但由于各产业的收入弹性、生产率上升率和产业关联度对全国和各区域来说基本上是一致的，因而各地都采用这一标准，将会出现不同区域的主导产业雷同局面。这种各区域短期趋利的主导产业选择方法会造成各区域相应资源流入同一或几个产业，供求结构变动速度将会加剧，主导产业的产品将很快面临市场饱和，同时也不利于区域经济协调发展和国民经济的整体效益最优。

4. 把区域优势产业都作为今后发展的主导产业。优势产业，是指那些在市场竞争中处于有利的优势地位的产业。这里的优势，既包括宏观上的比较优势，也包括微观上的竞争优势，如规模经济、产品质量、品种花色、营销技术和商誉等。短期看，由于一个区域的优势产业可能有许多个，把这些产业都列为重点，会带动区域经济繁荣，但由于目前我国市场运行机制还没有建立稳定科学引导机制及市场长期预测职能的空缺，优势产业一般只能立足于区域短期利益，对区域长远发展欠缺考虑。此外，区域的优势和劣势条件也是不断变化的。由于这种变化，一些现有的优势产业有可能会沦为劣势产业；另一些目前还处于劣势的产业则有可能转变为优势产业。区域优势产业在发展趋势上会具有不稳定性，不具备主导产业的稳定特征。因此，并非所有的优势产业都能作为区域的主导产业。

在具体量化选择主导产业的标准上，国际上有日本经济学家筱原三代平的收入弹性基准和赫希曼的产业关联基准。较为公认的主导产业选择理论是美国经济学家罗斯托教授提出来的，他认为，主导产业具有四个重要特征：①迅速吸收先进科技自主创新产品，引入新生产函数，在现代技术、管理基础上创造较高劳动生产率和产品附加值；②较强关联效应，推动诱发其他产业和产品；③具有较高增长率和显著的规模；④符合经济、生产和社会三者良性循环。

本研究认为，从发展的眼光看，区域主导产业应该是那些具有动态优势、科技创新发展潜力较大、能够带动和支撑整个区域经济增长的产业。这些产业在经过一段时期的重点开发后，一般可成为区域未来的支柱产业。因此，区域主导产业的选择，应遵循动态原则和主导原则。这样可以对区域各产业进行分类和排队。考虑到区域同时具有二重性，因此再根据国家和区域经济、社会发展战略的总体目标，特别是国家产业政策和区域政策的要求，具体确定今后一段时期的主导产业。在基于区域产业结构的特征进行省区间主导产业选择、分析与比较的具体操作时，应注意以下问题：

1. 区域经济结构调整包括产业结构和主导产业的选择，但区域经济是具有相对独立性和完整性的系统，所以研究时只具有相对独立性和部分的完整性是可以的，不能把产业构成是否完整作为评价区域产业结构是否具有优势的标准。

2. 比较的目的不是要追求适合于我国所有区域的合理产业结构模式和主导产业。在比较方法上不能把现有不同区域产业结构状况拿来直接进行简单类比，因为类比一般需要一个具有普遍意义的理想化参照系才能确定其优劣。既然不存在区域产业结构的理想模式，那就可以对各区域主导产业群进行基于自主创新能力位势的分析比较，从而进行优选，这种优选只对区域具有指导作用，并有助于全国统筹进行产业调整。

3. 对于区域主导产业的选择，不必过多考虑产业关联度的高低。所谓产业关联度，是指产业之间在投入产出的物质技术关系方面的联系。在市场经济条件下，尤其我国目前所处的买方市场条件下，这种物质技术方面的产业关联，最终要由竞争来决定。在一个开放的国家大市场内，衡量主导产业不能过于强调产业关联度的高低，因为这种关联已经不再仅仅存在于区域内的各个产业之间，而完全可以被跨区域的产业联系所取代。市场竞争的结果，最终必然是强强联手，单个产业区域的强势并不必然带动上下游相关产业的发展，只有区域内的上下游产品的竞争力都强，才有可能增强区域内产业之间的关联度。因此这一层次的竞争是超区域产业层面上进行的。对于区域来说，主导产业的选择关注的主要是区域自主创新能力是否能迅速在产业结构的调整中得到体现，区域自主创新能力与区域主导产业的匹配显得更加重要。

4. 区域产业结构的现有状况是由多方面因素构成的，包括自然资源差异、经济社会发展水平差异、历史文化传统差异等因素影响的结果，在研究过程中可假定区域各产业规模现状已全面地反映了前期区域的自然资源、经济社会发展水平差异、资金状况及历史文化传统等因素的作用结果。而由于自主创新能力的累积沉淀性所衍生的时滞使这一要素具有了明显的前瞻性，因此基于自主创新能力的区域主导产业选择更具有预决性，基于区域自主创新能力位势的区域产业结构分析有利于科学确定区域主导产业群。

6.3　区域自主创新能力与区域产业结构关系的历史与现状

6.3.1　区域自主创新能力与区域产业结构关系的历史

建国 50 多年来，我国区域经济的发展大体经历了 6 个阶段。与之对应，各个区域的自主创新能力建设也具有以下阶段性特点。

1. 1949—1964 年

新中国成立后，面临当时复杂的国内外政治经济形势，特别是考虑到当时极不合理、极不均衡的生产力分布状况以及国防建设的需要，中央政府通过行政计划等手段集中力量建设东北和内地工业基础较好的区域，达到"利用、改造和扩建原来工业基地"去"创造新的工业基地"的目的。这一时期，对应于"一五"的 156 个项目，科技服从生产力总体布局，重点发展了那些对区域布局有战略意义的科技项目。

2. 1964—1972 年

考虑到国防安全问题及预计战争爆发的可能性和紧迫性，调整产业布局，国家突击进行"三线"建设，实施"战略转移"，同时提出了建立独立的区域工业体系和经济体系的方针政策。在此时期，大量的科技资源，包括人力资源，投入"三线"区域，这些区域的自主创新能力迅速提高。

3. 1973—1978 年

区域发展政策进行了调整，这一时期，经济建设布局的战略重点，逐渐由内地向东部特别是沿海经济发达区域转移，以"引进项目为中心的经济建设"对这些区域的自主创新能力起到了很大作用。

4. 1978—1992 年

自 1978 年邓小平最先提出要让一部分人、一部分区域先富起来之后，我国的区域经济发展进入了一个新的阶段。非均衡发展的区域政策开始实施。通过"放权让利"，建立了深圳等经济特区，开放沿海港口城市，设立沿海开放区，创办经济技术开发区和高新技术产业开发区，达到了大力发展外向型经济，参与国际竞争和国际循环以引进更多的外资和先进技术的目的。对比1978 年以前区域均衡发展为主、带有极强的行政和垄断性色彩的战略，改革开放后，我国以沿海区域为突破口的外向型发展战略是成功的，总体上呈扩大趋势的东中西差距的积极作用大于消极作用。在这一时期，技术引进、科技体制改革加上人才的流入，迅速提高了东部区域的科技水平。

这一时期区域科技面向区域经济建设，配合国家科技计划，相继引入区域模块的是科技攻关、星火、火炬、成果推广等一系列计划，全国上下形成了一个由中央、省市、地方以及部门组成的层次型的科技计划体系。财政体制改革导致区域财政实力大幅增长，区域财政科技拨款也有了很大增长。

5. 1992 年—2000 年

随着市场化改革的不断深入，我国的改革开放由沿海开放向全方位、多层次、多领域、多形式开放全面展开。但与此同时，由于市场力量在配置区域之间的资源方面逐渐占主导地位，区域之间的经济发展越来越不平衡。在这种形势下，党中央、国务院根据我国经济形势开始考虑区域经济协调的发展，特别是 1995 年以后随着国内宏观环境的深刻变化，短期适应性结构调整的能动性更加强烈，从而使结构性矛盾日益累积，并对经济产生了巨大的反压作用。在这种情况下，速度优先还是结构优先的选择就变得十分重要。近几年的实践表明，速度优先并不能带来经济增长质量的改善和结构的优化，因此结构调整被提上议事日程。

这一阶段各区域科委配合国家科教兴国战略，制订和实施了科技兴城、兴市战略，注重技术创新，逐步形成科技计划管理与市场经济调节相结合的新型科技工作体制。部分区域由于区域发展的非均衡和市场力量的差异，出现了科技、经济与社会发展的不协调。

6. 2000 年以后

十六大把实现全面小康社会作为我国 2020 年的战略目标，科技发展是实现这一目标的保障条件和推动力，科技体制改革加速深化，党的十六届五中全会通过的《中共中央关于制定国民经济和社会发展第十一个五年规划的建议》要求提高以原始创新、集成创新和引进消化吸收再创新的自主创新能力。企业将日益成为技术创新主体，一个适应市场经济和区域科技发展规律、具备持续创新能力的开放的区域自主创新系统正在培育形成。区域科技资源加紧调整重组。科技部也将地方科技工作的发展提升到国家科技战略这一地位。各省市出现上下互动、共同推进科技发展的良好局面。

由此可见，区域科技是 90 年代以来我们才予以关注的事物，而基于自主创新能力以便科学处理产业、科技与经济的关系目前已有了实践的要求和可行性，因此应成为我们近期研究的重要课题。

6.3.2 自主创新能力与产业结构发展的现状

1. 经济保持高增长率，产业结构不断高度化。

2010 年中国 GDP 为 397983 亿元，同比名义增长 16.7%；按可比价格计算，同比增长 10.3%，其中第一产业增长率为 4.3%，第二产业增长率为 12.2%，第三产业增长率为 9.5%。三次产业比值为 10.2：46.9：43.0，其中增长最快的仍是第二产业。第二产业与第三产业逐年呈现攀升趋势，第一产业在国内生产总值中的比重不断缩小，这说明我国各区域正出现钱纳里模型中所提及的产业结构高度化，我国的经济结构在不断优化。2010 年三次产业贡献率（产业增加值/GDP 增加值）分别为第一产业 3.8%，第二产业 57.6%，第三产业 38.5%（见表 6 – 1），可见第二产业在国民经济增长中贡献率总体处于攀升状态，特别是从 1991 年后，其一直占着约 1/2 强的地位，在第二产业中工业又居于主导地位，第三产业对经济的贡献率超过第一产业并不断攀升。

2. 工业生产持续快速增长，总量大幅度增加，主要工业产品产量位居世界前列，但科技含量有待于进一步提高。

1978 年 ~2010 年，我国工业增加值年均增长速度达到 50.91%，有力地支持了国民经济快速增长。2010 年，我国第二产业增加值为 187581 亿元，占国内生产总值的比率从 2006 年的 48% 降到 2010 年的 46.8%，其中工业增加值为 160867 亿元，占国内生产总值的 40%。2010 年工业产业贡献率达到

49.16%（见表6-1）。随着国民经济的持续快速健康发展，我国一些主要工业产品的生产迅速提高，一些主要工业产品的产量已居于世界前列。另一方面，从三次产业拉动率（见表6-2，产业拉动率=GDP增速*各产业贡献率）指标看，2006年第二产业拉动率为6.2%，其中工业拉动率为5.4%，居于首位，2010年第二产业拉动率为6.01%，其中工业拉动率为5.13%。可见工业对经济增长的拉动作用仍很强。第三产业拉动率从2003年开始持续提高，2010年维持在4.02%，居于第二位。可以预见，第三产业随着经济阶段的延伸及深层产业结构的调整，对GDP的拉动作用还会保持强势。第一产业对GDP的拉动持续降低并在三次产业中拉动率一直最小，这也是符合我国经济发展的阶段性特征的。

表6-1 部分年份三次产业贡献率（%）

年/项目	第一产业	第二产业	其中：工业	第三产业
1990	41.74	41.04	39.75	17.32
1991	7.14	62.80	57.97	30.06
1992	8.45	64.45	57.59	27.10
1993	7.90	65.46	59.11	26.64
1994	6.59	67.93	62.60	25.48
1995	9.07	64.34	58.52	26.59
1996	9.56	62.91	58.49	27.53
1997	6.76	59.73	58.29	33.52
1998	7.58	60.94	55.40	31.48
1999	5.99	57.77	55.04	36.24
2000	4.43	60.80	57.63	34.77
2001	5.08	46.70	42.15	48.22
2002	4.57	49.66	44.45	45.68
2003	3.36	58.51	51.91	38.13
2004	7.86	52.23	47.74	39.92
2005	5.61	51.11	43.37	43.27
2006	4.78	50.04	42.42	45.18
2007	2.99	50.70	44.03	46.31
2008	5.73	49.25	43.40	45.02
2009	4.48	51.94	40.01	43.58
2010	3.85	57.61	49.16	38.54

资料来源：根据各年《中国统计年鉴》计算整理而得

2010 年，全国第二产业比重提升到 57.61%，但规模以上高技术产业实现增加值较小，新兴产业规模有待进一步发展。就工业内部构成来看，整体发展相对滞后，传统产业比重较大。钢铁、有色金属、化学、建材、石油化工等基础工业等通过借用国外贷款及引进区域外资源共享，吸引了国外先进的技术装备以及提高了科研开发的能力，增强了这些行业的生产技术水平。我国汽车工业的整车和零部件生产技术水平得到了整体提高，有些产品的国产化率已达90%以上。国产冰箱、洗衣机、彩电在稳步占领国内市场的同时，已开始逐步向国际市场进军。通信设备制造业在引进技术的基础上加快自主研究开发步伐，大型程控交换设备自主研发产品已占国内市场 20% 以上份额，行业自主创新能力有了进一步的好转，主要经济技术指标稳中有升。但自主创新能力仍有待于进一步提高。

表 6-2　部分年份全国 GDP 及三次产业拉动率（百分点）

	GDP	第一产业	第二产业	其中工业	第三产业
1990	3.8	1.6	1.6	1.5	0.7
1996	10	1	6.3	5.9	2.7
2001	8.3	0.4	3.9	3.5	4
2002	9.1	0.4	4.5	4	4.2
2003	10	0.3	5.9	5.2	3.8
2004	10.1	0.8	5.3	4.8	4
2005	11.31	0.63	5.78	4.91	4.89
2006	12.68	0.61	6.44	5.38	5.73
2007	14.16	0.42	7.18	6.24	6.56
2008	9.63	0.55	4.75	4.18	4.34
2009	9.21	0.41	4.79	3.69	4.02
2010	10.44	0.40	6.01	5.13	4.02

资料来源：《中国统计年鉴》

3. 创新能力与区域经济发展脱节，区域产业结构高度化有待于特色发展。

区域产业结构成长、升级主要来自于两方面的动力，一是需求拉动，一是技术推动，二者不可或缺，我国目前产学研一体化正在构建中，大多数区域仍未形成以区域创新能力为依托具有区域特色的产业结构模块，各区域由于地区封锁及条块分割等历史原因所形成的产业结构各自区块分割，产业趋同，互补性差等所形成的条块分割明显。创新能力及其自主性的培育将是未来区域产业结构高度化发展的主动力。

4. 第三产业的发展迅猛，区域产业体系相似程度高。

2006 年，全国三次产业 GDP 比值是 11.7∶48.9∶39.4，到 2010 年，全国三次产业 GDP 比值为 3.9∶57.6∶38.5。第三产业已成为推动经济发展的重要产业。但经济及科技协作的缺乏不仅仍存在于企业间，同样也存在于区域间。尽管我国东中西部资源的丰富程度及经济、创新的基础条件有很大差异，但是由于还没有形成全国统一的市场体系，各地受利益驱使，加之没有科学的区域引导机制，形成了区域产业调整相互割离，各自本着自身区域短期利益，竞相发展各地自身的行业体系，造成各区域工业结构的相似程度高、缺乏特色经济、区域企业横向过度竞争严重的局面。

总之，由于近期内产业结构调整的重点及拉动内需的关键仍是第二产业及第三产业①。因此，各区域加强对第二产业和第三产业相关行业的研究和区域指向性要素的培养显得更为重要。

自主创新能力是最具前瞻性的区位经济要素，自主创新能力作为先导因子，其作用于区域的功能具有时滞性，因此本研究假设自主创新能力对区域主导产业的影响为一个五年计划，因此将应用"十一五"期间的自主创新能力指标对"十五"期间的工业及第三产业各主要行业进行区域优势的计算和比对，借以自主创新能力为参照系对区域工业产业及第三产业进行区域优势产业选择，从而达到产业结构高度化及合理性目的。

6.3.3 区域自主创新能力与区域产业结构相关性分析

自主创新能力的指标体系虽然借自主创新投入因子、自主创新产出因子和自主创新发展环境因子对科技创新转化为现实生产力进行了数量化的表征，从而对自主创新能力实用性进行了有益尝试，但还过于间接。为了验证自主创新能力对区域经济的推动作用及现实指导意义，以下对自主创新能力指标体系与区域三次产业结构进行相关性分析，并对结果进行评价。

相关性分析是分析变量间线性关系的一种统计方法，这里使用皮尔逊（Pearson）相关系数（R）。其原理为：如果对变量 X 和 Y 进行观测，得到一组数据：xi，yi（i = 1，2，…，n），x 和 y 之间 Pearson 相关系数（R）是用来度量变量间线性关系的系数。其计算公式为：

---

① 刘小瑜. 中国产业结构的投入产出分析［M］. 经济管理出版社，2003，(10).

$$R_{xy} = \frac{\sum (x_i - \bar{x})(y_i - \bar{y})}{\sqrt{\sum (x_i - \bar{x})^2 (y_i - \bar{y})^2}}$$

其中 $\bar{x}$，$\bar{y}$ 分别是 x_i，y_i 的算术平均值。

$|R_{xy}| \leq 1$；$0 < R_{xy} \leq 1$，称 Y 与 X 正相关；$-1 \leq R_{xy} < 0$，称 Y 与 X 负相关；当 R = 0 时，称 Y 与 X 不相关；且 $|R_{xy}|$ 越接近1，则说明变量 Y 与变量 X 之间的线性关系越显著。

自主创新能力具有滞后属性和累积沉淀性，应用 SPSS11.0 对"十一五"期间区域自主创新能力因子 F 得分与 2003 年三次产业 GDP 值进行 Pearson 相关性分析，以期获得这四个变量之间的相关性，从而进一步验证区域自主创新能力与产业结构的关系。

由表 6 - 3 自主创新能力与区域产业结构的相关性可见，"十一五"区域自主创新能力与 2006 年的第一产业 GDP、第二产业 GDP 和第三产业 GDP 之间的 Pearson 相关系数分别是：- 0.066、0.350 和 0.598，假设成立的概率分别是 0.726、0.054 和 0.000。由此可以得出结论，在显著性水平 0.01 下，区域自主创新能力与第一产业之间无明显相关关系；区域自主创新能力与第二产业、第三产业均存在较显著正相关关系。

"十五"期间，区域自主创新能力与第一产业 GDP、第二产业 GDP 和第三产业 GDP 之间的 Pearson 相关系数分别是：0.254、0.641 和 0.774，假设成立的概率分别是 0.168、0.000 和 0.000（见表 6 - 4）。由此可以得出结论，在显著性水平 0.01 下，区域自主创新能力与第一产业之间无明显相关关系；区域自主创新能力与第二产业、第三产业均存在显著正相关关系。

相比之下，"九五"期间自主创新能力与 1999 年的第一产业、第二产业和第三产业之间的 Pearson 相关系数（见表 6 - 5）分别是：0.030、0.602 和 0.722。由此看来，"十五"期间的自主创新能力比"九五"期间自主创新能力对第一产业、第二产业和第三产业的相关程度均有所提高，这些量化的数字正说明我国"九五"与"十五"科技创新与经济的相关变化趋势，体现了我国依靠科技进步实现经济发展的总体思路，并进一步验证了以区域自主创新能力为参照系进行区域产业结构调整的科学性和必要性。这也是钱纳里所得出的三次产业随着科技进步而渐次出现更替理论在我国经济实践中的具体表现。相比而言，"十一五"期间中国区域产业结构与同期的自主创新能力相关性较前一个五年计划有所下降，这与这一时期产业结构从过去的简单刺激生产、单纯考虑国内供求平衡向统筹国内产业发展转变，将立足结构优化提升产业发展，改变高消耗、高污染的局面，从以工业经济为主转向以服务经济为主。因此出现过渡期短暂的两者相脱节的情况恰恰说明"十一五"期间的自主创新能力正在为新时期产业结构重大调整做准备。

表 6-3 "十一五"计划期间自主创新能力与三次产业的 Pearson 相关系数

		第一产业 GDP	第二产业 GDP	第三产业 GDP	区域自主 创新能力
第一产业 GDP	Pearson Correlation	1	.733 * *	.595 * *	-.066
	Sig. (2 - tailed)	.	.000	.000	.726
	N	31	31	31	31
第二产业 GDP	Pearson Correlation	.733 * *	1	.927 * *	.350
	Sig. (2 - tailed)	.000	.	.000	.054
	N	31	31	31	31
第三产业 GDP	Pearson Correlation	.595 * *	.927 * *	1	.598 * *
	Sig. (2 - tailed)	.000	.000	.	.000
	N	31	31	31	31
区域自主 创新能力	Pearson Correlation	-.066	.350	.598 * *	1
	Sig. (2 - tailed)	.726	.054	.000	.
	N	31	31	31	31

* * 为显著性水平为 0.01（双尾）

同时，"九五"期间，第一产业与第二产业相关系数为 0.199，第一产业与第三产业相关系数为 0.209，第二产业与第三产业相关系数为 0.975。相比而言，第二产业与第三产业相关性较显著，说明了第二产业与第三产业的相辅相成关系。第一产业游离于第二产业和第三产业之外，体现了区域结构调整过程中产业发展的不协调性。

表6-4 "十五"计划期间自主创新能力与三次产业的 Pearson 相关系数

		第一产业 GDP	第二产业 GDP	第三产业 GDP	区域自主创新能力
第一产业 GDP	Pearson Correlation	1	.762**	.705**	.254
	Sig. (2 – tailed)	.	.000	.000	.168
	N	31	31	31	31
第二产业 GDP	Pearson Correlation	.762**	1	.968**	.641**
	Sig. (2 – tailed)	.000	.	.000	.000
	N	31	31	31	31
第三产业 GDP	Pearson Correlation	.705**	.968**	1	.774**
	Sig. (2 – tailed)	.000	.000	.	.000
	N	31	31	31	31
区域自主创新能力	Pearson Correlation	.254	.641**	.774**	1
	Sig. (2 – tailed)	.168	.000	.000	.
	N	31	31	31	31

** Correlation is significant at the 0.01 level (2 – tailed).

相比而言，第十个"五年计划"中（见表6-4），第一产业与第二产业的 Pearson 相关系数为 0.762，第一产业与第三产业 Pearson 相关系数为 0.705，第二产业与第三产业 Pearson 相关系数为 0.968，第十一个"五年计划"中，第一产业与第二产业的 Pearson 相关系数是 0.733，第一产业与第三产业 Pearson 相关系数为 0.595，第二产业与第三产业 Pearson 相关系数为 0.927，说明第一产业、第二产业和第三产业之间均有明显线性相关关系。说明第一产业、第二产业和第三产业之间均有明显线性相关关系。区域农业地位有所提高，第一产业与第二产业和第三产业的协调发展关系增强。第一产业与第三产业相关系数大于第一产业与第二产业的相关系数，第二产业与第三产业的相关系数最大，说明第三产业在区域经济的前后向带动作用最强，也说明各资源禀赋具有不同特色的区域在发展第三产业上拥有共同的利益。

由以上相关性分析可见，区域自主创新能力对第一产业的线性相关关系在前三个阶段都不明显。同时由表 6-5 的进一步相关性分析看，"十一五"期间的区域自主创新能力与三次产业的相关系数值仍呈现出第三产业相关系数最大，第一产业几无相关性的表征。另外，从我国现状来看，2003 年中国就业人口三次产业之比是 49.1：21.6：29.3，2006 年人口产业之比为：42.6：25.5：32.2。农村劳动力转向第二产业和第三产业的速度不断增加。2006 年，全国三次产业 GDP 产值中第一产业只占 11.7%。由此，第一产业无论从就业人口角度，还是产值比例上，都不断沿着钱纳里三次产业演进的规律而呈现逐渐下降的趋势。因此，本研究中对三次产业中的第一产业，将不再进行基于自主创新能力的产业优势分析。同时我们对各省区产业结构进行比较分析的目的不是为了确定其结构是否完整，而在于分析各区域产业结构特别是主导产业在对本区域经济发展和区际联系的影响上是否具有优势。比较的对象不是各省区产业结构及主导产业本身，而是它们所实际产生的效应或表现，从而揭示区域自主创新能力与区域产业结构的相关性及工业（由于资料所限，将对工业主要产业进行分析，两者相关系数为 0.372）和第三产业（主要产业）中主导产业的选择，进而探讨基于区域自主创新能力对区域产业结构的影响。

表 6 – 5　"九五"间自主创新能力与三次产业的 Pearson 相关性

		第一产业 GDP	第二产业 GDP	第三产业 GDP	区域自主创新能力
第一产业 GDP	Pearson Correlation	1	.199	.209	.030
	Sig. (2 – tailed)	.	.283	.259	.872
	N	31	31	31	31
第二产业 GDP	Pearson Correlation	.199	1	.975**	.602**
	Sig. (2 – tailed)	.283	.	.000	.000
	N	31	31	31	31
第三产业 GDP	Pearson Correlation	.209	.975**	1	.722**
	Sig. (2 – tailed)	.259	.000	.	.000
	N	31	31	31	31
区域自主创新能力	Pearson Correlation	.030	.602**	.722**	1
	Sig. (2 – tailed)	.872	.000	.000	.
	N	31	31	31	31

** 为显著性水平 0.01（双尾）

　　由表 6 – 6 非同时序的相关性分析可见，"十一五"区域自主创新能力对"十五"三次产业及工业的相关系数值仍呈现出第三产业相关系数最大，第一产业几无相关性的表征。自主创新能力的时滞性要求其作为先导要素作用于区域主导产业选择中来，由此，本研究意以"十五"期间工业及第三产业相关资料及"十一五"期间的自主创新能力因子得分为样本，进行进一步的分析。

表6-6 "十一五"自主创新能力与"十五"三次产业及工业的 Pearson 相关性

		第一产业 GDP	第二产业 GDP	第三产业 GDP	工业 GDP	区域自主 创新能力
第一产业 GDP	Pearson Correlation	1	.762**	.705**	.744**	-.041
	Sig. (2 - tailed)	.	.000	.000	.000	.826
	N	31	31	31	31	31
第二产业 GDP	Pearson Correlation	.762**	1	.968**	.999**	.367*
	Sig. (2 - tailed)	.000	.	.000	.000	.042
	N	31	31	31	31	31
第三产业 GDP	Pearson Correlation	.705**	.968**	1	.967**	.538*
	Sig. (2 - tailed)	.000	.000	.	.000	.002
	N	31	31	31	31	31
工业 GDP	Pearson Correlation	.744**	.999**	.967**	1	.372*
	Sig. (2 - tailed)	.000	.000	.000	.	.039
	N	31	31	31	31	31
区域自主 创新能力	Pearson Correlation	-.041	.367*	.538*	.372*	1
	Sig. (2 - tailed)	.826	.042	.002	.039	.
	N	31	31	31	31	31

**,*分别为显著性水平为 0.01（双尾）与 0.05（双尾）.

通过以上分析，区域自主创新能力的量化模型在实践中得到有效的验证，其与三次产业的关系也符合客观经济规律，同时也反映出目前我国科技创新发展实际与经济的衔接能力已经很强。在进行新型工业化建设的现阶段，可以根据自主创新能力对第二产业及第三产业构造线性数据模型进行优势比较，从而得出区域经济协调发展的产业模型。这可以说是对自主创新能力这一指标体系实际指导意义的有益尝试。

通过以上分析可知，同时序的自主创新能力与第二产业和第三产业的相关性显著并不断增强，自主创新能力成为牵引区域产业结构改造的主力军，这为指导我们完成本轮产业结构改造提供了一个新的理论基础。区域自主创新能力研究及其对区域产业结构调整的影响成为研究的重点。

6.4　基于区域自主创新能力的主导产业的选择

根据以上对区域自主创新能力与区域产业结构关系的历史及现状回顾，并结合区域自主创新能力与第二产业及第三产业相关性很高的数量分析，现构造模型对基于区域自主创新能力的区域工业及第三产业进行主导产业的选择。

我国前期相关领域的研究成果多集中于对全国各产业进行总体行业排序，得出产业总体优势排名，例如目前对基于产业的收入弹性，生产率上升率、关联度等进行各行业优势排序，这种排名的优点在于对全国宏观产业发展趋势有很好的政策指导意义，但其不足在于对各区域区位经济要素特色考虑不足。以区域为单位，以自主创新能力为参照系，结合区域差异对产业结构进行区域特色的优势比对，对于解决现有区域产业结构趋同现象有一定的理论指导意义。

由于传统经济理论中影响产业结构的自然资源在现代工业化生产中所起作用趋小、资金及劳动力也隐身为环境要素，因此自主创新能力作为重要参照要素在主导产业模型构建中起关键作用。

综上，区域主导产业的选择模型采用三维理论来进行（见图6-1），一维是产业产值区位商（A），二维是区域自主创新能力位势（F），三维是科技创新对产业的贡献系数（C）。其中产业产值区位商指一个区域特定产业规模的指标——产值占该区域工业（或第三产业）总产值的比重与全国该产业产值占全国工业（或第三产业）总产值比重之间的比值。实际上也就是以全国产业结构的均值作为标准参照系来判定区域产业的现有位势。公式为：

$$A_{ij} = (e_{ij}/e_i) / (E_j/E) \qquad\qquad (公式6-1)$$

其中 A_{ij}——i 区域 j 产业的产值区位商；

e_{ij}——i 区域 j 产业的当年价格计算的产值；

e_i——i 区域的当年价格计算的工业（或第三产业）产值合计；

E_j——全国 j 产业当年价格计算的产值合计；

E——全国工业（或第三产业）当年价格计算的产值合计。

区域自主创新能力 F 为"十一五"期间自主创新能力因子得分（见表5 – 10）。这里作了线性变换，公式为：$F_{NEW} = 90 * (F_{OLD} - F_{MIN}) / (F_{MAX} - F_{MIN}) + 10$，线性变换后并不改变原有数值排序。C 为现有科技创新对产业贡献系数，它将随着产业科技创新含量的增强而增强，其取值由于工业及第三产业产业性质不同而不同。

6.4.1 基于区域自主创新能力的工业主导产业的选择

世界各国经济发展并没有统一的成功模式，但工业化道路的选择似乎更容易使国家的经济走向成功。就工业化的基本进程而言，各国有一些相同的特征，即从轻工业或消费品工业开始工业化，然后发展到重工业或资本品工业，继而推动服务业或第三产业兴起，这一点即使是后起的工业化国家如美国和日本也并未改变。因此即使第三产业的快速发展也要以较为发达的第二产业为基础。因此以科学技术发展为基础，大力节约资源和能源的工业发展模式探索是至关重要的。

区域产业结构现状是区域自主创新能力作用于区域经济的外在表现形式之一。区域产业结构在不同的区域及产业生命周期对区域自主创新能力提出不同的要求。这种要求指在国民经济整体效益最优前提下，实现区域范围内产业结构合理化的过程。区域与产业均有一定的生命周期，必然会产生区域产业结构动态优化问题。在评价区域经济时，从战略角度上，区域产业结构是否联系先进科学技术，是否有利于科学技术进步，自主创新能力是否快速作用于区域产业结构，并形成环境保护和生态平衡的良性循环是区域自主创新能力与区域产业结构关系是否协同的表征。

一个区域工业发展和现代化水平可以从工业产值规模、与区域自主创新能力的关联紧密程度来得到反映。对于区域主导工业行业的最终选择当然需要考虑多方面的因素，但由于经济要素的流动性加强及生产方式的飞速发展，传统区位经济要素的指向性出现了越来越弱的情况。而传统理论中对于主导产业选择过程中应考虑的自然资源、资本等也完全可以在现在的初具历史历程的各工业行业现有规模中得以显现。但对于自主创新能力这一因子，由于近几年科技创新发展的迅猛，自主创新能力区域化表征更新频率加快；自主创新能力在生产力发展中所起的作用越来越强；国家对科技创新的区域化更加重视；区域科技创新的特色性发展最终也将在整体经济结构调整中起作用日益显性化。因此对基于自主创新能力的区域主导工业产业进行研究有助于了解区域特色发展的方向并加强其与产业发展的联结。

工业系统呈现的是物质、能量和信息流动的特定分布，完整的工业系统有赖于资源和科技创新的服务，这是不可或缺的，工业系统面对人类可持续发展必然趋势的要求需要变革和演化。自主创新能力是使区域工业系统产业处于优先的基准。应用"十五"期间的自主创新能力指标对工业各主要行业进行区域优势计算和比对，是对区域工业进行优势选择，从而达到提高产业结构高度化及合理性的目的。

根据以上观点，设计量化数据模型以获得在自主创新能力现状下各区域主导产业的选择方案。

令 Aij 为各区域第二产业中主要工业行业产值区位商（见公式 6 - 1），Fi 为区域自主创新能力——中国各区域自主创新能力"十一五"期间的因子得分值（见表 5 - 10）。Cj 为自主创新能力对产业的贡献系数，这里取科技活动经费占各行业产品销售收入的比重；其中 i 为中国各区域，不包括台湾、香港和澳门，i =31。j 为工业主要行业，j = 25。则 Lij = Aij * Fi * Cj，其中 Lij 为区域工业产业位势（某些省份产业相关数据缺失，在处理时暂按"0"计）。数据取自《中国工业经济统计年鉴》、《中国科技统计年鉴》和《中国统计年鉴》。

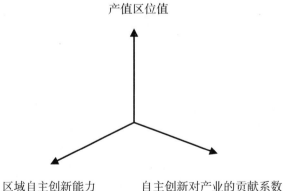

图 6 - 1　区域内主导产业选择模型

由表6-7可见①，基于自主创新能力的工业主要行业前十名多集中于北京、江苏、上海、山东、广东等区域，这些区域除河南外均为沿海经济发达省区。这是由于目前自主创新能力示范区和先进区与经济发达省份的分布情况大体一致，经济对科技创新的支撑作用及产业的趋利性使产业集群在这一区域。

---

　　① 表6-7、6-8及其他相关表中，各行业代码意为，A：煤炭采选业；B：石油天然气开采业；C：黑色矿采选业；D：有色金属矿采选业；E：食品制造业；F：饮料制造业；G：烟草加工业；H：纺织业工业企业；I：造纸及纸制品业；J：石油加工及炼焦工业；K：化学原料及化学制品业；L：医药制造业；M：化学纤维制造业；N：非金属矿物制品业；O：黑色金属冶炼及压延加工业；P：有色金属冶炼及压延加工；Q：金属制品业；R：普通机械制造业；S：专用设备制造业；T：交通运输设备制造业；U：电气机械及器材业；V：电子及通信设备制造业；W：仪表及文化办公机械制造业；x：电力、蒸汽热水的生产供应业；Y：食品加工工业企业。

表6-7　工业各主要行业基于自主创新能力的区域优势排名

项目	A	B	C	D	E	F	G	H	I	J	K	L	M	N	O	P	Q	R	S	T	U	V	W	X	Y
北京	5	20	9	29	2	2	16	9	8	1	5	3	19	4	2	12	5	6	3	4	6	2	3	7	6
天津	28	4	29	8	9	10	24	11	12	8	6	7	17	16	6	11	6	8	9	12	7	5	6	17	10
河北	9	11	1	16	8	12	17	8	9	12	10	9	9	8	4	17	8	13	11	18	13	18	19	9	12
山西	2	22	8	24	22	25	26	24	27	17	19	24	24	20	12	18	19	21	18	24	23	25	26	18	27
内蒙古	8	17	11	10	10	16	25	13	21	22	21	25	29	21	13	19	23	25	25	25	27	17	30	15	18
辽宁	10	5	5	7	14	14	22	14	15	3	8	16	14	9	5	6	9	7	8	11	10	9	10	10	8
吉林	18	12	12	22	12	17	20	22	19	21	14	12	10	23	19	28	25	22	22	5	22	20	20	23	20
黑龙江	4	1	28	14	5	6	15	16	7	2	13	8	8	13	18	24	13	10	12	10	12	16	12	3	5
上海	15	16	29	30	3	8	2	5	6	5	3	5	5	6	3	5	3	2	4	1	3	3	4	6	13
江苏	7	13	3	21	6	3	3	1	2	6	4	4	1	1	1	1	2	1	1	2	2	2	2	2	2
浙江	25	22	22	17	11	7	8	2	4	9	7	6	2	7	16	4	4	3	5	8	4	3	5	8	9
安徽	6	22	7	18	16	13	9	12	16	18	16	19	16	15	15	13	16	14	14	13	8	14	15	16	17
福建	21	22	15	20	13	15	12	10	10	20	17	22	7	12	20	23	11	16	16	17	11	6	9	13	15
江西	14	22	25	6	20	20	14	18	17	16	18	14	15	17	14	10	17	20	19	14	18	19	17	14	19
山东	1	3	4	1	4	5	10	4	3	7	4	8	5	3	7	9	7	4	2	7	5	7	7	5	1
河南	3	8	13	2	7	11	6	7	5	13	9	13	6	5	11	3	12	9	7	15	9	13	16	4	4
湖北	24	14	2	11	15	9	7	6	11	10	11	10	11	10	9	14	10	11	10	6	14	11	11	12	7
湖南	12	22	16	4	18	18	5	17	14	14	15	18	12	14	17	8	15	17	15	19	16	15	14	19	16

续表

项目	A	B	C	D	E	F	G	H	I	K	L	M	N	O	P	Q	R	S	T	U	V	W	X	Y
广东	27	2	6	3	1	1	4	3	1	2	2	4	1	8	2	1	5	6	3	1	1	1	1	3
广西	26	22	20	12	24	24	21	25	18	23	20	23	22	23	20	22	15	21	21	20	24	23	25	14
海南	30	19	19	27	26	26	27	27	29	29	26	20	29	30	30	26	30	29	22	28	27	27	30	26
重庆	16	18	18	23	21	22	19	21	23	20	17	18	18	21	21	18	18	24	9	19	22	8	26	24
四川	11	10	10	15	17	4	11	15	13	12	11	13	11	10	15	14	12	13	16	15	10	18	11	11
贵州	19	22	24	26	28	21	13	29	28	25	21	26	27	25	22	24	27	27	23	25	23	25	21	28
云南	23	21	14	13	29	28	1	28	20	22	23	21	25	24	16	27	24	23	26	24	26	21	24	21
西藏	31	22	27	28	31	31	30	31	31	31	31	30	31	31	31	31	31	31	30	31	31	31	31	31
陕西	13	6	23	5	19	19	18	19	22	24	15	22	24	27	27	21	19	17	20	17	12	13	22	22
甘肃	17	9	21	9	25	23	23	23	25	26	27	28	19	22	7	20	23	20	28	21	21	24	20	25
青海	29	15	26	19	30	30	30	30	30	30	28	30	30	28	26	30	28	30	29	30	30	28	29	29
宁夏	20	22	29	30	27	29	29	26	24	27	29	27	28	29	25	28	26	28	31	29	28	22	28	30
新疆	22	7	17	25	23	27	28	20	26	28	30	25	26	26	29	29	29	26	27	26	29	29	27	23

由表6-8可见，工业主要行业中，省区排名在十名以内较密集的行业有：化学原料及化学制品业、医药制造业、非金属矿物制品业、黑色金属冶炼及压延加工业、普通机械制造业、交通运输设备制造业、电气机械及器材、电子及通信设备制造业等，这些行业除医药制造业外均为重工业。这与我国经济运行发展中出现的新一轮重工业化的趋势相吻合。自2001年我国表现出了重化工业加速发展的特征，自主创新能力指导下的区域产业结构也呈现了这一趋势。新一轮重工业化趋势有利于工业和经济增长保持较高速度，有利于产业结构优化升级和国民经济技术水平提高。基于自主创新能力培养和提高基础上的重工业生产将减少资源和环境的压力，削弱经济波动的程度。吴敬琏教授曾发表文章，对工业过度重型化的趋势表示担忧，有些学者提出反驳意见。《经济日报》的理论周刊曾开辟了我国工业重型化之路怎么走的专栏，本研究认为，基于自主创新能力的培养下，我国今后经济发展战略和政策的取向应当是顺应而不是否定新的重工业时代，并加强对新一轮重工业化的科技创新宏观调控。

表6-8 各区域主要工业产业优势排名

项目	A	B	C	D	E	F	G	H	I	K	L	M	N	O	P	Q	R	S	T	U	V	W	X	Y
北京	14	24	23	25	15	12	21	16	17	6	7	22	9	3	19	13	8	5	2	4	1	10	20	18
天津	23	7	25	22	18	16	24	11	19	4	8	21	13	2	12	9	6	10	5	3	1	14	20	17
河北	11	20	17	25	13	16	24	7	12	2	6	22	5	1	15	10	8	9	3	4	14	23	19	18
山西	2	25	18	24	17	16	23	14	20	3	9	21	7	1	4	13	8	6	5	10	15	22	12	19
内蒙古	2	17	22	18	7	13	23	4	16	3	11	24	8	1	6	21	14	19	12	15	5	25	10	9
辽宁	16	10	23	24	21	18	25	15	20	5	12	22	7	1	11	13	4	9	2	6	3	19	17	14
吉林	16	6	24	25	9	13	23	15	19	2	3	11	5	4	17	21	8	14	1	10	7	22	18	12
黑龙江	2	1	25	24	10	15	23	19	16	8	4	18	12	13	21	20	7	9	3	5	17	22	14	11
上海	23	22	25	24	15	18	20	10	16	6	9	17	11	5	13	10	4	7	2	3	1	12	19	21
江苏	21	23	24	25	19	17	22	6	14	3	12	11	9	7	13	10	4	8	5	2	1	15	18	16
浙江	23	25	24	22	20	16	21	2	12	10	10	9	11	13	14	8	3	7	4	1	5	15	18	17
安徽	4	25	23	24	17	12	18	8	16	5	13	21	10	3	11	12	7	6	1	2	9	22	15	14
福建	22	25	24	23	19	16	20	6	10	5	15	11	4	7	14	19	9	8	2	3	1	18	17	13
江西	5	25	24	21	23	18	22	11	16	3	4	17	8	2	6	14	9	12	3	7	10	20	14	13
山东	15	12	25	22	18	16	24	7	11	2	13	17	8	9	19	21	5	4	6	1	6	23	21	10
河南	7	15	25	20	17	19	23	10	12	3	13	18	1	5	9	11	8	2	1	4	14	24	16	11
湖北	25	20	23	24	19	14	22	3	15	3	9	21	8	2	12	18	6	10	1	5	4	18	17	13
湖南	13	25	24	22	23	19	15	11	12	2	10	17	6	3	5	18	9	7	1	4	8	21	20	14

续表

项目	A	B	C	D	E	F	G	H	I	J	K	L	M	N	O	P	Q	R	S	T	U	V	W	X	Y
广西	19	25	24	16	18	15	20	13	11	22	3	9	23	6	4	7	17	2	10	1	8	12	21	14	5
海南	25	24	15	22	9	4	20	13	18	19	3	2	10	6	12	17	8	21	16	1	7	14	23	11	5
重庆	10	24	22	23	20	15	21	12	19	25	2	7	13	6	3	8	14	5	17	1	4	11	9	16	18
四川	16	14	24	23	20	6	21	12	15	25	4	9	19	5	2	11	18	8	10	3	7	1	22	17	13
贵州	6	25	22	21	17	10	11	20	18	24	2	5	23	9	3	4	14	13	15		7	8	19	12	16
云南	13	25	21	15	23	17	2	22	14	24	1	5	20	7	4	3	19	9	10	6	8	16	18	11	12
西藏	8	16	5	4	14	3	16	9	16	16	12	1	16	2	16	13	15	16	11	6	16	16	16	7	10
陕西	10	3	25	17	19	14	23	12	21	16	8	5	24	9	11	13	22	7	6	1	4	2	15	18	20
甘肃	6	3	24	18	20	15	22	14	21	8	5	12	25	4	2	1	17	10	9	16	7	11	23	13	19
青海	8	2	19	10	21	11	24	16	20	23	4	7	24	5	3	1	13	6	12	15	17	22	18	9	14
宁夏	1	23	23	23	13	17	21	14	7	16	3	11	20	6	5	2	15	4	8	22	9	19	10	12	18
新疆	10	1	19	21	13	12	23	4	16	3	6	17	22	5	2	11	20	18	14	8	7	25	24	15	9

6.4.2 基于区域自主创新能力的第三产业主导产业的选择

P. Krugman 在 1991 年指出，当今世界中最突出的区域化的例子事实上是基于服务业而不是制造业的。有些服务行业的区位基尼系数是零。如芝加哥的期货交易中心，美国的哈特福德第三产业的兴旺发达，是现代经济的一个重要特征。发展第三产业，不仅有利于缓解资金、资源供求矛盾和就业压力，优化产业结构，而且有利于提高整个经济的效益，促进市场的发育。目前我国第三产业的比重偏低，需要逐步提高，使之与第一产业和第二产业的发展相适应，形成合理的规模和结构。大力发展第三产业不仅符合三大产业演进的规律，同时第三产业的就业弹性远远高于第一产业和第二产业，因此大力发展第三产业可以缓解我国就业难题，特别是在工业化的中后期，第三产业在国民经济中的比重呈不断上升的态势，成为国民经济的"顶梁柱"；城市化的"接力棒"也会传到第三产业上，并由它继续推动下去；高度发达的社会化大生产要求区域提供更多更好的配套性服务行业，商品流通要求有仓储、运输、批发、零售业的服务；市场营销要求有广告、咨询、新闻、出版业的服务；专业化程度越高，越要求企业间的协作与交流，越要求有发达的市场服务体系。随着收入的提高和闲暇时间的增多，人们更多追求丰富多彩的物质消费和精神享受，由此要求发达的城市文化教育、体育娱乐、医疗保健、旅游度假、法律诉讼等行业的发展。第三产业的迅猛发展赋予了区域新的活力，可以说，在工业推动的基础上，第三产业的发展构成了区域经济纵深跃进的后续动力。我国目前现代服务业发展滞后，第三产业内部存在着结构低水平。生活型服务业长期占主导，生产型服务业发展滞后，金融保险、房地产、物流产业、科技开发、信息咨询服务业严重落后。为了更进一步分析自主创新能力对区域第三产业的影响，鉴于区域自主创新能力与第三产业的线性相关性很高，设计模型如下：Aij 为第三产业主要行业产值区位商（见公式 6-1），Fi 为区域自主创新能力，

取中国各区域自主创新能力"十一五"期间的因子得分值（见表 5-10）。Cj 为科技创新对产业的贡献系数，因为第三产业是以城镇为发展界面并以服务业为主的产业领域，对人力资源的特殊要求重于其他产业领域，因此Cj 取城镇单位专业技术人员数占各行业从业人员总数的比重。其中 i 为中国各区域，不包括台湾、香港和澳门。i = 31。j 为三产中主要行业，j = 11。则 Lij = Aij * Fi * Cj，其中 Lij 为区域第三产业位势（数据取自《中国科技统计年鉴》和《中国统计年鉴》）。

表6-9　各区域第三产业基于自主创新能力的区域优势排名

区域	批发零售贸易及餐饮业	房地产业	教育文化艺术及广播电影电视业	卫生体育和社会福利业	交通运输仓储及邮电通信业	国家机关政党机关和社会团体	科学研究和综合技术服务事业	社会服务业	金融保险业	地质勘查业水利管理业	农林牧渔服务业
北京	1	1	7	5	4	5	1	4	1	6	11
上海	2	2	4	4	2	7	3	2	2	5	7
江苏	3	3	3	2	5	1	5	3	4	2	1
浙江	4	6	2	3	1	4	4	6	8	9	6
山东	5	5	5	6	6	2	7	5	7	3	3
广东	6	4	1	1	3	3	2	1	3	1	2
辽宁	7	10	6	7	7	9	6	8	5	17	4
湖南	8	13	13	14	9	6	17	14	15	11	10
四川	9	9	9	12	11	12	11	11	11	10	5
湖北	10	7	8	13	8	11	9	12	12	15	14
天津	11	12	14	11	12	14	8	7	6	8	24
福建	12	8	11	8	13	13	10	10	17	20	12
河南	13	14	12	10	10	10	13	9	14	4	16
河北	14	11	10	9	14	8	12	15	13	7	15
安徽	15	15	16	17	16	19	16	13	19	14	8
重庆	16	17	19	23	19	18	14	18	10	25	20
黑龙江	17	22	15	15	15	15	15	17	16	13	9
陕西	18	23	25	18	21	20	19	21	18	16	19
吉林	19	25	17	21	17	21	18	19	9	23	25
广西	20	27	18	19	18	22	20	22	23	26	22
江西	21	18	20	16	22	17	21	16	24	21	18
云南	22	20	22	24	20	25	25	20	22	24	17
山西	23	16	21	20	23	16	22	23	21	12	13
新疆	24	21	26	25	26	23	24	27	26	19	23
内蒙古	25	28	24	22	24	24	23	26	25	22	26
贵州	26	26	27	27	25	26	26	25	27	30	27
甘肃	27	19	23	26	27	27	28	24	20	18	21
海南	28	24	28	28	28	29	27	28	28	29	31
青海	29	29	30	29	30	28	29	30	29	27	28
宁夏	30	30	29	30	29	30	30	29	30	28	30
西藏	31	31	31	31	31	31	31	31	31	31	29

由表6-9可见，基于自主创新能力的第三产业主要行业前十名多集中于广东、江苏、北京、上海、辽宁、浙江、山东等沿海经济发达省区。这是由于目前自主创新能力示范区和先进区与经济发达省份的分布情况大体一致。第三产业各区域行业优势排名见表6-10，由表6-10可见，第三产业各行业中，

表6-10　各区域第三产业主要行业优势排名

项目	批发零售贸易及餐饮业	房地产业	教育文化艺术及广播电影电视业	卫生体育和社会福利业	交通运输仓储及邮电通信业	国家机关政党机关和社会团体	科学研究和综合技术服务事业	社会服务业	金融保险业	地质勘查业水利管理业	农林牧渔服务业
北京	2	1	6	8	7	9	4	5	3	10	11
天津	1	2	3	4	6	9	7	5	8	10	11
河北	1	2	3	4	5	7	8	6	9	10	11
山西	2	1	3	4	5	6	8	7	9	10	11
内蒙古	1	4	2	3	5	9	6	8	7	10	11
辽宁	2	3	1	4	5	9	6	7	8	11	10
吉林	1	7	2	5	4	9	8	6	3	11	10
黑龙江	1	6	2	3	4	8	7	5	9	10	11
上海	2	1	3	6	5	9	7	4	8	10	11
江苏	2	1	3	5	6	8	7	4	9	11	10
浙江	1	2	3	4	5	8	7	6	9	10	11
安徽	1	2	3	5	6	8	7	4	9	10	11
福建	2	1	3	4	6	8	7	5	9	11	10
江西	1	2	3	4	6	9	7	8	5	11	10
山东	2	1	3	5	6	8	7	4	9	11	10
河南	1	3	2	4	6	8	7	5	9	10	11
湖北	2	1	3	5	4	8	7	6	9	10	11
湖南	1	2	3	5	4	7	8	6	9	10	11
广东	3	1	2	5	7	9	8	6	4	10	11
广西	1	6	2	3	4	8	7	5	9	10	11
海南	2	1	3	4	6	8	5	7	9	10	11
重庆	1	2	3	8	7	9	4	5	6	11	10
四川	1	2	3	4	5	9	7	6	8	11	10
贵州	1	2	3	5	4	9	7	8	6	11	10
云南	1	2	3	6	4	9	7	5	8	11	10
西藏	1	5	2	6	3	4	7	8	9	11	10
陕西	1	5	3	2	4	9	7	6	8	10	11
甘肃	2	1	3	4	5	8	9	6	7	10	11
青海	1	2	3	4	5	6	8	7	9	10	11
宁夏	1	2	3	4	5	7	8	6	9	10	11
新疆	1	2	3	4	5	6	7	8	9	10	11

省区排名在五名以内较密集的行业有：教育、文化、艺术及广播电影电视业，卫生体育和社会福利业，房地产业、批发零售贸易及餐饮业，交通运输仓储及邮电通信业等。由此可见，我国各区域第三产业的发展还有待于进一步提高。现代服务业发展滞后和城市化水平低是造成三次产业结构失衡的主要原因。

6.5　本章小结

本章是本书的重要章节。自主创新能力作用于区域经济发展并起着关键作用。区域自主创新能力本身的发展状态及受其影响所构成的其他经济要素的比例关系决定了该区域经济的发展水平、区域知识经济达到的程度和特征。自主创新能力有助于增强区域产业结构调整的韧性。区域自主创新能力的动态中求优化是与区域追求产业结构动态优化中发展的目标相吻合的。对区域自主创新能力成长路径的认识及应用其指导区域产业结构的战略性调整对区域整体经济乃至全国的经济协同发展都有关键作用。

随着区域自主创新能力异质态的存在，主导产业的发展不仅在时间上呈现出一定的顺序，而且在区域横向分布上也是变化多样的。同时区域主导产业群内部、主导产业群与其他产业部门之间都会以自主创新能力为平台呈现出复杂的科学技术与经济的联系形式。自主创新能力作用下主导产业的发展水平是决定一国或一个区域经济增长质量的根本因素，也是确定其产业结构是否合理的重要标志。对各区域主导产业群进行基于自主创新能力位势的分析比较，从而进行优选，这种优选只对区域具有指导作用，并有助于全国统筹进行产业调整。

本章利用区域主导产业的选择模型来确定各区域主导产业的选择。本章主要内容包括：

1. 自主创新能力对区域产业结构的作用机制及对区域主导产业选择的重要性论述。区域产业从世界各国经济发展的情况来看，大都呈现明显的阶段性。不同的阶段，经济发展的重点不同，主导产业也不同。因而在不同阶段存在着各不相同的结构重大转换问题。结构转换问题对中国这样一个发展中国家来说，显然比发达国家更为重要，因为发展中国家市场的非均衡现象表现得更为突出。生产结构的变化速度也更快。在利益导向为特征的环境中，产业导向的实现更多地表现为经济行为主体的内在要求，依靠的是一种自发的力量。基于自主创新能力对区域产业结构进行调整可以促进区域间的协同发展、建立可持续发展系统的信息联系与反馈机制、改善区域资源的利用类型、使区位经济要素软化、使区域产业结构保持重组韧性、把握区域产业结构现在发展状况及未来发展走势，并为推动产业结构质的变化及加强其深度和广度发挥作用。

2. 区域自主创新能力与区域产业结构发展的历史和现状。总体来说，目前我国区域产业结构发展中增长最快的仍是第二产业，三次产业贡献率最大的也是第二产业，其中工业又占其1/2强。同时无论从国际成形经验还是从我国经济发展阶段来看，第三产业正处于发展迅猛时期。我国各区域产业雷同现象源自于区域自主创新能力没有与经济和社会三系统有效的结合。

3. "十一五"期间的区域自主创新能力与同期三次产业 GDP 进行相关性分析可得：区域自主创新能力与第一产业之间无明显线性相关关系；与第二产业、第三产业均存在较显著正相关关系。

4. 基于区域自主创新能力与三次产业 GDP 相关性分析可知，自主创新能力与第一产业无显著相关关系，因此这里不对其作主导产业选择分析。基于自主创新能力作为先导性因素对工业及第三产业设计各区域主导产业选择的量化数据模型，以获得在自主创新能力现状下区域主导产业的选择模型。

5. 对工业和第三产业主导产业进行优选；工业主要行业前十名多集中于北京、江苏、上海、山东、广东等区域，这些区域除河南外均为沿海经济发达省区。工业主要行业中，省区排名在十名以内较密集的行业有：化学原料及化学制品业、医药制造业、非金属矿物制品业、黑色金属冶炼及压延加工业、普通机械制造业、交通运输设备制造业、电气机械及器材、电子及通信设备制造业等，这些行业除医药制造业外均为重工业。这与我国经济运行发展中出现的新一轮重工业化的趋势相吻合。基于自主创新能力的第三产业主要行业前十名多集中于广东、江苏、北京、上海、辽宁、浙江、山东等沿海经济发达省区等沿海经济发达省区。这是由于目前自主创新能力示范区和先进区与经济发达省份的分布情况大体一致。第三产业各行业中，省区排名在五名以内较密集的行业有：教育、文化、艺术及广播电影电视业，卫生体育和社会福利业，房地产业、批发零售贸易及餐饮业，交通运输仓储及邮电通信业等。

第七章

基于区域自主创新能力的产业结构调整实证研究

根据以上各章节分析可知，区域自主创新能力是一个动态、不断更新、共享的能力系统集成。作为一种社会共享资本，它有效地帮助隐含知识的交流和传递并为科技创新的区域内积累沉淀提供所需的平台。自主创新能力具有不可视性，应借助区域经济及产业结构加以显性化。区域内部的生产模式、商品流通模式及资本运营模式——无烟工厂、无车间生产、零库存及集团化的实现也有赖于区域自主创新能力的增强以更好得以实现。区域产业结构是区域自主创新能力积累状况在现有时点上的反映。毋庸置疑，作为东北老工业基地的一分子，分析吉林省自主创新能力的现状，对吉林省工业和第三产业进行主导产业的选择有先决指导意义。这一实证分析也有利于就区域自主创新能力对产业结构指导意义进行再深入研究。

7.1 吉林省自主创新能力板块现状评价

7.1.1 吉林省在全国自主创新能力板块中的位置

吉林省自主创新能力在 31 个区域中总体排名为第 13 位，低于全国自主创新能力因子得分平均值（详见第五章）。

自主创新投入产出效率（自主创新产出/自主创新投入）是衡量静态科技创新成果和知识转化能力的指标。吉林省自主创新产出因子排名为第 14 位。"十一五"期间的 2006 年每十万人专利申请授权数为 8.54 件，居第 14 位。技术市场成交合同金额为 153666 万元，居第 19 位。每十万人平均发表国际科技论文数为 16.41 篇，居第 6 位。2010 年，吉林省专利申请受理量为 6445 项，专利申请授权量为 4343 项，技术市场成交合同金额为 18.81 亿元，在 31 个省份排名中均居中及后位，自主创新产出因子有待于进一步提高。

吉林省自主创新能力分项构成中的自主创新投入因子得分低于全国平均

值，位于第 12 位。"十一五"期间的 2006 年，吉林省从事科技活动的科技人员数为 82017 人，每万人中科技活动人员数为 30.2 人，居第 11 位。科技经费筹集额占 GDP 的比重为 2.45%，全国科技经费筹集总额为 2938 亿元，政府和企业的筹资比例占总筹集额的比例分别为 22.1% 和 66.3%。吉林省科技活动经费筹集额为 1047154.1 万元，占全国的比例由 2003 年的 1.69% 提高到 2006 的 3.56%，其中吉林省政府和企业的筹资比例占总筹集额的比例分别为 21.3% 和 70.55%。2008 年吉林省从事科技活动人员数增长为 97400 人，每万人中的科技活动人员数增长为 35.6 万人。由此可见，吉林省科技活动经费投入的绝对金额并不占优势。但吉林省近年来科技经费筹集中企业相对额度大于全国相应企业的比例。这主要归因于吉林省国有企业比重偏高的现实情况。总体看，科技活动投入资源的总量虽然在全国排名较后，但相对指标还是较靠前，从而最终使自主创新投入因子得分较靠前，这说明了吉林省对于科技活动和自主创新能力的培养认同感较强。

吉林省自主创新发展环境因子列于第 18 位。2006 年吉林省人均 GDP 为 15720 元，位居全国第 13 位；人均绿地面积为 10.06 平方米，居第 12 位；工业废水排放达标率为 97%，居第 7 位；工业增加值率为 31.86%，居 16 位；教育经费为 1454419 万元，居第 21 位；吉林省大专以上人口数居全国第 18 位；国家产业化计划项目当年落实金额为 213626 万元，居第 10 位。虽然 2010 年吉林省人均 GDP 提高为 31552.89 元，但未来自主创新发展环境因子改善潜力巨大。

7.1.2　吉林省在东北老工业基地自主创新能力板块中的位置

东北老工业基地是指那些在长期工业发展和工业化过程中形成的，曾经对较大范围或全国经济发展产生巨大影响的工业相对集中分布的城市或区域。包括哈尔滨、齐齐哈尔、长春、吉林、大连、沈阳、鞍山、抚顺、本溪、包头、天津、太原、大同、洛阳、西安、兰州、成都、重庆、武汉、上海等 20 个以上城市。这其中有一半左右的城市分布在东北三省，这些城市几乎覆盖了辽宁、吉林、黑龙江三省的主要城市。因此，东北三省被认为是我国重要的老工业基地（以下简称东北）。

自主创新能力的建设虽然并不与科技创新区域边界的大小成正比，但一般而言，区域内有效的资源却与边界的大小成正比。将吉林省置于东北老工业基地进行研究有利于区域一体化建设，一体化建设不仅带来商品的低成本跨区域流动，而且也促使区域间的资本与劳动力加速流动，从而使知识与能力的扩散和培养更加容易，也更有利于自主创新能力的大区域兼容和自增强。

在东北科技板块中，吉林省自主创新能力位于第二位，排在辽宁之后，高于黑龙江。其中自主创新投入因子与辽宁较接近，说明吉林省对自主创新能力培养的重视和认同；自主创新产出因子与辽宁相去甚远，说明吉林省自主创新投入产出能力有待于进一步提高；就自主创新发展环境因子而言，吉林省较为落后，需要大力进行自主创新发展环境因子建设。

表 7−1　北京市、上海市及东北区域自主创新能力及各分项因子得分

项目	自主创新能力	名次	自主创新产出因子	名次	自主创新投入因子	名次	自主创新发展环境因子	名次
北京	3.9282	1	3.95433	1	4.51892	1	2.35884	1
上海	2.1956	2	2.78327	2	1.48954	2	1.799	3
辽宁	0.2725	8	0.06281	7	0.09892	7	0.64807	8
吉林	−0.221	13	−0.29666	14	−0.06424	12	−0.24734	18
黑龙江	−0.396	19	−0.30263	15	−0.33457	18	−0.47114	21

由表 7−1 可见，东北的辽宁、吉林和黑龙江在自主创新能力的分项即自主创新投入和自主创新产出中差距并不是很大，而在自主创新发展环境一项中三省差距较大，为了进一步分析东北自主创新能力的地带内差距和地带间差距以及其形成原因，以便获得科学的区域自主创新能力成长路径，下面将东北自主创新能力的锡尔指标列详表于下（见表 7−2）。

表 7−2　东北自主创新能力差距锡尔指标

项目	基于自主创新产出的锡尔指标	基于自主创新投入的锡尔指标	基于自主创新发展环境的锡尔指标	合计
地带内	0.0008	0.004	0.0008	0.0097
地带间	0.0201	0.0048	0.0014	0.0263
合计	0.025	0.0088	0.0022	0.035

整体来看，对于东北来说，基于自主创新产出的锡尔指标差距最大。具体而言，基于自主创新产出因子的自主创新能力地带间差距大于地带内差距，这说明自主创新产出因子在转化为自主创新能力过程中东北与其他板块相比能力

并不均衡。辽宁自主创新产出因子排名为全国第七位，自主创新能力排名为第八位；吉林自主创新产出因子排在全国第十四位，而其自主创新能力排在第十三位，黑龙江位居其后。结合表 7 – 1 可见，东北及吉林省应大力加强自主创新产出因子转化为自主创新能力的建设。

在自主创新产出、自主创新投入和自主创新发展环境分别保持不变的前提下：1. 东北对于自主创新产出来说，地带间差距大于地带内差距。就整个东北而言，由于其自主创新产出水平在全国横向比较处于前列，应继续保持这一因子的优势位势。2. 就自主创新投入而言，自主创新能力的地带内差距与地带间差距较为相近，在整体继续保持均衡发展的同时，吉林省应加强对自主创新投入力度。东北的辽宁自主创新投入较为先进，位居全国第七位，结合表 7 – 1 可见，吉林省与黑龙江应利用地缘优势，借鉴辽宁经验，进一步加强自主创新投入向自主创新能力转化路径的培养。3. 自主创新发展环境的地带内差距小于地带间差距，随着改革开放的深入发展，各省区及各自主创新板块的能力培养增长速度会呈现出差异发展的趋势，这将是中国整体自主创新能力培养发展过程中的必经过程，其中的发展环境因子的培养和锻造绝非一日之功，这就说明发展环境的差异现状将更值得我们关注。吉林省自主创新发展环境因子应在保持板块强势推动的地缘优势基础上，加强对其各构成因子的积极培育。

总之，东北基于自主创新产出的自主创新能力差距最大，说明东北整体需要加强将自主创新产出因子向自主创新能力转化的培养。其中地带内自主创新能力的差距主要是由于自主创新投入因子向自主创新能力转化的差距引起的；地带间自主创新能力的差距主要是由于自主创新产出因子向自主创新能力转化的差距引起的。

自主创新能力的地带内差距与地带间差距相比，后者大于前者，这要求我们在近一段时间的自主创新能力培养过程中重点关注与各自主创新能力板块特别是强势板块的说明在东北自主创新能力的培养过程中，既应注意地带内各省份科技创新的协同发展，又应适时保持与其他区域的共同发展，使东北变成一个在科技创新建设过程中更加开放的区域，这无疑为其自主创新能力的培养路径选择提供了科学的依据。

综上，作为老工业基地的一分子，吉林省也应加强地带间沟通协作的能力，在提高自主创新产出因子向自主创新能力转化的同时，注重自主创新发展环境因子的培养以增强自主创新能力培养进度。

7.1.3 区域视角的吉林省自主创新绩效现状分析——DEA 法

上一节系统分析了吉林省在全国 31 省际区域中的相对位势和跨区域地带成长的现状，现为探讨吉林省内各市级 9 区自主创新能力现状，拟应用因子分析法与数据包络分析（Data Envelopment Analysis，简称 DEA）来测量吉林省九区自主创新能力绩效，以期从区域视角继续分析吉林省自主创新能力特征。

7.1.3.1 方法及指标选取

DEA 是 A. Charnes、W. W. Cooper 等人提出的评价系统相对效率的非参数方法，其允许决策单元行为非优化（或非效率），从而预测其效率程度。同时，其也无需人为设定权重，适用于多输入和多输出系统的投入产出相对效率评价。Bowlin（1987）认为，DEA 的决策单元数应大于等于投入产出因子数。囿于吉林省 9 个区的决策单元数，先用因子分析法减少变量数量，并最大限度保留原始变量信息。区域自主创新能力是社会经济社会系统的组成部分，通过 DEA 与因子分析方法的组合可以发挥两方法的长处，系统评价区域自主创新能力，为区域政策制定者提供自主创新优化培养路径。

现实社会中，自主创新投入存在着各种结构关系，主要包括对自主创新资源中的人力和物力在自主创新环境中进行科学合理的、符合自主创新活动不同阶段的结构优化配置。其中的自主创新投入活动较多体现在 R&D 活动和科技活动等科研活动中。自主创新作为一个相对独立的系统，它同经济和社会系统有着广泛的交互影响。一方面，自主创新以其已有成果满足社会多种需要，促进生产、经济、社会不断发展；另一方面，自主创新的发展也需要整个经济社会系统的支撑。区域自主创新环境就是指一个区域内参加自主创新发展和扩散的企业、大学与研究机构、中介服务机构以及政府等组成的为创造、储备、使用和转让知识、技能和新产品而相互作用、互相提供媒介的体系。这一体系在区域自主创新能力中的作用虽然是隐性的，但却非常重要。这是因为：1. 自主创新具有网络结群性，其网络结群的数量和质量将直接影响自主创新能力，而自主创新环境反过来对其网络结群能力的强弱起着至关重要的作用。2. 区域自主创新作为一个系统，其高效性需要面向市场经济，并以机制灵活的经济政策与政府管理办法为支撑。因此对自主创新能力进行区域化处理时有必要考虑自主创新环境。用该指标集测度区域自主创新环境对区域自主创新产出的支撑力度和引领程度，实际上也就是测试区域自主创新产出是否符合区域经济和社会发展的需要，是否受到区域的认同及与区域教育、产业、经济发展及对外来知识主动协调程度。同时，自主创新在同一国家政策范围内其自主性也较多体现在自主创新环境因子中。目前自主创新环境成为很多政府为增强竞争优势而选择的一种重要弹性政策措施（Maillat，1991）。区域通过与拥有这些知识的高校建立正式和非正式的联系获得所需的科技进步（OECD，1981，1993），从而进一步形成自主创新潜力。准确把握一个区域的自主创新环境必须考虑它所支撑的产业（根据中国国情多指工业）。在我国社会主义工业化中期阶段，为实现新型工业化，工业总产值仍是自主创新与产业协同程度的重要指标。产学研一体的合作创新是区域自主创新的有效载体，因此教育经费作为自主创新的潜在环境要素被纳入指标体系中。外商直接投资对知识和自主创新有引致作用，但外向型的直接投资（outward direct investment）比内向型的直接投资积极作用要大。考虑目前的统计资料，这里用实际利用外商直接投资来表征。

自主创新产出是自主创新投入能力的综合表征。自主创新产出指标中专利申请授权量是评价区域自主创新能力最直接、最重要的指标。专利给予所有者一段时间获得垄断利益的特权，但也有一些专利并不能及时转化为生产力，同时有些自主创新产出并未以专利形式存在。因此为了弥补单一指标的不足，把专利申请量和发表论文数加到自主创新产出指标中。

综上，这里选定的指标中输入变量包括自主创新资源因子及环境因子，各变量多使用相对指标。其中资源因子有：X1 = R&D 活动单位数（个）；X2 = R&D 经费内部支出占 GDP 比重（%）；X3 = 科研机构数占规模以上企业单位数比例；X4 = 有科技活动的单位数（个）；X5 = 科技活动经费筹集额占 GDP 比重（%）；自主创新环境因子有：X6 = 年工业总产值（万元）；X7 = 各市财政支出中的教育支出（万元）；X8 = 实际利用外商直接投资（万美元）；X9 = 人均 GDP（元）。输出变量有：Y1 = 2007 年每十万人专利申请数（个）；Y2 = 每十万人平均发表科技论文数（篇）；Y3 = 每十万人拥有发明专利数（个）。

自主创新投入与产出之间会有累积沉淀性，赵喜仓、陈海波、李健民等（2005）认为，因为基础研究与应用研究投入较小，试验发展投入比重较大，同时目前企业的研究开发体系也容易出现企业的短期追逐利益倾向所诱发的科研的短期逐利现象，因此我国的区域创新资源投入对经济发展的影响时滞较短。这里假设我国区域创新时滞为 1 年。因此这里自主创新投入及产出因子分别取 2009 年及 2010 年的《吉林统计年鉴》。决策单元为吉林省 9 个地区。

7.1.3.2 方法可行性检验及运用

为保证因子分析法与 DEA 方法组合后评价结果的科学性、合理性，在评价之前必须进行一致性检验。运用肯达尔一致性系数对它们进行事前检验。数据中,假设用 m 种方法对 n 个被评单位进行评价,由于 n = 9 > 7 (n 为地区数),当 n > 7 时,检验统计量为:$\chi^2 = m(n-1)T$。其中:

$$T = \frac{12\sum\limits_{i=1}^{n}R_i^2}{m^2 n(n^2-1)} - \frac{3(n+1)}{n-1}, R_i = \sum\limits_{i=1}^{m}y_{ij}$$

χ^2 服从自由度为 n − 1 的 χ^2 分布。故计算得到 $\chi 2 = 11.5$;给定显著水平 $\alpha = 0.25$,查表得临界值 $\chi^2 1 - \alpha (n-1) = 11.389$,因此拒绝 H0 假设,说明二种模型间检验结果存在一致性,可以应用。

自主创新资源因子的相关系数矩阵及 KMO 检验显示可进行因子分析(见表 7 − 3)。因子分析方差累积贡献率达到 90.916%。能非常好地说明自主创新资源投入情况。自主创新资源因子 F1 的因子得分式为 F1 = 0.212X1 + 0.218X2 + 0.193X3 + 0.218X4 + 0.207X5。

表 7 − 3　自主创新资源因子 KMOand Bartlett's Test

Kaiser – Meyer – Olkin Measure of Sampling Adequacy.		.683
Bartlett's Test of Sphericity	Approx. Chi – Square	70.109
	df	10
	Sig.	.000

自主创新环境因子的相关系数矩阵及 KMO 检验显示可进行因子分析(见表 7 − 4)。因子分析方差累积贡献率达到 93.870%。能非常好地说明自主创新环境。自主创新环境因子 F2 的因子得分式为 F2 = 0.265X6 + 0.255X7 + 0.259X8 + 0.253X9。

表 7 − 4　自主创新环境因子 KMO and Bartlett's Test

Kaiser – Meyer – Olkin Measure of Sampling Adequacy.		.715
Bartlett's Test of Sphericity	Approx. Chi – Square	44.035
	df	6
	Sig.	.000

自主创新产出相关系数矩阵及 KMO 检验显示可进行因子分析(见表 7 − 5)。因子分析方差累积贡献率达到 97.671%。能非常好地说明自主创新产出

情况。自主创新产出因子 F3 的因子得分式为 F3 = 0.339y1 + 0.334y2 +0.338y3。

表 7 - 5   自主创新产出因子 KMO and Bartlett's Test

Kaiser - Meyer - Olkin Measure of Sampling Adequacy.		.735
Bartlett's Test of Sphericity	Approx. Chi - Square	39.352
	df	3
	Sig.	.000

为检验其建构有效性（construct validity）（Golany and Roll, 1985; Golany, 1988），计算投入因子与产出因子相关系数，产出因子与资源和环境因子的相关系数分别为 0.944 和 0.611，方法可行。

将因子得分进行非负化处理后，采用 Input—BCC 模型进行 DEA 分析以了解吉林省 9 区自主创新投入产出效率在何种程度上接近于效率前沿。评价结果如下。

7.1.3.3 分析结果

根据上述评价结果的分析，吉林省有 1/3 地区已经达到自主创新产出效率最优。同时 4 区处于规模收益递增，而吉林省的 2 个主要地区吉林与长春自主创新规模收益递减。具体来说，大致可以把 9 区的自主创新的投入产出情况划分为四类，其特点如下（见表 7 - 6）。

1. 综合有效规模收益不变地区

根据 C2R 模型指标的经济含义结果可知，综合效率为 1 的决策单元有四平、白山和延边。这三个区域的自主创新投入产出整体协作处于最佳状况。结合其发展水平的情况，又可分为高水平有效地区和低水平有效地区。延边在吉林省的单项变量值常常仅居于省会长春之后，是高水平有效地区，雄厚的基础和合理有效的投入结构使得这一地区成为吉林省自主创新效率较高的地区，并将成为未来自主创新发展的主力军。白山和四平为低水平有效地区，这两地区虽然有效性高，但囿于其科技资源投入水平有限，基础薄弱且一些输入指标的增加具有很大的滞后性，这一效率会有波动的可能，所以这些地区应本着协调发展的原则，充分利用现有资源保持目前自主创新发展的高效率，并通过与区域自主创新能力建设的相互协调使这些地区进入良性发展的轨道。

表 7-6   DEA 投入主导型自主创新能力分析表

区域	综合效率	技术效率	规模效率	规模收益
长春市	0.970	1.000	0.97	递减
吉林市	0.641	0.649	0.988	递减
四平市	1.000	1.000	1	不变
辽源市	0.797	1.000	0.797	递增
通化市	0.986	1.000	0.986	递增
白山市	1.000	1.000	1	不变
松原市	0.840	0.935	0.899	递增
白城市	0.835	1.000	0.835	递增
延边州	1.000	1.000	1	不变
平均值	0.897	0.954	0.942	–

2. 技术有效且规模收益递减地区

长春属于技术有效且规模收益递减的地区，由于其省会地位，各类自主创新资源及环境均具有优势，其投入产出规模达到一定水平，且内部管理效率和技术潜力得到较好发挥。但是从目前分析结果看，应重点增强资源环境的匹配能力，培育资源协同整合，并继续有效发挥政府在自主创新能力培养过程中的政策供给及扶持和衔接作用，包括财税扶持、金融扶持、知识产权的管理和保护等。

3. 技术无效且规模收益递减地区

吉林是技术无效且规模收益递减的区域。吉林属于自主创新资源优势明显区域，因此这一结果有可能是吉林自主创新资源投入重复，环境配置超前等引起的暂时情况。创新能力获取过程中的自主创新资源投入与环境配置可在时序上一定程度提前于区域自主创新产出，以使整个区域自主创新系统达到动态的均衡。因此，应重点加强吉林作为区域自主创新平台的作用，通过政策有效引导自主创新主体持续有序调整创新资源与环境的配比，根据区域实际加强集成自主创新，提高自主创新主体经营管理能力，加强对现有资源的整合，提高自主创新资源的集约化水平，优化产学研的衔接和社会化服务，并有效降低吉林自主创新中的摩擦成本。

4. 规模收益递增地区

辽源、通化、松原、白城属于此类地区，其中辽源、通化、白城为技术有效。这些地区的特点是创新资源较少，创新投入和环境指标均较落后，产出总量上偏少，较小的投入产出规模使得该地区很容易呈现规模收益递增的情况。这可能是因为：创新对中心城市的依赖性；区域发展过程中必然存在的经济与创新资源的挤占效应会使这些区域在二者选择时优先选择前者。由此，自主创新技术是否有效对这些地区参考性不强。对于这些地区来说，发展的重点应该是基础建设、教育、人才等基础性工作，自主创新应集中在基础建设上。

综上，从静态角度看，吉林省区域内四平、白山和延边属于综合效率最佳城市，而长春市与吉林市是规模收益递减城市，其他均属于规模收益递增城市。也就是说目前长春市与吉林市来说，重点不是资源的配备，而是自主创新能力产出转化问题。同时结合实际来看，长春与吉林市是吉林省的两个重要城市，其资源配置能力明显优于其他城市但却同属规模收益递减城市，这也代表了这一省份自主创新未来发展的一个关键问题。如何发挥二城市在自主创新能力培养过程中的示范效应是我们关注的焦点。

7.1.4　吉林省区域自主创新能力特点和位势

吉林省区域自主创新能力板块具有如下特点：

1. 吉林省自主创新能力根植性较强

自主创新能力具有根植性，区域自主创新能力所依赖的知识基础是在不断的进化发展的，其随着科技创新知识、区域文化、自主创新资源以及制度和地理区位等要素区域特色的不断增强而增强。区域自主创新能力表现出对人文地理的倾向性，区域自主创新能力的根植性使其具有不完全流动性特征，也成为研究领域关注自主创新能力的根源。

吉林省拥有与其他区域不同的历史和经济发展历程、独具特色的科技创新政策区域引导方式和力度。同时其地理位置比较特殊，与其他区域接壤有限，客观上区际地缘联结性较少，这将部分限制自主创新能力与国内其他区域横向传播的可能性。区域对科技创新的认同感较强，这从自主创新投入力度上可略见一斑，这使自主创新能力的内源动力表征明显。吉林省自主创新能力的内源动力使其根植性不断地得到巩固和自增强，加强吉林省科技创新的开放式跨区域协作将是有益的。

2. 吉林省区域自主创新能力具有较强的刚性及抗性

区域自主创新能力具有内生性质，自主创新能力源的特征、原有位势及所继承的演进路径将决定其培养的过程和成长的方向。它还会自主形成锁定机制用以保护已有自主创新能力及防御新能力的出现和生长。区域自主创新能力的这种刚性和抗性特征会因区域自主创新能力位势及能力源的不同而有强弱不同的表现。

企业是自主创新能力的区域主要载体和源泉，丁永生等①认为，按对科研积极性排序，对技术创新的要求度大小顺序是：民营企业、外资企业、股份制企业、集体企业和国有企业。由此看来，在国有经济占较大比例的区域，对自主创新能力的主观诉求将因经济成分构成而受到影响。

吉林省属于东北地区，这是一个同全国平均水平比较国有经济占比重较高的地区（见表7-7）。综合来看，2010年无论全国、东北还是吉林省的国有及国有控股企业在单位数、产值及资产比例上都较2003年有较大幅度下降，这反映了"国退民进"企业改革方针在实践领域的逐步落实。具体来看，2010年，就国有及国有控股工业企业与全部规模以上国有及非国有企业比例上看，无论是从单位数，还是从资产比例及产值方面，东北都高于全国平均值，而吉林省又高于东北地区平均值。这使得这一区域自主创新能力的重要载体——企业的历史包袱沉重。国有企业承担着办社会的职能，从而使创新动力不足。国有企业科技创新管理过程中的范式，即培养得久而太紧的能力模式易于形成刚性，并且易于造成新环境下做反应时缺乏竞争力，这必将继续影响区域自主创新能力的培养过程，从而使这一区域自主创新能力刚性较其他区域表现明显。

---

① 丁永生，陈晓芳．利益诉求：区域科技人力资源转移的路径选择［J］．科学管理研究，2005，(2)．

表7-7 全国及吉林省国有及国有控股工业企业情况

年	项目	国有及国有控股工业企业单位数（个）	国有及国有控股工业企业单位数占全部规模以上工业企业单位数比重（%）	国有及国有控股工业总产值（亿元）	国有及国有控股工业产值占全部规模以上工业企业产值比重（%）	国有及国有控股工业企业资产合计（亿元）	国有及国有控股工业资产占全部规模以上工业企业资产比重（%）
2003	全国	34280	17.47	53407.9	37.5	94519.79	55.99
	东北	3273	27.99	7881.93	67.45	12913.11	74.41
	吉林	969	42.43	2017.7	77.91	2931.20	79.76
2006	全国	24961	8.27	32589	10.29	135153	46.41
	东北	2381	11.36	4956.79	20.35	16026.03	63.39
	吉林	466	14.34	897.4	18.88	3696.63	67.84
2010	全国	20253	4.47	185861.02	26.6	247759.86	41.8
	东北	1775	5.13	22428.58	38.1	27326.09	54.9
	吉林	406	6.57	5691.56	43.5	5623	55.1

资料来源：《中国统计年鉴》整理而得

吉林省传统性很强，在区域演进的过程中没有有效地使自主创新能力及科技创新传统与区域内外的社会环境共同发展进步，区域自主创新能力对区域经济及环境的适应性差，推动作用不及其他区域。重国有、轻民营，重行政手段配置、轻市场规则调配等多方面传统意识的根植阻碍自主创新能力的良性发展和培养，使这一区域自主创新能力抗性表现突出。

吉林省的内陆地理特征及目前的开放度不够也使其刚性和抗性得到强化。这将成为区域自主创新能力成长的瓶颈。摒弃不利于区域发展的意识，促使自主创新能力生长环境的改观是改变这一状况的解决办法。

3. 吉林省区域自主创新能力对环境依赖性明显

形成区域自主创新能力的因素有自主创新投入因子、自主创新产出因子及自主创新发展环境因子。区域自主创新能力的成长中会有不同的初始状况和后天生长环境因素，因此会有可能形成区域发展的异质性。基于自主创新投入及产出能力因子所形成的区域自主创新能力在同一国度内基本是同质的，但自主创新发展环境因子却具有异质性，这种异质性使得区域自主创新能力增长的路径将有质的不同。自主创新能力基于自主创新发展环境因子而出现的差距将极大程度上影响自主创新能力的发展方向，这使得区域间存在非均衡、动态的自主创新能力分布成为必然自主创新能力区域间势差现象将在很大程度上对各区域自主创新能力总体分布趋势产生影响。

无论从东北内部各区域角度，还是从吉林省所处的老工业基地与其他自主创新地区关系角度分析，吉林省自主创新发展环境因子都是急待改善的因子。虽然异质的自主创新发展环境会形成异质的自主创新能力，而异质能力和知识在互相接触中得到增强（Majkgard & Sharma，2000），但异质差距过大将不利于能力的协同和低位势自主创新能力区能力的引入与吸纳。因此应进一步加大对区域自主创新发展环境的培养和监控。同时加强区域自主创新协作，以改善自主创新发展环境因子为切入点，以辽宁为东北自主创新发展的"增长点"，加强其自主创新能力培养的区域示范效应，改变吉林省自主创新发展环境落后省份现状，为其振兴打好自主创新基础。

4. 吉林省整体自主创新投入因子较高，但资金配置结构有待优化

一直以来，自主创新资金来源问题是吉林省诸多创新主体所面临的难题，也是制约吉林省自主创新能力建设的重要原因。吉林省科技经费支出额绝对值虽然逐年上升，但其科技经费支出占 GDP 比例连续四年下降并低于全国同期水平（见表 7 - 8）。另外，吉林省地方财政科技拨款占地方财政支出的比重变

动不大，但仍与全国同期所占比例有较大差距。

表 7 - 8　全国及吉林省科技经费投入（％）

项目	吉林省				全国			
	2005 年	2006 年	2007 年	2008 年	2005 年	2006 年	2007 年	2008 年
科技经费支出额（亿元）	90.1	92.62	108.22	108.47	4836.22	5757.27	7098.9	8420
科技经费支出占 GDP 比例（％）	2.49	2.17	2.05	1.69	2.63	2.72	2.76	2.8
R&D 经费（亿元）	39.3	40.92	50.87	52.84	2449.97	3003.1	3710.2	4616
R&D 经费/GDP（％）	1.09	0.96	0.96	0.82	1.32	1.39	1.4	1.47
地方财政科技拨款占地方财政支出的比重（％）	1.1	1.18	1.25	1.14	3.9	4.2	4.25	4.12

数据来源：《中国科技统计年鉴》整理

同时，区域自主创新能力建设虽然最终目标是一种机制的形成，但创新主体的培养仍是其培养过程的重要组成部分。区域中企业是自主创新的重要主体，大中型企业科技活动经费筹集总额一定程度反映区域企业的 R&D 经费投入，也直接影响其自主创新能力。从表 7 - 9 可见，吉林省有技术开发机构的企业占全部企业比重与全国水平相仿，R&D 经费来源中，吉林省企业自筹资金占企业科技活动经费总额比重高于全国水平，吉林省企业 R&D 经费投入中金融机构贷款比重最低（0.49%），同期上海金融机构贷款占到 11%，说明目前由于吉林省企业整体效益差等原因，企业创新贷款困难，缺乏有效的融资支撑体系，金融机构对企业创新的促进力度低。同期政府资金在企业科技活动经费筹集总额所占比重高于金融机构贷款居第二位，但数额并不大，说明政府对科技创新支持力度还有待加大。

表 7 – 9　2007 年大中型工业企业 R&D 经费投入分布

地区	有技术开发机构企业占全部企业比重（%）	科技活动经费筹集总额（万元）	政府资金		企业资金		金融机构贷款	
			总额（万元）	比例（%）	总额（万元）	比例（%）	总额（万元）	比例（%）
全国	23.27	26658167	818716	3.07	23585643	88.47	1694354	6.36
吉林省	22.4	515772	7233	1.40	494476	95.87	2523	0.49

数据来源：《中国科技统计年鉴》整理

这里需要说明的是，区域金融结构是现代区域自主创新能力培养的关键性约束条件。金融结构优化提高了金融中介效率，从而促进科技创新的产生和扩散。所有带来经济发展的科技创新都源于金融发展（Yuan K. Chou，2004）。由于地区之间经济发展的不平衡是客观存在的，与此相应的金融资源和资产的区域分布及其运动规律也必然存在差异。由此，区域金融发展作用于区域自主创新能力。金融发展通过促进资金流动和风险分担而促进区域创新（Solomon Tadesse，2005）。区域金融发展的差异还可通过区域不同的激励机制、信息不对称和道德风险的规避等作用于创新能力。吉林省仍是间接融资占主体（见表 7 – 10）。2010 年全年股票融资仅为 155.4 亿元，远低于贷款融资规模水平。吉林省企业创新经费筹集渠道有待进一步拓宽。

自主创新能力构成因子中的自主创新投入因子、自主创新产出因子为内生变量，而自主创新发展环境因子更多地表现为外生变量。吉林省目前自主创新投入较高、自主创新产出低的现状借由自主创新发展环境系统低位势的稳定构造将会形成高额投入和低产出的循环往复，影响区域短期利益，并形成区域自主创新能力低位势的循环，最终有可能使区域主体丧失对自主创新能力培养的积极性。同时，短期利益是长期利益的基础，所以也有可能威胁长期利益，而自主创新能力过低位势必然会导致区域丢失机会或陷入危机，因此作为系统层次的自主创新能力培养需要其构成因子的协同并进，以克服系统内耗。

表 7 – 10　吉林省非金融机构融资结构表

年份	融资量（亿元）	贷款所占比重（%）	股票所占比重（%）
2001	190.50	93.90	6.20
2002	201.80	100.00	0.00
2003	232.90	91.00	9.00
2004	301.10	100.00	0.00
2005	268.50	100.00	0.00
2006	543.00	96.50	0.00
2007	461.50	94.50	5.50
2008	791.2	96.9	1.8
2009	1530.2	91.7	0.3
2010	1036.5	94.4	1.5

数据来源于《吉林省金融运行报告》

5. 吉林省自主创新能力人格化机制缺失

根据经济发展的一般规律，任何社会经济的发展主要取决于社会生产力发展的程度。生产力要素是有内部结构的，但不管构成生产力的要素如何变化，一定条件下，生产力诸要素中必然有一种要素可称之为主导经济要素，其他一些经济要素就成为非主导经济要素。要使经济要素特别是主导经济要素发挥作用，从制度创新角度来说，必须使之人格化或形成其经济要素的人格化机制。这就是说，为了实现对经济要素的有效配置，必须在人类社会中形成这样一些集团，使得他们能够在产权制度的基础上，形成对资源创造的超额价值的索取权、支配权和整合权。

吉林省的自主创新能力要素人格化机制缺失表现在：①虽然科技创新基础较好，但企业间、企业与院校以及科研机构之间缺乏有效的协作，各自为政，重复开发；科研、开发与市场脱节，不利于形成科技创新活动的良性循环。在科研产品市场不成熟的情况下，虽然科技创新成果商品化本身是想将多数科研机构逐步推向市场，但同时也出现了科研人员待价而沽的守望心理，增强科研人员和科研院所对有价值信息的保密动机。在保密动力强化的情况下，科技创新人员更可能采取这样的策略：在研究成果较有价值的情况下，他会选择保守秘密。在研究成果价值不高的情况下，他从发表的角度看反而较为有利。结果，期刊杂志得到的文章质量反而有所下降，以至于虽然科技创新项目增加、自主创新投入提高，但科技创新力量难以系统整合，有价值科技创新产出较少。②科技创新工作条块分割、多关管理，形不成合力，不能抓住经济发展的关键，紧紧围绕结构调整、产业升级这条主线，高效率地整合配置创新资源，造成创新资源的浪费，结果影响自主创新能力的生成效率。研发部门生产新知识质量的下降，势必造成企业对国内研发部门生产的新知识不感兴趣，从而最终使区域产业结构与区域自主创新能力相脱节。③对核心科学技术知识的产生和获取不利，不能在此基础上，通过系统内各自主创新能力主体的互动，形成连锁反应机制，加快创新扩散传导，推动区域内新技术或新知识的产生、流动、更新和转化，推动整个区域产业结构升级。

6. 企业整体创新意识不强，中小企业创新能力受限

一方面，区域内企业自主创新主体意识不强。吉林省是一个同全国平均水平比较国有经济占比重较高的地区，总体来说，国有及国有控股工业企业的资产、单位数及产值比重均不仅高于全国平均水平，也高于东北地区水平（见表7-7），国有企业分散化和不易流动的所有权结构滋生的监管"搭便车"和"道德风险"风险，使国有企业的治理结构效率低于非国有企业。丁永生等①认为，按企业对科研积极性排序，对技术创新的要求度大小顺序是：民营企业、外资企业、股份制企业、集体企业和国有企业。另外，改革后国有经济的存在使得整个社会被人为划分成为体制内与体制外两个不同的世界，造成了社会的不公，也会引起人们更倾向于追求体制内的工作机会而不是自主创业，这样在国有经济比重较高的区域不利于形成鼓励创新的环境，因此此类区域社会整体经济效率相对较低。由此看来，在国有经济占较大比例的区域，企业对自主创新能力的主观诉求将因经济成分构成而受到影响。吉林省创新主体对自主创新能力的主观诉求会受到影响。这主要表现为：第一，自主创新投入总量和结构上看，吉林省2008年科技经费支出占GDP比例为1.69%，低于全国的2.8%；R&D经费/GDP为0.82，也低于全国的1.47%。从结构上看，投入资金中，政府财政资金投入比例偏大，2007年，吉林省科技经费筹集额中政府、企业和金融机构所占比重分别是：22.1：73.2：4.6，同期全国的比例是18.5：72.3：8.5。创新主体对政府资金依赖性仍较高。第二，吉林省属于市场化改革相对缓慢地区，特别是大企业，产权体制和治理结构还有相当部分停

---

① 丁永生，陈晓芳. 利益诉求：区域科技人力资源转移的路径选择 [J]. 科学管理研究，2005，(2)．

留在计划经济时代，企业不能主动适应市场需求，竞争、服务意识弱，管理落后，缺乏创新、激励、约束等机制。第三，企业整体由于存续时间较短及过去对历史知识整理和重视程度不够，累积的知识存量有限，这不仅影响了企业能力积累静态存量，也影响了企业对动态创新的吸收能力。

另一方面，中小企业创新能力有待提高。中小企业规模小但数量众多，是吉林省重要创新主体，但大多数中小企业生产技术和装备水平落后，因规模有限，没有能力支付和实施发展所需要的技术创新费用，同时还存在外源资金渠道受限、主体诉求不强现象。表现在：第一，吉林省间接融资为主的金融结构限制中小企业贷款能力。目前吉林省的金融结构仍是高度集中的间接融资体系。与大企业相比，中小企业要求的每笔贷款数额不大，但每笔贷款的发放程序、调查、评估、监督等环节等都大致相同，造成银行对中小企业贷款的单位经营成本和监督费用上升的"不经济"。同时，中小企业信息的不完全获得性使银行对其实施以资产抵押和信用担保方式来管理其违约风险，并且为将贷款风险降到最低，对中小企业的申请贷款的条件审批越来越严格，抵押和担保的条件越来越高，这些客观上阻碍中小企业创新资金的获得。第二，中小企业研究的成果更倾向于与企业需要的紧密结合，但自身能力无论人力、财力均有限。吉林省目前缺乏科技资源和成果的共性公共平台建设来解决这一矛盾。第三，中小企业缺乏对行业方向的把握，经营趋于短期逐利，对创新需求不强，缺乏技术人才缺乏。

7. 自主创新因子组合能力有待提高

目前，吉林省区域内各自主创新能力要素整合能力较差，创新经济一体化因子排名第20位，具体表现为区域内大学和科研机构等自主创新主体往往只注重技术指标的先进性，而忽视市场主体的客观需求。从近三年吉林省自主创新产出表（见表7-11）可见，创新产出整体呈现上升趋势，但无论从专利申请受理量增长率还是从专利授权专利量增长率上看都没有全国增长率高。另一方面，吉林省在中文期刊发表的科技论文数增长率较为可观，2006年一度增长率超过全国平均水平。这可能是因为吉林省大中专院校及科研院所较密集，科研人员研究氛围较好，但同时综合同期专利与发明产出也说明科技成果产出形式有待进一步提高。这一现状表明吉林省的科技创新与经济发展存在脱节，难以形成交叉互补的优势。

表7－11　吉林省自主创新主要产出表

	吉林省				全国			
	2005 年	2006 年	2007 年	2010 年	2005 年	2006 年	2007 年	2010 年
专利申请受理量（项）	4101	4578	5251	6445	476264	573178	693917	1109428
比上年增长（％）	－	11.63	14.70	8.6	－	20.35	21.06	26.4
发明专利受理量（项）	1290	1335	1635	2789	173327	210490	245161	293066
比上年增长（％）	－	3.49	22.47	28.8	－	21.44	16.47	27.9
专利申请授权量（项）	2023	2319	2855	4343	214003	268002	351782	740620
比上年增长（％）	－	14.63	23.11	32.6	－	25.23	31.26	47:6
发明专利申请授权量（项）	391	449	454	785	53305	57786	67948	79767
比上年增长（％）	－	14.83	1.11	9.2	－	8.41	17.59	21.98
国内中文期刊科技论文数（篇）	6581	7661	8463	8987 (2009)	355070	404858	463122	521327 (2009)
比上年增长（％）	－	16.41	10.47	4.13	－	14.02	14.39	10.44

资料来源：《中国科技统计年鉴》计算整理

林星、魏江（1998）指出，区域内部的存量知识需要流量的不断冲击，通过流量知识激活存量知识，自主创新能力源及主体呈现离散状，解决问题所需的相关黏滞信息分布于区域的不同节点，这种构成节点包括企业、高校、战略伙伴、政府及市场供应商等。这些结点将是自主创新能力作用于区域并以其特色区别于其他区域的原因。吉林省自主创新能力的培养过程既受到相互信赖的企业集聚形成的供应链的影响，又与各主体之间的联系方式（包括合作研究开发、人员交流、专利交叉授权、展会、学术交流会、设备购置以及其他）

密切相关，这种研究界、政府、大学和企业界等多主体知识交流、比较、互动和融合很重要。信息类资源的拥有量将从一个侧面反映这种节点的连接现状。由表 7 - 12 知，吉林省的信息化各项指标除每万人大学数外均在全国排名中不占优势，这就解释了其在自主创新能力推进过程中的资源特别是非自然资源类的网络资源在构建过程中可用资源的匮乏。由此，区域有利于创新传播和扩散的系统互动机制仍待进一步形成。

表 7 - 12　吉林省等自主创新能力构建中信息类资源在全国 31 个省市自治区中的排名

区域	辽宁	吉林	黑龙江
互联网用户数	8	16	14
每百户拥有计算机数	19	25	24
每百户拥有电视台数	9	12	16
信息产业增加值占国内生产总值的比重	19	16	28
RD 经费支出总额占 GDP 比重	7	10	23
信息产业投资占全部基本建设及更新改造投资比重	25	29	24
每万人大学数	4	6	7

资料来源：http：//www. niec. org. cn/zt. xwtg31903. htm（2007 年）

7.2　吉林省产业结构现状

1. 经过十几年的结构调整，吉林省农业有了较快发展，是国家的商品粮基地和林业基地，为农业产业技术发展乃至区域自主创新能力的发展创造了发展氛围和空间。

2010 年，吉林省拥有 2747 万人口，自然增长率为 2.55‰，全部就业人口为 1311.6 万人，其中有 567.4 万人从事第一产业的生产，三次产业就业比例为 43.3：20.6：36.6，第一产业就业比重高于同期全国的比例（36.7：28.7：34.6）。正确处理工农业产业关系是关乎区域经济发展的关键问题之一，吉林省是全国的农业基地，农民人均纯收入不断增长 2010 年达到 6237.44 元。吉林省共有 59 个县及市辖区，这里的农村经济全面发展，农业产业化出现良好的发展势头。吉林省大力发展了优质、高产、高效农业，加强大型商品粮基地建设。2010 年粮食综合生产能力不断提高，粮食产量达 2842.5 万吨，（全国产量为 54647.7 万吨），其中玉米产量为 2088 万吨，居全国首位。人均粮食占有量为 1034 公斤，居全国首位，是全国人均占有量 405 公斤的二倍强。农村居民家庭平均每人出售粮食为 2431.72 公斤，高于全国平均值（460.46 公斤）四倍强，粮食商品率仅居黑龙江之后位于全国第二位。区域经济特色逐渐显现，大农业自西向东呈现牧业、农业和林业的布局。在保持粮食不断增产、农林牧副渔全面发展的同时，突出抓了农副产品的转化和深加工工作。公司加农户的农产品产业化经济模式得到推广，涌现出了一批成功企业，形成了一批专业户、屯、村和具有地方特色的农副产品生产基地，农业产业化有了一个良好的开端，方兴未艾。虽然本研究所得数据结果显示，区域自主创新能力与农业的相关性并不显著，但吉林省农业的持续发展对其自主创新能力区域化特色的形成仍很重要，自主创新能力对农业的指导作用也必将进一步显现。

2. 吉林省工业化程度偏低，限制了区域自主创新能力的快速积累，但区域自主创新能力平台已初具规模。

2010 年，吉林省国内生产总值为 8577.06 亿元，"十一五"期间年均增长率为 14.85%。人均国内生产总值从"十五"末的 13348 元增到 2010 年的 31306 元，增长率为 17.96%。2001 年至 2004 年，吉林省城镇居民人均可支配收入年均增长率约为 13%，达到 7840.6 元，2005 年后继续由当年的 8690.62 元增至 2006 年的 9775.07 元。这为区域自主创新能力的培养创造了强劲的需求。2010 年吉林省 GDP 达 8577.06 亿元，其中工业总产值达 4417.39 亿元，占国民生产总值的 1/2 强。工业增速为 19.9%，高于全国工业增长速度（12.9%），吉林省重工业与轻工业产值比由 2003 年的 80.95：19.05[①]调整为 2010 年的 72：28，重工业占 GDP 比重为 31.58%。由此看来，吉林省仍是全国重工业基地。同时占吉林省国民生产总值较大比重的汽车、石化产业逐步壮大，相关产业得到较快发展。吉林省 2010 年汽车产量为 167.42 万辆，占全国

---

① 轻工业指提供生活消费品和制作手工工具的工业。可分为两类：（1）以农产品为原料的轻工业，是指直接或间接以农产品为基本原料的轻工业，包括：食品制造业、饮料制造业、烟草加工业、纺织缝纫业、皮革和毛皮制作、造纸及印刷等。（2）以非农产品为原料的轻工业，是指以工业品为原料的轻工业，包括：文化教育用品业、化学药品制造业、合成纤维制造业、日化制品业、日用玻璃制品、日用金属制品业手工工具制造业、医疗器械制造业、文化和办公用机械制造等工业。

重工业指为国民经济各部门提供物质技术基础的主要生产资料的工业。按生产性质和产品用途可分为（1）采掘工业，指对自然资源的开采，包括石油开采、煤炭、金属矿、非金属矿的开采等工业。（2）原材料工具，指向国民经济各部门提供基本材料、动力和燃料的工业，包括金属冶炼加工、炼焦及焦炭、化学及化工原料、水泥、人造板及电力、石油、煤炭加工等工业。（3）加工工业，指对工业原料进行再加工制造的工业，包括装备国民经济各部门的机械设备制造工业、金属结构、水泥制品等工业，以及为农业提供的生产资料如化肥、农药等工业。

汽车产量（1826.53 万辆）由 2003 年的 14% 下降为 2010 年的 9.17%，其中轿车 115.58 万辆，占全国总产量的 1/7 强。在生产力布局过程中，城市布局也相应展开，长春、吉林中心城市的辐射作用在不断增强。同时城市的特色也逐渐显现，长春的汽车、农产品加工及高新技术产业，吉林的化工、化纤工业，通化和长白山的医药工业和矿产业，白山的资源类产业、延边州的板材和医药工业，松原的石油化工和粮食深加工工业等等，基本上形成了区域特色较为明显的经济发展格局。虽然工业化程度偏低限制了工业产业技术获取的动力，但区域特色产业形成为自主创新能力的积累创造了客观条件。

3. 多种成分共同发展，大中小企业数量比例较为合理，形成了国有、集体、三资、私营、个体竞相发展的格局，为自主创新能力区域发展环境建设作好经济支撑。

多种经济成分竞相发展有利于科技创新知识的积累和形成。特别是非国有经济的飞速发展，不仅有利于吸纳大量的社会劳动力，提供丰富多彩的商品，还有利于社会的稳定，并对近十几年我国国民经济的快速发展和技术创新做出了不可磨灭的贡献。综合来看，2010 年无论全国、东北还是吉林省的国有及国有控股企业在单位数、产值及资产比例上都较 2003 年有较大幅度下降，这反映了"国退民进"企业改革方针在实践领域的逐步落实。2003 年全国国有及国有控股企业总产值为 53407.9 亿元（见表 7-7），2010 年为 185861 亿元；2006 年吉林省国有及国有控股企业总产值由 2003 年的 2017.7 亿元升至 2010 年的 5691.56 亿元，国有经济成分对吉林省的贡献及影响力在逐渐减弱。2010 年全国规模以上工业企业中，大中小型企业产值比为 33：29：38，吉林省大中小型企业产值之比是：43：21：36。吉林省从表面上看，大中小企业之间的数量比例与发达国家差不多，形成了大中小企业协调发展的格局，为自主创新能力区域发展环境建设作好经济支撑。但从质的方面来看，不难发现，吉林省单个企业中间产品的自给率非常高，每个企业的生产工艺都很齐全，例如在机械行业，几乎每个企业都有铸造、机加、电镀、装配等车间，造成了企业之间和部门之间生产能力重复配置，导致了投资的分散和单个企业投资规模的增加，使企业规模结构水平低，处于大不大，小不小，大而全，小而全的扭曲状态。这样的状况一方面使大企业资产集中难以有效形成，技术创新能力不够专业集中，造成大企业本身规模难以扩大，无法同国外企业在国际市场上进行竞争。另一方面又造成中小企业生产规模难以变小，未能实现小而专、小而精，充分发挥中小企业生产灵活，转变生产方向快的优势互补。第三是使大中小企业之间无法形成互补关系和协作关系，难以形成合理的分工格局。大型企业相对比例过大，并以国有企业为主；小企业份额较小，企业灵活度不够；全民创新和创业意识不强。吉林省属于我国 50 年代建立起来的老工业基地，其经济基础较好，工业化和城镇化水平较高。但由于传统产业和国有大中型企业所占比重大，企业包袱沉重。加上技术改造投入不足，生产设备落后，产业结构严重老化。由此导致近年来其产品竞争力下降，工业增长不景气。这些都在很大程度上限制了区域自主创新能力的积累。

4. 第三产业特别是与自主创新能力建设直接相关的行业发展潜力巨大，新兴第三产业发展较快。

加快发展第三产业尤其是现代服务业有三个有利的条件：一是城市化进程加快；二是国际制造业向省内转移形成相当规模后，很可能出现全国和国际服务业跟进的局面（全球外商直接投资中 70% 是集中在服务业）；三是产业分工的细化，企业间交易活动的增加对"生产型"服务业产生巨大的需求。2010年，吉林省三次产业 GDP 的比例构成是 12.2：51.5：36.3，全国同期比例为 10.1：46.8：43.1。区域第三产业所占比重基本与全国平均水平持平。城镇居民人均居住面积（建筑面积）增至 28.41 平方米。到 2010 年末，吉林省每千万人拥有普通高等学校约 30 所，中等学校 740 所，每万人拥有小学 3 所。城镇电脑增速迅猛，从 2000 年的 4.62 台/百户变成 2006 年的 34.74 台/百户（全国同期为 47.2 台/百户）。手机的增长更胜一筹，从 12.16 部/百户增到 156.7 部/百户。近几年，区域内提高了第三产业的服务功能和服务层次，拓宽服务领域，金融、保险、旅游、信息、咨询、房地产等新兴产业得到了较快发展。吉林省在加快交通、邮电、仓储、商贸、餐饮、金融、保险、房地产以及居民和社区服务等行业发展的同时，特别要重点发展知识型服务业，因为知识型服务业，尤其是教育文化和广播影视及科研综合技术服务，作为信息化带动工业化的产业载体，对于吉林省自主创新能力的培养及产业结构跨越式升级具有非常重要的先导作用。2010 年，吉林省铁路里程数为 4036.6 公里，公路里程数为 9.04 万公里，交通便利将为自主创新能力的内部溢出创造条件。目前，吉林省三次产业中与自主创新能力直接相关的科学研究技术服务、信息传输、计算机服务和软件业和交通运输、仓储和邮政业等三项所占的比重较小，还有待进一步挖潜。

7.3　基于区域自主创新能力的吉林省主导产业选择

美国"锈带"地区依赖区域自主创新能力对自身经济结构调整和制造业改造，从而实现了复兴。① 这对吉林省产业结构调整有一定的借鉴意义。"锈带"复兴正是在确定合理主导产业的选择基准上，正确选择主导产业，从而实现产业结构合理化，使这一地区及时赶上美国整体经济的发展。

在进行区域产业结构的调整和选择过程中，协同各区域的利益，确定适当的三次产业的发展比例关系很重要，虽然目前吉林省仍以第二产业为经济发展的引擎，但第二产业的发展客观上也为农业产业化发展奠定了基础，从而从战略上为培养第三产业拓展了发展空间，并为大幅度提高第三产业在区域乃至整个国民经济中的比重打下基础。从产业发展的阶段性来说，吉林省已进入大力发展第三产业的重要时期。

7.3.1　基于区域自主创新能力的吉林省工业主导产业的选择

基于自主创新能力的主导工业产业的选择是走新型工业化道路的必然选择，也是把第二产业、第三产业与第一产业有效结合的切入点。吉林省产业结构的调整离不开东北老工业基地振兴这个大前提，在研究吉林省区域主导工业产业的时候，把它置于东北老工业基地振兴策略中研究更具有实际意义，这样做既起到了区域战略协调的作用，同时区域主导产业的调整本身也是客观和主观相结合的政策性决策的一部分，全面考虑一个区域在整体地区中的位置会避免理论研究与实践的不匹配问题。

工业对于吉林省来说是重要支柱，其对一产和三产的支撑力度强，也是有效调整产业结构，使农业产业化发展和第三产业比例有效提高的关键。同时也是实现信息与工业有效结合的新型工业化之根本。另外，根据前几章的分析可知，自主创新能力与第二产业的相关性显著，因此这里对基于区域自主创新能力对吉林省工业主要行业进行主导产业的选择比对。下面对吉林省区域工业主要产业进行纵向和横向两方面的分析（详见第六章）。

纵向比较分析是基于区域自主创新能力对 25 个主要工业行业在全国各区

---

① 所谓锈带是指美国中西部一带的老工业区，包括伊利诺伊州、印第安纳州、密歇根州、俄亥俄及宾西法尼亚州等地区。20 世纪 70~80 年代，这些地区工厂大量倒闭，失业严重，遗弃的工厂设备锈迹斑斑，锈带因此得名，90 年代中期后复兴。

域的排名而得，体现了吉林省 25 个产业在全国的绝对位势，是区域依据自主创新能力进行优势产业选择的方向。由表 7-13 可知，各行业中吉林省排序靠前的几个行业有：交通运输设备制造业（第 5 位）、医药制造业（第 12 位）、食品制造业（第 12 位）、石油天然气开采业（第 12 位）、黑色矿采选（第 12 位）、化学原料及化学制品业（第 14 位）。除交通运输业外，吉林省各工业产业在全国地位并不突出。

横向分析体现区域相对位势，由表 7-13 可见，吉林省排在前几位的产业分别是：交通运输设备制造业、化学原料及化学制品业、医药制造业、黑色金属冶炼及压延加工业、非金属矿物制品业、石油天然气开采业等行业。

总体来看，黑色矿采选业具有绝对优势，但不具有相对优势，黑色金属冶炼及压延加工业、非金属矿物制品业具有相对优势但不具有绝对优势。除上述三个行业外，吉林省现在具有相对优势的产业与绝对优势产业大体相符，且基本都属于能源及重工业产业。吉林省仍然是个资源型制造业基地。在现有产业优势基础上，吉林省应掌握以提高产业竞争力为目标的新材料和先进制造关键技术。利用吉林省资源、环境特点和自身所具有的技术特色与优势，按照国家安全及经济发展对新材料的重大需求，重点发展医药、磁悬浮列车、信息存取等所需的新材料和纳米材料与技术的研究。

表7-13 东北三省工业各主要行业区域优势排名

项目		A	B	C	D	E	F	G	H	I	K	L	M	N	O	P	Q	R	S	T	U	V	W	X	Y
辽宁	绝对位势	10	5	5	7	14	14	22	14	15	8	16	14	9	5	6	9	7	8	11	10	9	10	10	8
	相对位势	16	10	23	24	21	18	25	15	20	5	12	22	7	1	11	13	4	9	2	6	3	19	17	14
吉林	绝对位势	18	12	12	22	12	17	20	22	19	14	12	10	23	19	28	25	22	22	5	22	20	20	23	20
	相对位势	16	6	24	25	9	13	23	15	19	2	3	11	5	4	17	21	8	14	1	10	7	22	18	12
黑龙江	绝对位势	4	1	28	14	5	6	15	16	7	13	5	8	13	18	24	13	10	12	12	12	16	12	3	5
	相对位势	2	1	25	24	10	15	23	19	16	8	4	18	12	13	21	20	7	9	3	5	17	22	14	11

表7-14 东北三省第三产业各主要行业区域优势排名

项目		批发零售贸易及餐饮业	房地产业	教育文化艺术及广播电影电视业	卫生体育和社会福利业	交通运输仓储及邮电通信业	国家机关政党机关和社会团体	科学研究和综合技术服务事业	社会服务业	金融保险业	地质勘查业水利管理业	农林牧渔服务业
辽宁	绝对位势	7	10	6	7	7	9	6	8	5	17	4
	相对位势	2	3	1	4	5	9	6	7	8	11	10
吉林	绝对位势	19	25	17	21	17	21	18	19	9	23	25
	相对位势	1	7	2	5	4	9	8	6	3	11	10
黑龙江	绝对位势	17	22	15	15	15	15	15	17	16	13	9
	相对位势	1	6	2	3	4	8	7	5	9	10	11

7.3.2 基于区域自主创新能力的吉林省第三产业主导产业选择

改革开放以来，随着经济的快速发展，各区域国民经济结构发生了很大变化，服务业在国民经济中的地位和作用日益提高，这也是经济发展的必然趋势。目前，第三产业发育的不足是吉林省落后的一个重要原因。因此大力发展服务业，提高服务业在产业结构中的比重，是解决投资与消费矛盾、缓解资源紧张和就业压力及提升产业竞争力的必然要求，也是振兴吉林省的重要途径。

纵向比较分析是基于区域自主创新能力对 11 个第三产业主要行业在全国各区域的排名而得，体现了吉林省 11 个产业在全国的绝对位势，是区域依据自主创新能力进行优势产业选择的方向。

以自主创新能力为基准进行第三产业主导产业的选择如下（见表 7 - 14）。对于吉林省来说，第三产业各主要行业基于自主创新能力的区域优势排名中，排序靠前的几个行业有：金融保险业（第 9 位）、教育文化艺术及广播电影电视业（第 17 位）、交通运输仓储及邮电通信业（第 17 位）、科学研究和综合技术服务业（第 18 位）、批发零售贸易及餐饮业（第 19 位）、社会服务业（第 19 位）。

横向比较体现区域产业相对位势。由表 7 - 14 可见，吉林省排在前五位的第三产业分别是：批发零售贸易及餐饮业、教育文化艺术及广播电影电视业、金融保险业、交通运输仓储及邮电通信业、卫生体育和社会福利业。

总体来看，除卫生体育和社会福利业、科学研究和综合技术服务业、批发零售贸易及餐饮业、社会服务业等，其他行业重合性较高，吉林省现在具有相对优势的产业与绝对优势产业大体相符。而第三产业中的农林牧渔服务业行来退化严重。吉林省未来第三产业的发展应以提高人民生活质量为目标的生物、农业及医药关键技术。集中研究农业、医药等领域中的关键技术，大幅提高生物技术领域整体研究水平和开发能力。

7.4 吉林省自主创新能力成长路径建议

区位经济要素从一个角度理解，是区域经济发展过程中不可被替代的限制条件。因此，自主创新能力作为区位经济要素，其成长路径将备受关注。自主创新能力的培养和积累是指区域在解决问题过程中依据区域背景，按照区域特有的路径，增强自主创新能力，促进其成长。这一活动将蕴涵在整个区域及区域内各主体行为中。自主创新能力供给条件的结构性短缺，会迫使生产结构服从"短边规则"，保持低水平均衡。因此，为避免自主创新能力短缺，吉林省对自主创新能力的建设和培养也有着充分的需求。

虽然从前几章分析可知，我国的自主创新能力分布和示范扩散状况与区域经济现状有着很好的对应关系，但吉林省在新一轮区域自主创新能力提升的过程中可能奋起直追也有着坚实的理论基础。正如弗兰克·肯辛提出的扩散理论中关于肯辛斜坡理论的论述，技术创新性与社会经济地位呈非线性关系。至少在科技创新扩散的初始阶段，中低位势主体具有更强的创新精神，因为中低位势主体所处的社会经济地位使他们有可能赢得较多而亏得较少[1]，因此按照区域科技创新扩散的原理，吉林省作为中低位势的区域更有机会迎来新一轮自主创新能力培育和增长的机遇，关键是时机的选择，时机越早，效果会越好。吉林省建立和培养区域自主创新能力，应包括水平成长路径和垂直成长路径两大类，水平成长路径是特定区域跨越地域界线进行科技创新积累的路径总称，垂直成长路径是特定区域科技创新按时序增长的路径总称。具体来说，可从以下几方面入手：

1. 基于自主创新能力的情境性特征，加强科技创新人力资源建设和科技创新人力资源能力的建设。

Kanter（1988）和Amabile（1988）发现，创新气氛浓厚通常是创新导向的，支持其人员独立追求新的思想观念，对员工多样化宽容，有充足的资源供给（如设备、工具和时间）等重要特征。区域自主创新能力的主体是组织和人，这使自主创新能力兼具个体属性和集体属性。从本质上讲，组织也是由人构成的，这就决定了自主创新能力具有个人的情境性特征。自主创新能力与区域主体的结合，进而转化为区域生产力是区域自主创新能力研究的最终目的之一。人力资源包括人的体力和智力，是存在于人的生命机体中的一种国民经济资源，因为人力的取得需要消耗稀缺资源，因此可称人力资源为生产能力。同时人的知识和技能的获得又是投资的结果，和物力资源相比，在自主创新能力的培养过程中我们将更多关注其人力资源的"人力"方面，因此更确切的可称其为人力资本。人力资本的收益率比物力资本要高的多。同时知识的非线性迭加原理说明知识和能力的非加性，也就是两个大学的知识加起来并不见得比一个大学多，图书馆藏书总量也并非正比于能力强度。如何发挥科技创新人力资源的潜力，使一个区域的科技创新人力资源能力累加大于或至少等于这一区

---

① Everett M Rogers. Diffusion of Innovations ［M］. P255.

域拥有的科技创新人力资源智力和能力的集合是我们关注的课题。

人是知识的主要载体，也是科技创新实践的主体，自主创新能力的培养应充分考虑人在科技创新实践中的作用，以人为本的社会表现形式就是尊重劳动、尊重知识、尊重人才，充分考虑信息、学习、交流和区域基础条件，促进区域自主创新能力人格化机制的建立。科技创新活动区位由科技创新人员的偏好决定，自主创新能力的情境性应需要注重科技创新人员的偏好。加强科技创新人力资源建设应强化对科技创新人力资源情境化因素的鉴别和设计。根据实际情况建立转制后科研院所的技术创新主体形成机制，建立企业家的技术创新主体转化机制，建立对科技创新社会资源的能力整合机制，建立股权制和年薪制为核心的利益分配机制，建立自主创新能力培养的文化氛围机制，建立科技创新人才成长机制，建立知识援助的政府支援机制等方面均可加强科技创新人格化机制建设，充分发挥科技创新第一生产力的作用。

截至 2010 年，吉林省职业中学在校学生数为 292359 人，高校在校生数为544392 人，高校教职工总数为 59535 人。可见，吉林省人口文化素质相对较高，人才密集。2010 年，全国 R&D 人员全时当量为 1396908 人，吉林省 R&D人员全时当量为 19411 人，占全国的 1.3%。从科技创新活动对区位的选择理论考虑，作为活劳动的组成部分，自主创新投入中的科技创新人力资源具有不完全替代性。科技创新人力资源构成的异质性使得其增值作用必须在其他要素配合下才能充分发挥，即完全替代。其专用性则体现为科技活动人员的知识是专业知识，而要体现这种专业知识，也要有相应的工作环境（例如，西部区的人才向东部流动，即可说明这种特定环境的缺失）以及科研人员与其他人员之间长期的磨合过程形成的团队工作能力。因此，吉林省应考虑从靠近科技创新活动者的出生地、居住地、学校，靠近科技创新需求群，靠近大学，有土地供应、接近交通网，政府支持，提高社会文化质量、环境质量、气候地形质量，土地费用、区域市场等入手，吸引科技创新人力资源。

科技创新人力资源现代化管理理念的不足是吉林省培养区域自主创新能力进程中的又一个突出问题。在人力资源理论研究中，新服务管理学派反对传统的人力资源管理理论所主张的"服务业的效率一直落后于制造业，其主要原因是我们常常用人文术语思考服务业，用技术术语思考制造业。要提高服务业效率就必须把技术标准应用于服务业之中"，而主张应把服务业中的无形性和人性化结合起来。本研究认为，一方面我们应用技术手段衡量从事科技创新活动的人员科学研究效率；另一方面，以人为本，精神激励更应注重和加强。

同时，建立科技创新人力资源共享的社会所有制也是必要的，这其中包括：设立科技创新人力资源共享社会公共信息库，改革现行的人事档案制度，形成人事代理制度。打破科技创新人力资源共享部门所有和单位档案制度管理人事代理制度，为科技创新人力资源共享的自由流动消除制度障碍。发挥市场在科技创新人力资源共享配置方面的基础性作用，用市场机制实现人员的合理流动与配置，充分发挥各种科技创新人力资源共享的社会作用，杜绝科技创新人力资源共享资源的制度性浪费。发挥教育机构的造人机制，使其真正成为科技创新人力资源共享的发源地和知识能力的集散地。

2. 基于自主创新能力根植性及可扩散性，建立以长春市、吉林市为科技创新中心的学习型区域网络，并逐步形成有利于区域自主创新能力良性发展的区域文化和价值取向。

自主创新能力具有根植性，共同的区域成长经历及地缘接近将有利于自主创新能力的扩散，区域学习机制的建立是有效提高区域自主创新能力扩散效应的手段，而中心学习城市的建设将最终对区域整体自主创新能力的均质提高起到直接能动作用。构建一个区域创新体系，很重要的是发挥中心城市的作用，因为中心城市是企业、人才和自主创新最为集中的地方。弗里德曼在其区域非均衡增长的"中心——外围论"中认为，在考虑区际不平衡较长期的演变趋势基础上，将经济系统空间结构划分为中心和外围两部分，二者共同构成一个完整的二元空间结构。中心区发展条件较优越，经济效益较高，处于支配地位，而外围区发展条件较差，经济效益较低，处于被支配地位。因此，经济发展必然伴随着各经济要素从外围区向中心区的净转移。在经济发展初始阶段，二元结构十分明显，最初表现为一种单核结构，随着经济进入起飞阶段，单核结构逐渐为多核结构替代，当经济进入持续增长阶段，随着政府政策干预，中心和外围界限会逐渐消失，经济在全国范围内实现一体化，各区域优势充分发挥，经济获得全面发展。该理论对制定区域科技创新发展政策也具有指导意义。当前长春、吉林国家级高新区及延边省级高新区的建设正步入一个新的阶段。应充分发挥国家高新技术产业开发区在自主创新中的作用增强高新技术特别是战略性高新技术领域的自主创新能力，力争在一些关系国民经济命脉的关键技术领域取得突破，并在吉林省有相对优势或战略必争的关键高新技术领域实现技术的跨越发展，带动吉林省高新技术产业的群体优势和局部强势；形成有吉林特色的人、经济、社会、资源和环境相互协调的可持续发展道路。结合吉林省日益严重的资源紧缺和环境污染的局面，重点研究开发后续能源和发展环境污染防治技术、风能利用技术等。

吉林省高新技术开发及产业化进程进入快速发展期。以光电子、软件、显示技术为代表的信息产业成长迅速，生物技术、新材料、现代中药等新兴产业领域发展势头强劲，应用先进技术改造传统产业的步伐不断加快，高新技术产业对经济发展的带动作用日趋明显。吉林省目前已经基本形成了以信息技术、生物技术、先进制造技术、新材料、现代农业和环保及资源综合利用六大领域为支撑的高新技术产业群体；培育了液晶显示器、基因工程新药、现代中药、热缩材料和玉米深加工等新的经济增长点。吉林省相继创建的长春、吉林2个国家级高新技术产业开发区和延吉省级高新技术产业开发区，已开始拉动全省国民经济增长。吉林省拥有由中科院长春光机所与物理研究所、应化所、地理所、卫生部长春生物研究所等100多家市级以上科研单位；吉林大学、东北师范大学、长春理工大学等高等院校40多所；规模以上高新技术企业共有科技活动机构119个，企业科研机构66个；拥有各类专业技术人员29.8万人。每万人中科学家、工程师人数为473人，居全国第5位；每百万人口发表的科技论文比全国水平高31.1%，居全国第7位。

科技创新资源常常集中于省会或大城市，因此吉林省开展学习型城市的建立对自主创新能力的培养和自主创新能力的扩散有着关键的意义。区域科技创新中心是适应区域内省会及大城市随着时代发展将逐步演化为研发中心的趋势而提出的，是指在一个区域内自主创新投入因子、自主创新产出因子及自主创新发展环境因子协同较好的中心城市，利用较高的自主创新能力位势，辐射和带动区域内周边城市及区域共同发展的极化点。这个中心不仅可带动相关区域科技创新活动和能力的提高，还可在此过程中利用学习交流过程中的自增强性使其自身得到强化，从而进一步带动区域性的学习氛围形成，进而形成大区域概念下的学习型区域网络（以知识经济和知识社会为背景，建立自下而上平台和发展空间，以学习和教育为最本质职能，以社会化的终生学习和教育体系为基础，能保障和满足城市市民学习基本权利和终生学习需求，从而有效地促进城市人的全面发展和城市的可持续发展，并促进城市为首的知识及能力的全区域的集成和扩散）。

一直以来，吉林省省会城市——长春市的专业技术人员、科学家及工程师人数、发明专利、发表论文量及科技创新活动经费都占吉林省的1/2强。吉林市除科技创新活动经费内部支出一项外，其他统计项目所占比例也均在10%以上。城市是经济发展的火车头，是自主创新能力培养的重要基地。吉林省大城市不多，中心城市规模小，城市经济实力不强，辐射能力较弱。应加快城市电力、交通、供水等基础设施建设，加强社会保障和法制建设，加快发展第三产业，创造良好的经济环境，使之成为科学技术向乡镇扩散的中心，推动农村自主创新能力的积累。实现城乡自主创新能力良性互动，有力地改变城乡二元结构，推动城乡经济、科技与社会协调发展。

科技创新活动有三个重要环节：基础研究、应用研究和开发活动，尽管各环节在区位的分布上不尽相同，但总体上都倾向于大中型城市。吉林省通过学习型城市的建立拓展科技创新中心城市，在加强利用科技创新中心城市发挥骨干作用的同时，还要围绕科技创新中心向外提高扩散能力，以科技创新通过产业技术能力的培育为支撑点向低级别城市延展（比如向吉林市通过化工技术、通化通过医药科技创新等），使自主创新能力形成省区内及跨区域互动的良性流动。

总之，正如一些发展经济学家所提到的那样，由于吉林省具有悠久的、重视教育的传统，通过内部关系、体制的理顺，我们下一步要做到的就是形成全民的创新意识。关于此问题，麻省理工学院的埃佛纳特·哈根认为，创业家大多是"受排挤的少数派"。吉林省这样一个传统意识较强的区域，营造适合创新的区域氛围更是提升区域自主创新能力的根本途径。

3. 自主创新能力的跨区域一体化建设

地理邻近性对于区域自主创新能力的培养具有重要意义。知识经济下，对科技创新知识的学习成为最重要区域成长手段，并成为建立、巩固和提高区域自主创新能力以获得优势的重要途径。同时，自主创新资源的稀缺性导致科技创新的集中布局，而这种集中布局一定程度上阻碍了区域内的资源利用效率。而多区域一体化科技创新建设有利于充分利用多中心城市的科技创新资源，从而为自主创新能力跨区域建设提供了理论依据。

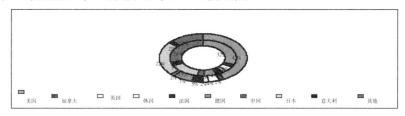

图 7 – 1　世界 GDP 与 R&D 经费支出构成

资料来源：《国际统计年鉴 2002 年》和 China Science and Technology Indicators，The Yellow Book on Science and Technology，Vol. 6，2002，P43。

从经济要素和科技创新要素对比看，科技创新资源比经济资源更加稀缺。科技创新要素包括的人力资源比一般劳动力稀缺，财力投入也比货币资金稀缺，各国 R&D 占 GDP 比重一般也多在 3% 以下。同时科技创新集中度很高。如图 7-1 所示，外环为 R&D 世界分布图，内环为 GDP 世界分布图，美国、日本、德国、法国等最发达国家 R&D 经费占全世界比重都高于相应 GDP 所占比重，加拿大、韩国、意大利等中等发达国家 GDP 比重和 R&D 经费比重大体相当，发展中国家的 R&D 经费比重明显低于 GDP 比重。中国 GDP 总量占世界的 3.4%，R&D 为 1.7%，其余发展中国家 GDP 为 28.4%，而 R&D 经费比重仅占 12.4%。总体而言，世界 R&D 经费支出集中度比 GDP 集中度高。从我国区域内部创新资源分布来看，多集中于少数地区，包括科技创新极区（北京、上海）、沿海科技带（环渤海、长三角和珠三角）和内陆科技圈（陕西、湖北和四川），这些区域占全国行政区数目 35.5%、人口占全国总数的 43.4%、GDP 占全国的 62.24%，但科研经费支出占全国科技经费总支出的 75%；其中 R&D 支出占全国总支出的 76%（吴贵生，2003）。鉴于目前自主创新能力建设过程中对创新资源投入的依赖性很大，在能力形成的过程中，区域大边界中有效资源的增加最有可能使能力比以往任何时候增强，这时所需要的是如何把资源凝聚成能力，从而通过累积沉淀把自主创新能力做大，并形成执行模式，响应相应决策和指导，因应前期及自主创新发展环境。鉴于创新资源的稀缺性，避免区域之间争抢创新资源形成的摩擦成本及行政壁垒——区域市场分割和竞相发展预期收益丰厚的产业或项目所带来短期利益纷争和无视长期自主创新能力建设的情况，对跨区域自主创新能力的一体化建设尤为重要。

从依附论观点来看，各区域更紧密地结合起来以构成一体化会使某些区域更紧密地依附于另一些区域，从而影响区域自身更快地发展。但同时，闭关自守也会使区域发展迟缓。如果把权力分散给各区域或各区域更具体的主体政府，将使得它们不仅能按照自己的需要来规划科技创新人力和物力的发展，而且还能控制对其发展有消极影响的外界联系，即不同层次上的选择性空间封闭这一区域科技创新发展模式将会使科技创新发展越来越集中于按功能划分的纵向单元分工上来，从而使得不发达区域能最大限度地发挥其发展潜力。[①]

自主创新能力的跨区域一体化建设是符合吉林省、辽宁省和黑龙江省科技创新发展实际的。诺贝尔经济学奖得主冈纳（Gunnar Myrdal）对经济的差异

---

① Stohr and Todling. 空间平等：对当代区域发展演说的异议 [M]．1977．

性进行分析认为，如听凭市场力量发挥作用而不受任何政策干预的阻碍，那么，工业、商业、银行、保险、航运等经济活动都能获得大于各行业总体年平均利润的收益，而科学、艺术、文化和教育若云集在某地点，则该地或多或少地将处于死水中。① 由此在自主创新能力跨区域建设过程中，我国目前仍应以政府为牵引力。政府跨行政区域的一体化建设是符合科技创新发展客观规律的。

因此，应加强吉林省对东北老工业基地的归属感，强化区域整体规划功能。打破现有的以行政区划为主导模式下的区域科技创新功能的分工和分割，从城市群和经济带的发展着眼，整体考虑东北的发展问题，超越行政区划的界限对其功能进行整体规划、统筹安排。同时，对科技创新运行效果的度量应突破行政区划的界限，引入东北效益最大化概念。通过组建诸如东北技术转移联盟（2005 年），有效整合联盟各成员单位技术转移服务体系，形成能为企业提供联系、交流和合作平台。这就要求在规划上使用联合编制，共同构建东北老工业基地产业发展和布局的整体框架，在统一协调基础设施前提下形成各具特色、协调发展的整体优势。

目前，东北三省正以东北开放开发先导区形式承接东北沿海地大规模产业转移。三省在一体化合作过程中应加强强间住处沟通，合力争取国家对产业政策和创新政策的支持力度，营造区域商务发展环境，积极协调其他两省企业本地化待遇，并针对三省的物流发展提供最大便利。

总之，吉林省自主创新能力建设应纳入区域自主创新能力板块的协同建设中来。从区域内看，辽宁、吉林、黑龙江三省地理位置相互依托，科技创新合作使区域内的科技创新人员非正式关系的流动和新知识传播较为便利。同时科技创新研究机构的创新成果在本区域中的应用，并以相互信任的固有范式在区域内传播将有利于本区域自主创新能力的协同培养。吉林省应以此为内源动力，促进自主创新能力的成长和区域化特色形成。

4. 加强自主创新发展环境的建设

在吉林省区域自主创新能力建设过程中，应加强区域内和区域间自主创新发展环境因子的建设，大力开展科技创新合作与交流，实现技术创新源的支撑。并把区域自主创新能力建设与国家科技基础条件平台建设结合起来，加强科技计划对区域支持的综合集成，通过对星火计划、火炬计划、新产品研制计

① 许大川. 富裕国家与贫穷国家［M］. 台湾银行经济研究室，1969.

划等科技计划的调整，增强这些计划对区域科技发展的引导示范作用。同时，重大专项和科技攻关经费，中小企业创新基金、农业成果转化基金、重点新产品补助经费、科技条件大平台建设以及东北老工业基地改造等专项经费也将进行集成和统筹安排工作，与区域科技创新经费协调使用，重点提升区域自主创新能力。地广人稀的东北地区，长久以来，土地对人们来说比较丰富，耕作时间较短，作业粗放，形成粗犷、朴实的经济发展习惯，这更要求对严谨的自主创新发展环境的进一步培养。

隐含知识的明示或外化过程后再由显性知识到隐含知识及形成新质自主创新能力的内化过程是培养和提高自主创新能力的重要路径。具有溢出传统和习惯的大学与科研机构在成功溢出方面具有更多的优势，使区域获得溢出效应（Rory P. O. Shea, Thomas J. Allen, Arnaud Chevalier, and Frank Roche, 2005）。充分发挥吉林省人才、技术与科技创新基础优势，要依托重点高校、科研院所等单位，在吉林省建立一批具有国际水准的研发中心或虚拟性的研发机构，包括研究中心、工程中心、重点实验室、生产力促进中心和博士后流动站等，在提高区域整体创新能力的同时，营造积极区域自主创新发展环境，并通过举办国际科技创新论坛、学术交流会、展销会、博览会，联合申报和承担国际科技创新合作项目，共同争取国际组织对重点技术与经济项目的支持等多种方式，积极拓宽对外科技创新合作与交流的渠道。

在此基础上，我国现阶段能力建设中仍以资源配置促进环境改进，因此应重视区域间自主创新资源投入的差别，增强区域自主创新资源投入的力度。区域内自主创新资源产出的差异也会进一步拉大区域自主创新能力的差距，因此，吉林省应加强向辽宁学习的能力，提高区域自主创新资源产出能力。遵从资源互补性等内在联系，重视跨区域自主创新资源的流动和优化配置，努力消除区域之间在人才、自主创新资源的流动方面的障碍性因素，在更广泛的范围和层次上改善区域自主创新发展环境。地方化的信息流动和科学技术溢出效应的存在使地方产业体系不仅由投入和产出的物质流组成，而且由地方特色的以贸易和非贸易形式的商业信息、技能和能力知识的强烈交流组成（Scott, 1995），这也要求地方化自主创新能力特色形成的实际存在。

区域文化对自主创新发展环境因子的培养也很重要，营造一个互动和信任的区域环境，鼓励不同价值观的存在，促进不同知识和能力取向的交流和整合。良好的区域自主创新能力氛围应该是一个高效率的、适应当地实际的区域性动力源，是一个以科技创新的应用为核心，以促进科技创新活动与进步和谐发展的开放型系统。培养原创优先，胜者全得的价值观及知识产权保护制度。树立宽容失败，积极参与竞争的有利于自主创新能力形成的舆论氛围，培育开放的文化环境，增加对开展科技创新活动重大意义和典型事例的报道频率。

5. 集中力量增强科技创新中心城市的自主创新资源投入产出能力的建设，从而进一步带动全区域的自主创新能力培养

魏守华、吴贵生（2005，4）应用科技首位度和赫芬达指数对省区内科技空间分布特点及其成因作了分析。结果表明，由于创新资源的稀缺及知识生产（研究院和创新）决策过程的集中不断加强等原因，吉林省属单科技中心省区，而广东、江苏、浙江、辽宁等均为科技双中心或多中心省区（北京、上海、天津属直辖市，无法计算），因此短期内吉林省囿于创新资源现状科技无法同时在省区范围内多城市同时同程度展开，因此在能力培养上应实行倾斜的策略，尤其基础性研究的布局以科技首位城市（长春）为依托。

同时吉林省应建立与区域经济协调发展的创新资源投入模式，保证科技活动经费与经济的同比增长，促进区域的科学技术进步，进而促进经济、社会协调发展。加大政府对创新资源投入的宏观调控，在加大对发达区域创新资源投入的同时，加大对农村和落后市县的帮扶力度。充分发挥政府在区域科技创新及区域经济直辖市发展中的作用；以区域"点线面"为发展极的载体，建立区域间的相互依托，特别是与东北老工业基地另两个省区相互补充分工合作关系，鼓励和促进区域联合，优势互补，充分获取创新资源投入和产出的能力转化效益。

6. 结合内源培养与外源培养并重的自主创新能力成长路径，促进自主创新能力共享机制的建设

科技创新共享是获取区域范围经济的基础，也是国家和各区域培养自主创新能力的根本利益所在。内源发展路径指区域完全基于其内部的资源和环境以发展和培养其自主创新能力。外源发展路径是通过两个或两个以上的区域的科技创新协议、契约或者承诺等正式方式和交流互动式学习等非正式方式以进行知识和能力的共享、开发和转移或扩散机制建设，从而获取自主创新能力的提高。目前对于吉林省来说，应不仅局限于内部学习和小区域知识积累，同时应超越区域界限以获取最前沿知识，达到迅速提高自身自主创新能力的目的。Zollo 和 Winter 指出，通过组织的不断学习，组织能力所依赖的知识基础就会不断地进化发展，而这种能力的深化发展推动了区域动态能力的发展变化，区域动态能力的增强依赖环境的变化进行资源的重新整合配置，并受外部学习的

刺激而逐渐形成,同时在区域内部通过知识转移和创造影响和改变区域现有的能力存量。因此动态能力强的区域将促进区域的自主创新能力自增强及培养开发进度。

另外,从经济学的视角分析,可以将物品分为四类:①私人物品,其既具有排他性又具有竞争性;②公共物品,其既无排他性又无竞争性;③共有资源,其有竞争性但无排他性;④自然垄断资源,其有排他性但无竞争性。自主创新能力本质是知识,知识属于公共物品,任何一个人难以阻止其他人学习、掌握和使用知识,同时一个人学习、掌握和使用知识也并不妨碍其他人学习、掌握和使用知识。在科技创新知识升华为能力的过程中如形成集体或区域属性,则并不妨碍自主创新能力的公共属性,也就是无碍于自主创新能力的共享。但在科技创新知识的升华过程中还有可能具有个体属性,也就是被个体人等封闭主体所拥有。在区域自主创新能力的建设和培养过程中,如何促进个体属性的自主创新能力集体化是促使自主创新能力共享的关键。

区域自主创新能力本身具有共享性和融合性。在培养自主创新能力的过程中,吉林省应着眼于打破现存行政壁垒,对科技创新人力资源的管理进行共享,灵活安排人力资源的工作时间和绩效考评标准,促进科技创新人力资源的流动,从而促进自主创新能力的共享。另外,政府应加大创新资源信息平台的建设力度,科研设备适时的跨单位、跨区域利用不仅降低资源浪费和闲置,也有利于促进自主创新能力的区域培养和共享。科研数据的统计及合理设计、科研信息及时有效地整理和建库、科研资料的社会共享都是自主创新能力共享机制建设的组成部分。吉林省充分利用数字网络技术,逐步建立全区域科技创新专业化信息数据库网络、科研教学单位联网、科技创新人力资源情况网络和科学研究数据网络等,是构建自主创新能力共享平台的基础界面。

7. 利用大中型企业多的优势,加强基础科研力量,培育以企业为主体的自主创新能力示范体系

吉林省应鼓励有条件的企业从事基础研究活动。大中型企业应发挥自身资金、技术和人才集中的优势,有选择地从事基础研究活动;小企业应利用自身机制灵活、创新效率高,模仿能力强,创新产品进入市场快等优势,增强科技创新活动能力。从政府层面考虑应注重扶持有创新能力的大中型企业,大中型企业自身可以考虑与科研机构及高校间建立战略技术联盟,增强高校和科研院所为主的基础研究基地和知识创新体系,力争在某些领域实现科技创新源头创新和原始性创新。加强高校和科研院所重点学科和重点实验室建设,提升基础

研究能力，形成学科特色和学术梯队。

区域内许多企业寿命偏短导致企业自主研究开发动力不足，目光短浅，追逐短期利益现象普遍存在，形成等待——模仿——等待——模仿——寿命短这样一个链条。技术创新是自主创新能力培养的重要途径。实际上，根据企业自身的实力及规模，不同企业在技术创新中扮演的角色是各不相同的。假设市场总需求为 10，创新成本为 2，市场中共有两实力相同企业 A 和 B，市场份额分配为创新者 8，模仿者 2。则有（见图 7-2、7-3）：

	企业 B	
	创新	模仿
创新	3,3	6,2
模仿	2,6	0,0

企业 A

图 7-2

由此可见最优均衡为 A 创新，B 也创新。所以对于创新实力相当的企业来说，不应做科技创新跟进者而应积极成为科技创新的行业领袖。而对于实力不同的企业来说（A：B = 7：3），在相同的创新成本下，其矩阵为：

	小企业 B	
	创新	模仿
创新	5,1	5,3
模仿	7,1	0,0

大企业 A

图 7-3

由于大企业对小企业创新能力的怀疑以及维持其多年行业领袖的要求，此模型的最优策略均衡为大企业创新，小企业模仿跟进。而且我们注意到大企业和小企业的这种创新格局也实现了外部经济的最优。

8. 大力促进区域内隐性科技创新知识的显性化

区域财富的获得在知识经济时代到来后越来越依赖于知识和能力要素（见表 7-15），因此对区域事务的管理也已日渐由物本管理、人本管理转向能本管理。宫卫军等在 2005 年通过回归分析得出结论认为，能力构成过程中的隐含知识高度个体化并难以规范，它的构成与受教育程度反相关，也就是说，受教育程度越高，所形成隐含知识的可能性越小。另外，基于隐含知识持有人一般主观上不愿意将其知识进行显性化处理，客观上隐含知识的显性化处理也存在一定的困难，因此区域自主创新能力的建设应依赖于区域对隐含知识进行假显性化学习氛围的形成，这一路径对于区域增强自主创新能力必将有积极意义。①

表 7 – 15　全世界各因素财富贡献率

项目	占世界财富%	财富的三个来源%		
		人力（知识与能力）	自然	资本
原料出口国或地区 （63 个发展中国家或地区）	4.6	36	44	20
其他发展中国家或地区（100 个）	15.9	56	28	16
高收入国家或地区	79.6	67	17	16

按世界银行 1995 年 9 月新标准资料列表，转引自《世界经济与政治》，1996（7）：19.

吉林省教育教学机构多，在校生较多，这为隐含知识的显性化创造了条件。隐含知识对经济发展水平的推动作用碍于其个体属性必将是有限的，也就是说在区域经济社会发展过程中，如何促使区域隐性科技创新知识转化为集体属性的自主创新能力是一个关键问题。头脑风暴法、专家座谈法、知识讲座法等直接面授及面对面的交流互动可进一步促使整体区域隐含知识的显性化并内化为能力。吉林省还可依托大中专院校、科研院所服务于其技术支持、技术推广、技术贸易、信息服务、评估咨询等科技创新中介机构，为区域中的企业特别是中小企业提供技术、人才、信息和高科技创新产品孵化等系列服务，加速区域隐性知识向能力转化的过程。

9. 区域技术创新能力的培养和提升对区域自主创新能力的培养起着促进作用；在区域技术创新能力的培养中吉林省风险基金介入的逆向选择问题是近期需重点关注的问题

风险投资是科技进步的重要助推介质。尽管企业有投资高级经济要素的动

---

①　隐含知识是个人知识的最高从优，知识成为拥有者的一种思维习惯，其交流和共享性最低，但因知识拥有者个体独立性强，因此会因为人才的流失而流失。没有人愿把隐含知识全部显性。因为易流失（Gagne）。假显性化是纯粹隐性化和显性化之间的一个阶段，是学习者运用先前知识综合学习材料，对材料意义有深入了解，学习者头脑中形成一个提纲，但并不系统和完善的状态。

力，但现代技术的发展仍然极大的依赖于风险投资的推动。有效的风险投资机制是促进自主创新能力形成和发展的制度保障，也是以现代金融推动现代科技进步的机制。促进风险投资进入与退出机制市场的形成，将有效地吸收社会资金进入风险投资并推动自主创新能力形成的速度和效果。同时，由市场机制和企业来培育自主创新能力丝毫也不降低政府在其中的作用，具有战略意义的长期的大规模科学技术研究仍然需要政府的直接投资和推动，而且，市场机制的健全也需要政策的保障。

风险基金的介入是有效地将科技创新成果商业化的途径，但也要谨防由于信息不对称所引起的不同质技术成果的逆向选择问题。在风险机制不健全的情况下，由于研究和开发活动具有不确定性和难于监督的特征，势必助长资助前的逆向选择和资助后的风险。假定科技创新成果市场有两种质量类型的科技创新成果，高质高价，低质低价。但风险基金在信息不对称的情况下会以中等价格为进入市场的假设，这种逆向选择事实上将造成高质科技创新成果被低质成果所驱逐的现象，结果资助申请会有大量高风险项目充斥其中，而获得资助后科学技术人员倾向于偷懒和降低创造性（通过变相复制）来从事研究和开发活动，使科技创新市场风险增大。同时在吉林省区域传统工业占主导地位的情况下，技术创新的市场化过程势必存在迂回生产方式风险成本的提高。在传统企业没有有效的激励机制化解此高风险的情况下，将出现既有利益主体为规避科技创新市场不确定性而使风险资金对科技创新避而远之现象。这些都需要政府以服务者的身份加强相关领域的监督、引导和制度建设。

10. 拓宽资金供给渠道，优化科技资金投入配置结构

自主创新资金匮乏是吉林省诸多自主创新主体面临的难题，也是制约其自主创新能力建设的重要原因之一。实施振兴战略后，中央财政通过转移支付将进一步加大对吉林省的支持，但仍难以满足吉林省振兴过程中创新能力培养所需的大量资金。如前所述，吉林省科技经费支出占 GDP 比例及 R&D 经费占 GDP 比例连续三年下降并低于全国同期水平，政府科技拨款占地方财政支出的比重虽然逐年增加，但仍与全国同期水平有很大差距。为提高吉林省 R&D 投入强度，区域需要拓宽各种资金渠道，这不仅包括政府应加大投入，集中力量，对基础性、引导区域产业结构调整的技术进行攻关。更应较多考虑提高企业自身及金融机构在解决创新资金投入中应起作用。其中鼓励企业自主创新投入是长效解决问题的根本。具体措施包括：第一，政府可根据企业的行业、市场特征以及企业的发展阶段出台政策引导企业以市场需求为导向，进行应用

型、竞争性技术创新。第二，由于自主创新投入不是一种简单的费用支出，高投入的自主创新一旦失败，会给创新主体特别是企业带来很大的打击。同时，如果自主创新的成果有较大的外溢效应，能够比较容易地被模仿复制，那么，创新同样也不能带来企业竞争力的长期提升和相应较大收益。自主创新能力与研发投入的非正比产出性有可能扼杀企业创新积极性。为此，政府可对企业保险服务加以支持，如高新技术企业产品研发责任保险、关键研发设备保险、营业中断保险、出口信用保险、高管人员和关键研发人员团体健康保险和意外保险等，通过使保费支出纳入企业技术开发费用，享受税收优惠政策等，同时对区域产权保护加强支持力度，促使区域创新投入的长效机制建立。除此而外，金融结构与创新产出显著相关（见表 7 – 16）。因此，培育成熟的金融结构，健全区域金融体系也是拓宽创新资金来源的方式之一。具体措施包括：第一，加强贷款投放金融组织结构及数量。吉林省采用如印度所采取的政府信贷资金与民间非正规渠道相结合的方式，充分发挥金融的筹融资功能，拓宽融资渠道，引导资金流向创新主体，扩大科技创新资金流入量。目前，吉林省金融业在国家金融改革的推动下，整体实力不断壮大，服务领域不断拓宽，金融服务对社会需求的满足程度不断提高。总体上看，2009 年吉林省银行类金融机构资产总额为 11464.3 亿元，占全国总额的 1.35%，低于平均比例 1.74%。① 目前吉林银行成功组建，并先后成立了吉林东丰诚信村镇银行、镇赉国开村镇银行、延边敦化市江南镇江南村镇银行、前郭阳光村镇银行、长春德惠市贷款公司、吉林磐石丰村镇银行、四平梨树闫家村百信资金互助社等，这些新型农村金融组织的开办为进一步解决自主创新资金来源问题提供可能渠道，但其具体作用还将日后验证。第二，提高市场融资在创新资金渠道中的作用，同时可考虑允许企业发行债券。2009 年年末吉林省辖区内上市企业家数为 33 家，当年国内股票筹资额为零，上市企业数量有限，筹资能力待提高。同时，当年国内债券筹资额为 122 亿元，虽然增长较快，但还有很大潜力可以挖掘。第三，由政府相关部门牵头，设立高技术产业融资担保基金，以解决企业融资难的问题，并可降低商业银行的贷款风险。第四，对符合技术援助、软贷款和硬贷款发放条件的企业，按照开发银行有关规定和评审程序给予贷款支持，从而进一

---

① 这里指各地区银行业金融机构包括政策性银行、国有商业银行、股份制商业银行城市商业银行、农村商业银行、农村合作银行、城市信用社、农村信用社、邮政储蓄银行、外资银行和其他农村金融机构。各地区金融机构总数据不包括金融机构总部的相关数据。

步构造多层次区域自主创新资金来源渠道。第五，对具有发展潜力、市场前景看好的高技术产业项目，可引进外资。同时引入竞争机制，广泛吸收民营经济资本投入高技术产业。

表 7 - 16 31 省份金融结构与创新产出相关系数（不包括港台澳）

		每十万人专利申请受理数（件）	每十万人专利申请授权数（件）	金融资产总额占 GDP 比重（%）	金融资产总额（亿元）
每十万人专利申请受理数（件）	Pearson Correlation	1	.979	.756	.819
	Sig.（2 - tailed）	.	.000	.000	.000
	N	31	31	31	31
每十万人专利申请授权数（件）	Pearson Correlation	.979	1	.733	.838
	Sig.（2 - tailed）	.000		.000	.000
	N	31	31	31	31
金融资产总额占 GDP 比重（%）	Pearson Correlation	.756	.733	1	.600
	Sig.（2 - tailed）	.000	.000	.	.000
	N	31	31	31	31
金融资产总额（亿元）	Pearson Correlation	.819	.838	.600	1
	Sig.（2 - tailed）	.000	.000	.000	.
	N	31	31	31	31

11. 加强知识产权保护意识，倡导专利联盟

对于自主创新能力的知识产权问题，产权拥有者主要会采取两种方式来获得他的应得收益。一是通过寻求知识产权保护，二是将其企业化或称内部化。Besson 和 Maskin（1999）[①] 的研究显示，过度的知识产权保护由于影响知识的应用与传播将会给技术创新带来负面效应。Marron 和 Steel（2000）[②] 也认为版权和研发投入之间存在着一定反向关系。由此可见信息经济学的悖论——没有合法垄断就不会有足够的信息被生产出来，但有了合法的垄断又不会有太多的信息被使用。自主创新存在很多不确定性，而且创新成果又常常被盗版和流失。这使得技术创新所要求的环境比其他投资要苛刻得多。因此，创造有利于企业自主创新的环境条件，通过实施一系列有效政策，强化企业技术创新的动力机制非常重要。

吉林省应加强知识产权意识，利用专利文献搭建技术转让的平台。转变观念，鼓励发明创造。同时加强企业专利队伍建设，推动企业、科研院所、大专院校等企业事业单位从各自的特点出发，根据国家有关知识产权的各项法律、法规和世贸组织知识产权保护的基本规则，建立并不断完善知识产权管理制度，使知识产权管理工作切实纳入企业、事业单位研发、生产与经营的全过程。区域应以科技人力资源优势为依托，积极开发创新源头；加强产学研联合，培育自主知识产权产品；以孵化器建设为重点，加快培育和转化高新技术成果；以知识产权为核心，全面提升技术创新的层次和水平。

吉林省自主创新能力强调法律框架下对创新成果保护的同时，重视合理规避创新结果的功利性要求，积极对创新过程中所积累的知识及能力加以整理和收集。寻求知识产权保护与创新正外部效应的有效均衡，通过区域内主体合作性竞争使区域自主创新能力成长为区域专用社会资产。

也就是说，从地区角度来看，创新存量具有时间性和正外部效应，相关部门在相应的法律框架下，剔除掉敏感信息后，通过一定方式对显性知识的整理和隐性知识的显性化，使区域创新得以共享，以获得创新在区域范围内的最大收益。作为国家创新体系建设的重要组成部分，吉林省自主创新能力的建设应使"前创新能力"与"后创新能力"在区域层面上得以累积、保存、整理及

[①] Besson, James&Maskin, Eric, Intellectual property Rights, Mimeo.

[②] Marron, Donald&Steel, David G. which countries protect intellectual property? the case of software piracy, Economic inquiry 38: 159 ~ 174.

推延，并融合国家科技创新路径的指向和项目的分工协作，调动更广泛多元主体积极参加，促进国家创新体系建设。

从企业角度来看，可通过推广专利联盟这种方式进一步促进地区自主创新能力的建设。专利联盟是多个专利持有人为了彼此之间分享专利技术或者统一对外进行专利许可而形成的一个正式或非正式的联盟组织。吉林省企业是自主创新能力的主要载体，企业创新活动的活跃度与其所在地理空间密切相关。为克服研发资源及产出分散所形成的自主创新产出社会效益的不经济，可以把参与战略联盟的各方（包括各自主创新产出的实有主体，企业、教学科研机构）的专利按相关协议或约定放在专利池（Patent pool）中，进入专利联盟的各方均可以用池中的全部专利从事研究和商业活动，而不需要就池中的每个专利寻求单独许可，甚至池中的企业彼此间不需要支付许可费。池外的企业必须通过支付一定费用取得一个统一的许可证，这样才可以自由使用池中的全部知识产权。这样才可以自由使用池中的全部知识产权。具体来说，吉林省可从以下方面积极构建高校、科研院所与企业参与的创新联盟。第一，政府共性技术平台建设。从世界范围看，重要的科技研发通常都由官方研究机构直接引导，科技研发的方向更能紧扣产业的需求进行。由政府组织协调吉林全省力量对制约行业发展的共性、基础性关键技术进行攻关，用政府的力量帮助企业解决自身难以解决的技术难关。同时重视利用各科技创新要素，广泛吸收外部资源，其中包括政府创新政策所带来的资源，使外部资源吸引到企业之中并与内部创新资源进行更高水平的整合。第二，科技园区及大学城建设。借鉴加利福尼亚硅谷及日本东北建设技术园的思路，继续推进高科技园区及大学城等自主创新园区规划建设，这一过程不仅涵盖对园区的区域划分，更应采取各项措施吸引创新主体的加入及实质上的互动。包括采取有利于园区产业发展的政策，营造高技术产业发展适宜的环境，提高人们对当地的研究与技术创新对区域经济发展影响的认识，技术园建设不仅要成为高技术生产中心，而且要带动当地现存产业发展等，同时要强化本地化的交易网络和创新网络。由于能力的根植性，因此提高园区内自主创新主体对当地产业政策及经济发展方向的理解，使其立足本地为本地经济建设发挥积极作用，这样不仅会增强其自主创新的动力，也提高其自主创新的成功可能性，从而最终为该区域能力建设提供可能性。第三，支持整合完善的企业创新体系，使企业的研发能力内生化。对吉林省龙头企业，如一汽、吉化等自身已经具备了一定的经济技术实力的企业，它们生产的产业链条很长，涉及到的技术领域很多，不同技术领域侧重不同的技术发展目标和重点，产业链的各个环节都需要技术创新活动的支撑，都需要开展研究开发活动。这就要求企业必须构建完善高效的创新体系，使企业的自主创新活动能够在一个有机的系统中进行，不同层次和技术领域既有分工又有合作。政府可在经费分配上给予一定的引导，比如，通过项目形式将一部分科技经费补助给与产业集群有联系的专业化研究机构，再拨部分经费补助企业和研究机构进行委托研究，其余则用来补贴小规模厂商。第四，各主体多形式创新联动机制建设。克服当地研发机构与当地产业集联系不紧密的经营文化，提高企业之间以及企业与区域政策制定者之间的密切关系。通过举办工业企业难题招标、高等院校及科研院所成果转让洽谈会，促进产、学、研多方面成果资源和需求信息的交流。科研机构从企业、市场和其他各种机会获得创新源，企业会从创新科研机构和大学和研究部门更多的技术支持，这样技术创新的经济价值得到更快实现，各生产要素在重新组合中产生出新的效益。同时，依托重点产业建成具有地域特色、行业特色和技术特色的产业技术城，开展从核心技术与配套技术管理技术相结合的多层次集群化的产业技术创新。营造政策环境完善金融政策、税收政策、人才政策、土地政策、创新评价政策等为激励政策，制定并进一步完善政府采购政策，有效地降低创新企业进入市场的风险。日前，吉林省已经提出要建立汽车产业联盟，将协调一汽集团、吉林大学、东北师范大学、中科院长春应化所、辽源雷天等单位组成这一联盟以振兴汽车产业。

7.5　本章小结

本章是对吉林省区域自主创新能力的实证研究。吉林省自主创新能力在31个区域中总体排名为第12位，在东北排名为第2，居于辽宁之后，低于全国自主创新能力因子得分平均值。本章主要内容主要包括三部分：吉林省区域自主创新能力位势评价、基于吉林省区域自主创新能力位势的区域主导产业的选择及吉林省区域自主创新能力的成长路径建议。

1. 吉林省区域自主创新能力的特征；吉林省自主创新能力根植性较强、具有较强的刚性及抗性、对环境依赖性明显、整体自主创新投入产出能力较强，自主创新发展环境与之不适应、吉林省自主创新能力人格化机制缺失、科技资金投入结构有待进一步优化。

2. 吉林省区域主导产业选择；对吉林省区域工业产业结构进行选择，分别进行纵向和横向两方面的分析。纵向比较分析是基于区域自主创新能力对

25 个主要工业行业在全国各区域的排名而得，体现了吉林省 25 个产业在全国的绝对位势，是区域依据自主创新能力进行优势产业选择的方向。各行业中吉林省排序靠前的几个行业有：交通运输设备制造业、化学纤维制造业、医药制造业、食品制造业、化学原料及化学制品业、黑色矿采选、石油天然气开采。除交通运输业外，吉林省各工业产业在全国地位并不突出。横向分析体现区域相对位势。吉林省排在前十位的产业分别是：交通运输设备制造业、医药制造业、化学原料及化学制品业、化学纤维制造业、黑色矿采选业、黑色金属冶炼及压延加工业、食品制造业、石油天然气开采。总体来看，吉林省现在具有相对优势的产业与绝对优势产业大体相符，基本都属于能源及重工业产业。吉林省仍然是个资源型制造业基地。

第三产业发育的不足是吉林省落后的一个重要原因。因此大力发展服务业，提高服务业在产业结构中的比重，是振兴吉林省的重要途径。纵向比较体现了吉林省 11 个产业在全国的绝对位势，是区域依据自主创新能力进行优势产业选择的方向。对于吉林省来说，第三产业各主要行业基于自主创新能力的区域优势排名中，排序靠前的几个行业有：金融保险业、教育文化艺术及广播电影电视业、交通运输仓储及邮电通信业、科学研究和综合技术服务业、批发零售贸易及餐饮业、社会服务业。横向比较体现区域产业相对位势。吉林省排在前五位的第三产业分别是：批发零售贸易及餐饮业、教育文化艺术及广播电影电视业、金融保险业、交通运输仓储及邮电通信业、卫生体育和社会福利业。

3. 对吉林省自主创新能力成长路径的建议；这些自主创新能力的成长路径包括：加强科技创新人力资源建设和科技创新人力资源能力的建设；基于自主创新能力的情境性，建立以长春市、吉林市为科技创新中心的学习型区域网络，并逐步形成有利于区域自主创新能力良性发展的区域文化和价值取向；自主创新能力的跨区域一体化建设；加强自主创新发展环境建设；集中力量增强科技创新中心城市的科技创新投入产出能力建设，进一步带动全区域自主创新能力培养；结合内源培养与外源培养并重的自主创新能力成长路径，促进自主创新能力共享机制的建设；利用大中型企业多的优势，加强基础科研力量，培育以企业为主体的自主创新能力示范体系；促进区域内隐含科技创新知识的显性化；区域技术创新能力的培养和提升对区域自主创新能力的培养起着促进作用，在此过程中注意风险基金介入的逆向选择问题；拓宽资金供给渠道，优化科技资金投入配置结构；加强知识产权保护，倡导专利联盟。

第八章

研究结论及展望

本书通过对区域自主创新能力概念的界定和系统诠释，研究了基于区域的自主创新能力特征及其区域化成因、区域自主创新能力量化模型的构建、"十一五"期间自主创新能力 31 省市自主创新能力位势的分析及其成长路径的建议、基于区域自主创新能力的区域产业结构调整及主导产业的选择，并进行了吉林省的相关实证分析。其中，前五个问题是本研究的主体部分，理论构建是本书定性研究的主要内容，量化分析及实践性应用构成本书定量及实证研究的内容。通过定性与定量分析的结合，得出了我国各区域基于自主创新能力发展现状的自主创新能力培养路径，明确了自主创新能力培养在区域产业发展实践中的重要意义。借由以上研究内容，得出各部分的主要研究结论。

8.1 主要研究结论

1. 区域自主创新能力的理论构建

这一部分包括本研究的第二章和第三章，通过对文献的阅读和研究，本书认为，区域经济和产业结构是基于区域经济要素的不完全流动性、经济活动的不完全可分性以及产品、服务的不完全可分性形成的。区域自主创新能力的质量和位势决定了区域自主创新基础条件即区域吸引和留住各种流动性资源的粘性。通过对自主创新能力区域化原因的剖析及区域自主创新能力特征的研究，本书认为，自主创新能力作为区位经济要素是区域产业结构优势的基础，也是主导产业选择的重要参照要素。在此基础上，进一步勾画出自主创新能力在区域经济及社会实践中运行的机理，并为自主创新能力定量化分析打下基础。这一部分的研究结论如下：

第一，区域自主创新能力的概念；针对区域自主创新能力含义模糊的理论研究现状，对其内涵和外延加以明晰，对区域自主创新能力与区域科技竞争力、区域技术创新力及国家意义上的自主创新能力加以区分，并指出区域自主创新能力即区域科技进步以适应经济、社会发展的动态能力。自主创新能力体现自主创新资源和自主创新发展环境的匹配程度，从此意义上说，自主创新能力应包括自主创新投入产出能力和自主创新发展环境因子。前者用以衡量自主创新资源，后者表征自主创新环境。技术创新是自主创新资源符合市场需要的产出方式之一。自主创新能力在作用于一国内各区域间时，开放程度较高，因此有别于科技竞争力，将同时表现为区域间科技合作与竞争的能力，是自主创新所呈现出的具有区域特征的位势，也是经济和社会协调、可持续发展的源泉。自主创新能力作用于区域，用以描述区域内经济与社会及自主创新的互动程度及区域内主体之间进行自主创新活动将会减少的不确定性和交易成本，同时支撑起区域间自主创新互动的平台，用以描绘使区域充分利用信息和知识的氛围，并提供鼓励主体间协作的机制。

第二，自主创新能力区域化的成因；系统认知规律、区域经济发展的历程、学习地缘性、自主创新资源的地域差别、科技政策的区域引导方式差异、自主创新能力获得过程中的特殊性等是自主创新能力区域化的成因。自主创新能力区域化客观现象的出现使我们对自主创新的研究由国家角度转向区域角度，也是本研究立题的基础理论之一。

第三，区域自主创新能力的特征；稀缺性、不完全流动性、根植性、刚性和抗性这四个特征使自主创新能力成为区位经济要素；区域网络结群性、同地补充及异地移植性、动态性和开放性使对自主创新能力的成长路径的研究有了着手点；融合性、累积沉淀性、区域共享性使对区域自主创新能力的指标体系建立及其与区域产业结构的调整之间关系有了进一步清晰的认识。

第四，区域自主创新能力作为区位经济要素培养的必要性；自主创新能力作为重要的区位经济要素，如供应充足，则对区域经济及产业结构调整起着良好助推作用。自主创新能力不仅决定现实需求，而且将形成新的生产能力。自主创新能力可以扩展现有产业结构的存量结构，也改善着现有产业结构的存量结构，又可对现有产业产出进行生产条件的配置。一个区域固然可以凭借区域内的自然资源优势、已有的区域产业优势、区域经济分工上的优势等发展本区域的经济，但自然资源优势、劳动力低成本优势、已有区域产业优势在竞争中作用已经减弱，自主创新能力作为现代区位经济要素具有拉大自然资源地区差异的性质，是自主创新参与区域经济发展实践在新时期的核心要素。

2. 区域自主创新能力的量化、差异性及培养路径分析

这一部分包括本研究的第四章、第五章。这一部分的研究结论主要有：

第一，在对自主创新能力特征分析的基础上，提出三个假设以构建区域自主创新能力量化模型。这三个假设包括：能力的培养是一个积累的过程，能力的初始状态对新能力的培养和建设有重要作用，能力发挥作用时会有时滞；已有多相关性的能力链条将会使自主创新能力拥有一个多样性的成长背景，并为能力的提升创造全面的基础；自主创新能力是可以被培养提升的，自主创新活动是自主创新能力的基本培养方式，良好的区域自主创新能力初始状态与较强的能力提升有正向关系。

运用 SPSS 软件，采用多层次因子分析法评价区域自主创新能力整体发展水平。这一评价过程完全依赖客观数据，并对指标进行客观赋权。同时在分析中有效地与定性分类相衔接，使定性方法与定量方法相得益彰。在多层次因子分析前，通过 KMO 检验和 Bartlett 球形检验来分析变量的相关性，从而避免了不恰当的因子分析方法使用，增强数据分析信度。

"十一五"期间区域自主创新能力的因子得分式为：F = 0.378F1 + 0.361F2 + 0.338F3。即自主创新能力 F 由自主创新投入因子 F1、自主创新产出因子 F2 和自主创新发展环境因子 F3 构成。

对"十一五"期间 31 个区域进行基于因子分析结果的聚类；北京、上海分为一类区域和二类区域，这二区域属于自主创新能力极化及次极化区域；天津、辽宁、江苏、浙江、山东和广东为三类区域，三类区域属自主创新能力示范区，福建 、湖北、河北、吉林、河南、四川、陕西、黑龙江、湖南、安徽、海南、江西、重庆、山西、广西、新疆、内蒙古、宁夏、甘肃、青海、贵州、云南、西藏等属于四类区域，即自主创新能力追赶区。

"九五"和"十五"自主创新能力是"十一五"的初始值，对这两期间自主创新能力进行量化，并与"十一五"期间自主创新能力进行比对，从而进一步验证了区域自主创新能力发展过程中跨越时间的能力及其累积沉淀性的本质和时序的承接性。区域自主创新能力以存量知识和流量能力的方式得以延续，并因之而使各区域自身自主创新能力具有相当大的同质性或关联度，从而使各区域自主创新能力的发展呈现出连续的渐进过程。

第二，基于七大科技地带划分法，运用锡尔指标法对自主创新能力分布差异的原因及成长路径进行分析。锡尔指标计算公式为：$u_n = (w_n/w_t) * \sum (w_i/w_n) \log (w_i * p_n/w_n * p_i)$ 及 $u_n^t = (w_n/w_t) * \log (w_n/p_n)$。

从基于自主创新产出因子的自主创新能力区域分布来看，自主创新能力地带内差距大于地带间差距且差距较大。对于自主创新产出因子来说，应强化科技创新成果向自主创新能力转化成功模式地带内的沟通。

从基于自主创新投入因子的自主创新能力分布来看，整体上地带内差距大于地带间差距，但差距不大。说明在自主创新投入因子转化为自主创新能力的过程中，国家应更多关注各科技地带内自主创新投入的自主创新能力转化问题

从基于自主创新发展环境因子的自主创新能力分布来看，地带内差距大于地带间差距。自主创新发展环境有别于自主创新投入因子和自主创新产出因子，它具有异质发展的倾向。由于其所具有的根植性、难以流动性，才使得自主创新能力具有突出的区位经济要素特征，也最终形成了自主创新能力的区域性。

综合来看，对于环渤海地带、长三角地带，东南地带，自主创新资源产出因子对自主创新能力差距所做贡献最大；对于东北地带、大西北地带而言，自主创新投入因子对自主创新能力差距所做贡献最大；就中部地带和大西南地带来说，自主创新发展环境因子对自主创新能力差距做出贡献最大。

3. 区域自主创新能力与区域产业结构相关性分析及对主导产业选择的指导具体实证分析，进一步说明区域自主创新能力培养的意义

这一部分包括本研究的第六章和第七章。这一部分的研究结论主要有：

第一，通过运用相关性分析，得出"十一五"期间区域自主创新能力与第一产业GDP、第二产业GDP、第三产业GDP之间的Pearson相关系数，在显著性水平0.01下，区域自主创新能力与第一产业之间无明显相关关系；区域自主创新能力与第二产业、第三产业均存在显著正相关关系。

第二，基于区域自主创新能力与三次产业GDP相关性分析，对各区域工业主要行业和第三产业进行主导产业优选。设计各区域主导产业选择的量化数据模型，以获得在自主创新能力现状下区域主导产业的选择模型。采用三维理论来进行，第一维是产业的产值区位商，第二维是区域自主创新能力，第三维是自主创新对产业的贡献系数。

第三，对吉林省区域工业产业结构进行选择，分别进行纵向和横向两方面的分析。纵向比较分析是基于区域自主创新能力对25个主要工业行业在全国各区域的排名而得，体现了吉林省25个产业在全国的绝对位势。各行业中吉林省排序靠前的几个行业有：交通运输设备制造业、化学纤维制造业、医药制造业、食品制造业、化学原料及化学制品业、黑色矿采选、石油天然气开采。除交通运输业外，吉林省各工业产业在全国地位并不突出。横向分析体现区域

相对位势。吉林省排在前十位的产业分别是：交通运输设备制造业、医药制造业、化学原料及化学制品业、化学纤维制造业、黑色矿采选业、黑色金属冶炼及压延加工业、食品制造业、石油天然气开采。第三产业各主要行业基于自主创新能力的区域优势排名中，排序靠前的几个行业有：金融保险业、教育文化艺术及广播电影电视业、交通运输仓储及邮电通信业、科学研究和综合技术服务业、批发零售贸易及餐饮业、社会服务业。横向比较体现区域产业相对位势。吉林省排在前五位的第三产业分别是：批发零售贸易及餐饮业、教育文化艺术及广播电影电视业、金融保险业、交通运输仓储及邮电通信业、卫生体育和社会福利业。

第四，对吉林省自主创新能力成长路径的建议；这些自主创新能力的成长路径包括：加强科技创新人力资源建设和科技创新人力资源能力的建设；基于自主创新能力的情境性，建立以长春市、吉林市为科技创新中心的学习型区域网络，并逐步形成有利于区域自主创新能力良性发展的区域文化和价值取向；自主创新能力的跨区域一体化建设；加强自主创新发展环境建设；集中力量增强科技创新中心城市的科技创新投入产出能力建设，进一步带动全区域自主创新能力培养；结合内源培养与外源培养并重的自主创新能力成长路径，促进自主创新能力共享机制的建设；利用大中型企业多的优势，加强基础科研力量，培育以企业为主体的自主创新能力示范体系；促进区域内隐含科技创新知识的显性化；区域技术创新能力的培养和提升对区域自主创新能力的培养起着促进作用，在此过程中注意风险基金介入的逆向选择问题；优化科技资金投入结构；倡导专利联盟。

8.2　研究展望

作为区位经济要素之一，区域自主创新能力的研究已日渐纳入人们的视野，区域自主创新能力随着研究的深入，其内涵及特征必将越来越清晰地显露在我们面前。本研究虽然取得了一些阶段性的成果，但一部书所能容纳的内容是有限的，在本书所选论题的后续研究中，针对区域自主创新能力及其对产业结构调整和主导产业选择的影响研究中，还有很多值得深入探索之处。同时，研究展望也是对本书存在不足之处的一种补充。这些有待于不断地完善及改进的问题有：

1. 虽然传统区位经济要素隐退为区域环境要素，现代经济中自主创新能力是构成现代区域产业结构差异的重要要素，但并不是唯一要素，由于研究对象的限制，对其他影响产业结构因素挖掘不够。另外，从产业结构高度化、集聚化角度来说，自主创新能力对于初级产业部门（第一产业）的影响程度较小，而对第二产业及第三产业影响较大。所以本研究中自主创新能力对第一产业影响涉及较少，需要后续研究加以补充。

2. 在量化自主创新能力的模型构建上，限于研究变量、技术路径的选择及数据获得的难度，虽然有些指标对这一体系很有意义（特别是自主创新发展环境因子的相关指标），但还是进行了部分舍弃，这将对研究结果产生一定影响。另外限于目前自主创新人力资源对区域自主创新能力贡献度较小，所以并没有将其作为单独变量引入到自主创新能力指标体系中，但随着自主创新能力系统工程在各区域重视程度的逐步提高，自主创新人力资源对自主创新能力所起的作用也会随之不断提高，这是在后续研究工作中应密切关注的问题。同时由于研究者能力及时间的限制，这些因素并不能穷尽，可能还有其他因素的存在。因此，在研究变量上可能会有遗漏，这需要实践的进一步检验与修正。也就是说，区域自主创新能力指标体系还有进一步优化的空间。

3. 区域自主创新能力对产业结构调整和主导产业选择的定量研究对提升自主创新能力在区域经济及结构调整中的具体实践指导意义初步显现。然而，这一过程还要涉及相关区域总体发展策略、区域发展政策、科技创新政策和教育政策等在内的各方面内容，并且应深入研究它们之间的相互作用及规律，实现几方面内容的协调与集成，以取得较好自主创新能力作用于区域经济的实施效果。这是一个漫长的不断整合的过程，需要后续研究工作继续关注。

4. 区域自主创新能力的建设和培养对区域经济与社会发展起到重要推动作用，本书在区域自主创新能力的实证研究过程中，偏重于自主创新能力对区域经济作用的影响，对自主创新能力对区域社会所起作用涉及较少，这将是本论题后续研究过程中需要拓展的一个重要方面。

5. 区域自主创新能力成长路径涉及多方位、多主体，是一个区域复杂的系统工程。因此在建设过程中不仅要考虑系统内因素，还应考虑系统外因素，包括人文因素、金融发展因素等，这方面研究应继续加强。

6. 区域自主创新能力究其本源仍是国家自主创新能力构成中的重要组成部分，其实施的过程必将伴随着国家科技创新政策及国内外各方面因素的影响，随着区域主体开放程度的提高，区域国际化也指日可待，因此后续研究中对区域自主创新能力因子的设置也应考虑到区域的地理开放度。

参考文献

王亮，孙绍荣．区域科研软环境的影响因素及对策分析［J］．科学管理研究，2005，（4）：46～49．

马文东，晚春东，王雅林．东北老工业基地改造中的集群化问题［J］．学习与探索，2005，（1）：197～200．

宋河发，穆荣平，任中保．自主创新及创新自主性测度研究［J］．中国软科学，2006，6．

国际中小企业自主创新公共政策研究——协同创新，科技部科技型中小企业技术创新基金管理中心

国际中小企业自主创新公共政策研究——协同创新，科技部科技型中小企业技术创新基金管理中心

林山，黄培伦，蓝海林．组织创新：基于知识与知识创新的研究［J］．科学学与科学技术管理，2005，（3）：134～136．

刘恒江，陈继祥．要素、动力机制与竞争优势：产业集群的发展逻辑［J］．中国软科学，2005，（2）：125～130．

林迎星．区域创新系统建设与区域竞争优势的关系探讨［J］．中国科技论坛，2005，（5）：34～40．

丁厚德．科技资源配置的新问题和对策分析［J］．科学管理研究，2005，（8）：474～479．

张幼文．价值增值论——国民经济分析的价值理论［M］．上海社会科学辽出版社，1995，12～19．

张敦富，孙久文，胡铁成，付小东，林勇．知识经济与区域经济［M］．中国轻工业出版社，2000，（8）：23～56．

魏江．产业集群——创新系统与技术学习［M］．科学出版社，2003，（11）：11～72．

张耀辉．区域经济理论与地区经济发展［M］，中国计划出版社，1999，（6）：34～70．

范柏乃．城市技术创新透视——区域技术创新研究的一个新视角［M］．机械工业出版

社，2004，（1）：1~76.

隋映辉．科技产业转型——转型期科技产业结构调整及其战略管理研究［M］．人民出版社，2002，（10）：4~23.

周起业，刘再兴，祝诚，张可云．区域经济学［M］．中国人民大学出版社，1989，（12）：12~82.

于刃刚，戴宏伟．生产要素论［M］．中国物价出版社，1999，（12）：34~87.

周冯琦．中国产业结构调整的关键因素［M］．上海人民出版社，2003，（8）：32~37.

张培刚，谭崇台，夏振坤．发展经济学与中国经济发展［M］．经济科学出版社，1996，（12）：19~24.

朱丽兰．海外技术创新参考读本［M］．新华出版社，2000，（1）：11~18.

魏宏森，肖广岭．科学技术是第一生产力概论［M］．中国经济出版社，1994，（6）：13~16.

魏后凯．走向可持续协调发展［M］．广东经济出版社，2000，（9）：98~110.

柳卸林．中国区域创新能力报告：区域创新与战略性新兴产业发展［M］科学出版社，2012.1.

李京文，郑友敬．技术进步与产业结构——选择［M］．经济科学出版社，1989，204~228.

金碚．竞争力经济学［M］．广东经济出版社，2003，363~376.

唐五湘，程桂枝，杜志华．中国科技产业化环境研究［M］．经济科学出版社，2005，113~141.

王天雨．科学技术发展启示录［M］．天津大学出版社，1995，24~31.

叶忠海．创建学习型城市的理论和实践［M］．上海三联书店，2005，21~54.

田夫，王兴成．科学学教程［M］．科学出版社，1983，12~33.

孙学范，刘畅，张伯懿，赵喜仓．科技活动分析与评价［M］．石油工业出版社，1995，19~54.

魏守华，吴贵生．我国省区科技空间分布特征，成因及其政策含义［J］．科技管理，2005，（7）：31~38.

柯武刚，史漫飞．制度经济学——社会秩序与公共政策［M］．商务印书馆，2002，50~87.

周寄中．科学技术创新管理［M］．经济科学出版社，2002，（12）：144~163.

特伦斯，基莱．科学研究的经济定律［M］．河北科学技术出版社2002，（4）：43~99.

张期．现代经济系统的控制与调节［M］．中山大学出版社，1993，（7）：13~31.

杨占生．经济学跨世纪批判［M］．中国经济出版社，1998，（2）：13~16.

史清琪．技术进步与产业结构变化的理论和实践［M］．中国计划出版社，1989，

（7）：14～18.

张寿．技术进步与产业结构的变化［M］．中国计划出版社，1988，（8）：56～91.

鲍克，周卫民．技术创新与产业问题研究［M］．经济科学出版社，1997，（12）：17～29.

马洪，王梦奎．国民经济发展研究——国务院发展研究中心研究报告选［R］．中国发展出版社，2001，（5）：31～33.

沈坤荣．体制转型期的中国经济增长［M］．南京大学出版社，1999，（6）：11～15.

［美］欧文·拉兹洛．系统哲学引论——一种当代思想的新范式［M］．商务印书馆，1998，（1）：6～12.

何诚颖．中国产业结构理论和政策研究［M］．中国财政经济出版社，1997，（11）：42～46.

丸山伸郎．中国工业化与产业技术进步［M］．中国人民大学出版社，1992，（6）：33～57.

龚仰军．产业结构研究［M］．上海财经大学出版社，2002，（9）：76～109.

［美］Walter Isard著，陈宗兴等译．区域科学导论［M］．高等教育出版社，1992，（10）：15～62.

胡乃武，杨瑞龙．中国经济非均衡发展问题研究［M］．山西高校联合出版社，1994，（12）：56～67.

王德禄，武文生，刘志光．创新中国研究系列区域创新——中关村走向未来［M］．山东教育出版社，1999，（12）：1～31.

季风．科技产业化呼唤中国［M］．西苑出版社，2000，（1）：1～16.

姜璐，王德胜．系统科学新论［M］．华夏出版社，1990，（1）：2～7.

吴郁文．21世纪中国区域经济发展［M］．中国轻工业出版社，2001，（8）：13～25.

王树恩，陈士俊．科学技术论与科学技术创新方法论［M］．南开大学出版社，2001，（5）：12～61.

李成勋，杜基尔．科技创新与跨世纪发展战略［M］．2001，（6）：398～405.

苏重基．现代企业区位选择与布局［M］．西南财经大学出版社，2003，（1）：34～61.

［英］安德鲁·坎贝尔，凯瑟琳·萨默斯·卢斯．核心能力战略——以核心竞争力为基础的战略［C］．东北财经大学出版社，2001，19～92.

魏后凯．21世纪中西部工业发展战略［M］．河南人民出版社，1999，（7）：30～98.

安同良．企业技术能力发展论——经济转型过程中中国企业技术能力实证研究［M］．人民出版社，2004，1～17.

邓翔．经济趋同理论与中国地区经济差距的实证研究［M］．西南财经大学出版社，2003，（4）：1～15.

杨治．产业政策与结构优化［M］．新华出版社，1998，（10）：13～18.

埃弗雷特·M·罗杰斯，辛欣 译．创新的扩散［M］．中央编译出版社，2002，（6）：252～258.

厉无畏，王振主编．中国产业发展前沿问题［M］．上海人民出版社，2003，（9）：11～19.

王立军，凌云．高新技术改造传统产业的理论与实践［M］．中国经济出版社，2003，（8）：1～9.

刘小瑜．中国产业结构的投入产出分析［M］．经济管理出版社，2003，（10）：1～5.

［英］D艾德 Debrah eade 著，应维云，刘国翰译．能力建设：通向以人为中心的发展之路［M］．北京：九洲图书出版社，1999，3～11.

陈秀山，孙长久．中国区域经济问题研究［M］．商务印书馆，97～116.

石磊．中国产业结构成因与转换［M］．复旦大学出版社，1996，（2）：23～30.

汪洋．国民经济和社会发展第十个"五年计划"纲要500题解答［M］．中国计划出版社，中共中央党校出版社，2001，（1）：1～18.

魏江，刘锦．基于协同技术学习的组织技术能力提升机理研究［J］．管理工程学报，2005，（1）：115～119.

魏后凯，刘楷，周民良，杨大利，胡武贤．中国地区发展——经济增长、制度变迁与地区差异［M］．经济管理出版社，1998，（2）：1～7.

陆立军．科技型中小企业与区域产业竞争力［M］．中国经济出版社，2002.，（2）：1～4.

尚勇主编，张晓原，柳卸林，胡志坚．科学技术与经济发展［C］．经济管理出版社，2001，（8）：3～28.

孙久文，叶裕民．区域经济学教程［M］．中国人民大学出版社，2000，（11）：31～51.

李耀新．生产要素密集型产业论［M］．中国计划出版社，1995，（6）：1～9.

胡荣涛．产业结构与地区利益分析［M］．经济管理出版社，2001，（7）：71～79.

钱时惕．技术经济结合论［M］．河北科学技术出版社，1992，（12）：2～24.

汪斌．全球化浪潮中当代产业结构的国际化研究——以国际区域为新切入点［M］．中国社会科学出版社，2004，（5）：1～7.

彭丽红．企业竞争力——理论与实证研究［M］．经济科学出版社，2000，（5）：1～12.

王守安．企业发展要素论［M］．企业管理出版社，2001，（1）月：31～39.

［丹麦］尼古莱·J·福斯，克里斯第安·克努森编，李东红译．企业万能——面向企业能力理论［M］．东北财经大学出版社，1998，（5）：33～86.

［法］查尔斯·德普雷，丹尼尔·肖维尔主编，刘庆林译．知识管理的现在与未来［M］．人民邮电出版社，2004，（1）：1～56.

余光胜．企业发展的知识分析［M］．上海财经大学出版社，2000，（10）：1~7．

陈劲，龚焱，金君译．创新管理——技术、市场、与组织变革的集成［M］．清华大学出版社，2002，（1）：23~29．

迈克尔·茨威尔著，王申，唐伟，何卫译．创造基于能力的企业文化［M］．华夏出版社，2002，（1）：8~32．

黄健．造就组织学习力［M］．上海三联书店，2003，（3）：1~13．

中国科技发展战略研究小组．中国区域创新能力报告（2001）［R］．2002，中共中央党校出版社，北京．

中国科学院可持续发展研究组．中国可持续发展战略报告［R］．科学出版社，2000，（3）：209~235．

戴尔·尼夫，安东尼·赛斯菲尔德，杰奎琳·赛弗拉．知识对经济的影响力［M］．新华出版社，1999，（4）：14~70．

［美国］多萝西·雷纳德·巴顿（Leonard Barton Dorothy）．知识与创新［M］．新华出版社，2000，（1）：11~90．

马阳主编．知识经济与企业创新［M］．中国科学技术出版社，1998，（10）：1~18．

蒋昭侠．产业结构问题研究［M］．中国经济出版社，2005，（1）：135~185．

张文忠，杨荫凯．中国产业竞争力再造［M］．科学出版社，2001，（8）：10~19．

李显君．国富之源——企业竞争力［M］．企业管理出版社，2002，（1）：11~29．

张幼文．当代国家优势——要素培育与全球规则［M］．上海远东出版社．2003，（4）：29~78．

彭建娟，李建华：自主创新能力及其区域化特征浅议［J］．科学管理研究，2005，（6）：51~53．

王子平，冯百侠，徐静珍．资源论［M］．河北科学技术出版社，2001，（9）：13~54．

Mark dodgson Roy Rothwell 编，陈劲译．创新聚集——产业创新手册［M］，清华大学出版社，2000，（7）：11~19．

孟庆红．区域经济学概论［M］．经济科学出版社会，2003，（12）：1~19．

许庆瑞．研究、发展与技术创新管理［M］．高等教育出版社，2002，（4）：1~8．

Debra M. Amidon. 知识经济的创新战略——智慧的觉醒［M］．新华出版社，1998，（10）：1~6．

孙尚清．经济结构的理论、应用与政策［M］．中国社会科学出版社，1991，（6）：2~11．

朱英明．产业集聚论［M］．经济科学出版社，2003，（12）：1~27．

卓勇良．空间集中化战略——产业集聚、人口集中与城市化战略研究［M］．社会科学文献出版社．2000，（11）：1~61．

杨建文．产业经济学［M］学林出版社会M 2004，（9）：22~43．

盖文启．创新网络——区域经济发展新思路［M］．北京大学出版社，2002，（6）：59~62．

斯蒂芬·马丁，史东辉译．高级产业经济学［M］．上海财经大学出版社，2003，（8）：1~14．

宋海林．中国产业结构协调分析［M］．中国财政经济出版社．

［德］约翰·冯·杜能．孤立国同农业和国民经济的关系［M］．商务印书馆，1997，（4）：9~21．

保罗·C·莱特（Paul c. light）．持续创新——打造自发创新的政府和非营利组织［M］．中国人民大学出版社，2004，1~18．

李青，李文军，郭金龙．区域创新视角下的产业发展［M］，理论与案例研究，商务印书馆，2004，76~94．

于刃刚．主导产业论［M］．人民出版社，2003，（12）：1~89．

马传栋．可持续发展经济学［M］．山东人民出版社，2002，（6）：1~4．

张宏培，杨大成．西部大开发中的各省区区位优势的多层次的主成分分析》［J］．数理统计与管理，2001，（5）：35~39．

吴贵生，魏守华，徐建国，李显君．区域科技浅论［J］．科学学研究，2004，（12）：72~577．

黎苑楚，郑春白等．中国区域主导产业创新系统选择与评价［J］．科学学与科学技术管理，2005，（2）：48~50．

郝黎仁，樊元，郝哲欧．SPSS实用统计分析［M］．中国水利水电出版社，2003：274~309．

刘红梅，李玉浸．区域导产业研究综述［J］．科学学与科学技术管理，2004，（12）：91~94．

陈松涛，陈传明．企业核心能力刚性的表现及评价指标设计［J］．科学学与科学技术管理，2004，（1）：69~73．

郑文范．论科技创新的人格化机制与东北老工业基地改造［J］．2005，（1）：40~43．

中国企业管理研究会．东北老工业基地振兴与管理现代化［C］．中国财政经济出版社，2005，（4）：5~55．

彭建娟，李建华．东北老工业基地区域自主创新能力特征浅议［J］．东北亚论坛，2006，（1）：53~56．

叶忠海．创建学习型城市的理论和实践［M］．上海三联书店，2005，（4）：29~40．

地方科技工作发展战略研究课题组．地方科技发展的内涵、阶段历程、模式及区域特征［J］．中国科技论坛，2004，（5）：3~7．

陈同仇，薛荣久．国际贸易［M］．对外经济贸易大学出版社，1995，45~56．

阿尔蒂亚·森．以自由看待发展［M］．北京：中国人民大学出版社，2002，1~89．

阿尔弗雷·韦伯. 工业区位论 [M]. 商务印书馆, 1997, 1~20.

奥古斯特·勒施. 经济空间秩序——经济财货与地理间的关系 [M]. 商务印书馆, 1995, 30~34.

中国科学院可持续发展研究组. 中国可持续战略发展报告 [R]. 科学出版社, 2000.

国家统计局. 中国统计年鉴 [R]. 中国统计出版社, 1998~1999, 2003~2005.

陈士俊, 柳洲, 王梅. 科学技术及其发展环境问题的理论思考 [J]. 科学学与科学技术管理, 2005, (1).

周寄中. 科学技术创新管理 [M]. 经济科学出版社, 2002, (12).

曾宪报. 关于组合评价法的事前事后检验 [J]. 统计研究, 1997 (6): 56~58.

Teece, D. J, Pisano, G. and Shuen. Firm Capabilityies, Resources, and the Concept of strategy [J]. CCP Working paper, 1990 (8): 90~98.

Brian j. loasby. The organixation of capabilities - - journal of economic behavior and organization vol. 35, 1998, 139~160.

Mahoney, J t and Pandian, J. R. The Resource - based view within the conversation of strategic management [J]. strategic management Juounal, 1992 (13): 363~380.

Barney, J. strategic factor markets: expectations, luck and business strategy [J]. management science 42: 1231~41 (1986).

Dierckx, I. and Cool, K. asset stock accumulation and sustainability of competitive advantage [J]. management science 35: 1504~11 (1989).

Nelson, R. R. and Winter, S. G.. An Evolutionary Theory of Economic Change [M]. Cambridge, Mass: Harvard University press, 1982.

Peter M·Blau. nequality and Heterogeneity [M]. The Free Press, 1977, 56~83.

OECD. science, thchnology and industry out look globalization of industrial r&d: policy issues [M]. paris: research and development, 12~19.

Brian R. Farmer. The question of dependency and economic development ——a Quantitative analysis [M]. Lexington Books 1999, 24~27.

Reginald Tomas Yu - Lee. Essentials of Capacity Management [M]. John Wiley &Sons, Inc., NewYork 2002, 12~19.

Irwin Garfinkel. Earnings Capacity, Poverty, and Inequality [M]. Robert H. Haveman Academic Press New York 1977, 3~8.

Teece david J. International technology transfer [J]. journal of economic literature, 1987, 25 (1): 160.

IMD. The world competitiveness yearbook 1994.

Philip Cooke, Mikel Gomez Uranga, Goio Etxebarria. Regional innovation systems: institutional and organizational dimensions [J]. International Journal of Industrial Organization, v21,

October, 2003: 1091~1109.

Shahid M. Shahidullah. Capacity – building in science and technology in the Third world : problems , issues, and strategies [M] . westview press boulder San Francisco. oxford 1991P45 ~ 89.

Reginald Tomas Yu – Lee. Essentials of Capacity Management [M] . John Wiley &Sons, Inc. , NewYork 2002P22 ~54.

Grunfeld Leo A. Meet me halfway but don't rush: Absorptive capacity and strategic R and D investment revisited [J] . International Journal of Industrial Organization, v21, October, 2003: 1091 ~1109.

Brian R. Farmer. The question of dependency and economic development ——a Quantitative analysis [M] . Lexington Books , 1999P11 ~23.

Kent Eriksson, Sylvie Chetty. The effect of experience and absorptive capacity on foreign market knowledge [J] . International business review 2003 (12) 673 ~695.

Nelson R R, Rosenberg N. technological innovation and national system [A] . R R Nelson. National innovation system: a comparative analysis [C] . New York: oxford university press, 1993. 3 ~21.

Winters. Understanding dynamic capabilities [J] . strategic management journal , 2003, 24 (special issue): 997 ~1010.

Rory P. O'Shea, Thomas J. Allen, Arnaud Chevalier and Frank Roche. The Creation of Spin – off Firms at Public Research Institutions: Managerial and Policy Implcations [J] . Research Policy Volume 34, Issue 7 , September 2005, Pages 994 ~1009.

Charlette Geffen and Kathleen Judd. Innovation through initiatives—a framework for building new capabilities in public sector research [J] . Organizations? Journal of Engineering and Technology Management, Volume 21, Issue 4, December 2004, Pages 281 ~306.

Tae Joon Lee. Technological learning by national R&D: the case of Korea in CANDU – type nuclear fuel? [J] . Technovation, Volume 24, Issue 4, April 2004, Pages 287 ~297.

Gunnar Eliasson. The nature of economic change and management in a new knowledge based information economy [J] . Information Economics and Policy, Volume 17, Issue 4, October 2005, Pages 428 ~456.

Mariano Nieto and Pilar Quevedo: Absorptive capacity, technological opportunity, knowledge spillovers, and innovative effort [J] Technovtion, Volume 25, Issue 10, October 2005, Pages 1141 ~1157.

Brian J. Loasby. The organisation of capabilities [J] . Journal of Economic Behavior & Organization, Volume 35, Issue 2, 1 April 1998, Pages 139 ~160.

Harvey Brooks. The relationship between science and technology [J] . ARTICLE Research

Policy, Volume 23, Issue 5, September 1994, Pages 477~486.

Purdon, William A. B. Increasing R&D Effectiveness: Researchers as Business People The Journal of Product Innovation Management, Volume 14, Issue 2, March, 1997, Pages 134~135.

Rory P. O'Shea, Thomas J. Allen, Arnaud Chevalier and Frank Roche. The Creation of Spin –off Firms at Public Research Institutions: Managerial and Policy Impl [J]. cations Research Policy Volume 34, Issue 7, September 2005, Pages 994~1009.

Sanchez R. P&Lorch E. p. Effects of headings on text processing strategies [J]. contemporary educational psychology 2001: 418~428.

//www. Chinainfo. gov. cn/data/2004... –29k. 2005. 09. 02.

Everett M. Rogers, Shiro Takegami, Jing Yin. lessons learned about technology transfer, technovation [J]. (21) (2001) 253~261.

Saffold G S. Performance: moving beyond "strong" culture [J]. Academy of management review, 1988 13 (4) 546~555.

Friedmann, J. Regional Development Policy: A Case Study of Venezuela. CambridgeMass [M]. MIT Press 1972.

Hirschman, A. O. The Strategy of Economic Development. New Haven [J]. Yale University Press. 1958.

Hoover, E. M. and Fisher, J. L. Research in Regional Economic Growth, Problems in th e study of Economic Growth [M]. New York: NBER. 1949.

North, D. C., Location. Theory and Regional Economic Growth [J]. Journal of Political Economy, 1955, 63 (6).

Perroux, F. Economic Space: Theory and Application [J]. Quarterly Journal of Economics 1950 (64) 89~104.

Porter, M. E. The Competitive Advantage of Nation [M]. New York: The free press1990.

Williamson, J. G. Regional inequality and the process of national development: A Description of the patterns [J]. economic development and cultural change, 13 (2) 1965.

Ann Macintosh. knowledge management techniques: teaching and dissemination concepts [J]. Int. J. Human –computer studies (1999) 51, 549~566.

S. Goonatilake: Epistemology and Ideology in Science, Technology and development [J]. in Wad (ed.), op. cit. note 6, 92~115, at 93.

Gili S. Drori. The relationship between science, technology and the economy in lesser developed countries [J]. Social Studies of Science, Vol. 23, No. 1 (Feb. , 1993), 201~205.

M. Tina Cacin, Marc J. Ventresca, Brent D. Beal. The Embeddedness of Organizations: Dialogue&Directions [J]. Journal of Management 1999, Vol. 25, No. 3, 317~356.

Shih –Chang Hung. The plurality of institutional embeddedness as a source of organizational attention differences [J] . Journal of Business Research 58 (2005) 1543~1551.

Jens Riegelsberger, M. Angela Sasse, John D. McCarthy. The mechanics of trust: a framework for research and design [J] . Int. J. human – computer Studies62 (2005) 381~422.

Scott J. Wallsten. An empirical test of geographic knowledge spillovers using geographic information systems and firm – level data [J] . Regional Science and Urban Economics 31 (2001) 571~599.

Scott L. Feld. Structural embeddedness and stability of interpersonal relations [J] . Social networks 19 (1997) 91~95.

http: //forum. xinhuanet. com/detail. jsp? id =40320758&pg =2, 2006、4、20

Bengt – Ake Lundvall (2004). Absorptive Capacity, Forms of Knowledge and Economic Development [C], 2nd Globelics International Conference, Beijing.

Wolfgang kellor. geographic localization of international technology diffusion. NBER working paper, 2000 (1).

Porter, M. E. and S. Stern, Innovation: Location Matters [J] . Sloan Management Review, 2001, Vol. 4, No. 4.

Asheim B. T. , Isaksen A. Regional Innovation Systems: The Integration of Local ' Sticky' and Global ' Ubiquitous' Knowledge [J], Journal of Technology Transfer. 27: 2002. 77~86.

Cohendet P, Kern F. , Mehmanpazir B. , Munier – F. , Knowledge coordination, competence creation and integrated networks in globalised firms [J] . Cambridge – Journal – of – Economics. 1999; 23 (2): 225~241.

Camagni Roberto , Local Milieu, Uncertainty and Innovation Networks: Towards a New Dynamic Theory of Economic Space, Innovation, Networks: Spatial Perspectives [J] . London: Belhaven Press. (1992), 121~144.

Rothwell, R. Zegveld, W. Reindustrialization and technology. Longman Group Limited, 1985, 62.

Christine Oughton , Mikel Landabaso, Kevin Morgan. The regional innovation paradox: innovation policy and industrial policy [J] . Journal of technology transfer, 27, 97~110, 2002.

Sharon Belenzon, Knowledge Flow and Sequential Innovation: Implications for Technology Diffusion, R&D and Market Value [J]。Economics Series Working Papers 259, University of Oxford, 2006.

Sharon Belenzon, Knowledge Flow and Sequential Innovation: Implications for Technology Diffusion, R&D and Market Value [J]。Economics Series Working Papers 259, University of OxfoR&D, 2006.

Bart nooteboom , wim vanhaverbeke, geert duysters, victor gilsing , ad vanden ooR&D: optimal cognitive distance and absorptive capacity . tilburg university working paper, 2006, 4.

Alfred Marshall. Principles of Economics [M] . Macmillan & Co. , Ltd. , 1920.

LeonaR&D – Barton, Dorothy. Core Capabilities and Core Rigidities: A Paradox in Managing New Product Development [J] . Strategic Management Journal, 1992. vol. 13, pp. 111 ~ 125

Jian Tong & Chenggang Xu, 2004. Financial Institutions and The Wealth of Nations: Tales of Development [J] . William Davidson Institute Working Papers Series 2004 ~ 672, William Davidson Institute at the University of Michigan.

Perez – Sebastian, Fidel, 2007. Public support to innovation and imitation in a non – scale growth model [J] . Journal of Economic Dynamics and Control, Elsevier, vol. 31 (12), pages 3791 ~ 3821, December.

Frédérique Savignac, 2006. The impact of financial constraints on innovation : evidence from french manufacturing firms [J] . Cahiers de la Maison des Sciences Economiques v06042, Université Panthéon – Sorbonne (Paris 1) .

Methodological advances in dea: a survey and an application for the dutch electricity sector laurens cherchye & thierry post [J] . www. erim. eur. nl。 ers – 2001 – 53 – f&a, 2001 (9) .

Bruno van Pottelsberghe de la Porterie; Frank Lichtenberg [J] . The Review of Economics and Statistics, Vol. 83, No. 3. (Aug. , 2001), pp. 490 ~ 497.

A. G. Walder . Local governments as industrial corporations: An organizational analysis of China's transitional economy [J] . American Journal of Sociology, Vol. 101 pp. 263 ~ 301. 1995.

后 记

    本书是在我的博士学位论文基础上修改完成的。出版在即，我感慨万千。一路走到现在，也许简短的几句致谢话语并不能完全表达我的全部感受，但是我更愿意在这里对曾经给予过我帮助和支持的师长、朋友、同学和家人表达我最真诚的谢意。我想说，在成长的道路上因为有了你们的陪伴，使我更加奋力前行，努力向真理靠近。

    非常感谢我的导师李建华教授！他严谨的治学风格一直影响着我。同时，2012年我作为访问学者到美国进行了为期一年的研修工作，感谢圣何赛州立大学商学院的 Robert Wood 教授及其爱人 Louise 在旅美期间给予我的关心和帮助。

    谨以此书献给我亲爱的爸爸妈妈。你们的鼓励是我一直走来的动力。

    感谢我的爱人刘嵩先生。你的理解和支持始终是我求学路上坚实的后盾。

    同时，把这本书献给我可爱的女儿刘苏慧。你的快乐时时感染着我，让我对生活有更好的领悟，并将成为坚守学术道路的美丽心境。

彭建娟

2013 年 1 月于长春